中等职业教育改革创新示范教材

视音频编辑处理综合实训

主　编　郭　辉　茹佐聪
副主编　宁洁琪　黄世芝　梁振奇
参　编　秦红梅　谢江琪　韦　杏　韦忠坚

机械工业出版社

本书在国内视音频编辑的实际业务的背景下，以视音频编辑实践活动为主线，汇集了视音频编辑处理教学一线教师递进式教学实践的典型案例。通过对本书的学习，学生可了解影视作品编辑基础知识，掌握数字后期编辑及合成的技巧和技能。

本书主要内容包括 Premiere 基本操作，Premiere 素材加工，Premiere 视频转场特效，Premiere 视频特效，Premiere 运动效果，Premiere 字幕制作，Premiere 音效制作，Premiere 作品输出，制作青春纪念册，制作MTV 和制作宣传短片。

本书可作为各类职业院校计算机及相关专业的教材，也可作为多媒体技术和广告影视制作爱好者的自学参考用书。

本书配有电子课件，选用本书作为教材的教师可以从机械工业出版社教材服务网（www.cmpedu.com）免费注册下载或联系编辑（010-88379194）咨询。

图书在版编目（CIP）数据

视音频编辑处理综合实训 / 郭辉，茹佐聪主编. —北京：机械工业出版社，2015.10（2025.1 重印）
中等职业教育改革创新示范教材
ISBN 978-7-111-52059-7

Ⅰ.①视… Ⅱ.①郭… ②茹… Ⅲ.①视频信号—信号处理—中等专业学校—教材②音频信号处理—中等专业学校—教材 Ⅳ.①TN941.1②TN912.3

中国版本图书馆 CIP 数据核字(2015)第 259698 号

机械工业出版社（北京市百万庄大街 22 号　邮政编码 100037）
策划编辑：梁　伟　　　责任编辑：李绍坤　范成欣
版式设计：陈　沛　　　责任校对：李　丹
责任印制：常天培
北京中科印刷有限公司印刷
2025 年 1 月第 1 版第 5 次印刷
184mm×260mm・14 印张・307 千字
标准书号：ISBN 978-7-111-52059-7
定价：35.00 元

电话服务　　　　　　　网络服务
客服电话：010-88361066　机　工　官　网：www.cmpbook.com
　　　　　010-88379833　机　工　官　博：weibo.com/cmp1952
　　　　　010-68326294　金　书　网：www.golden-book.com
封底无防伪标均为盗版　机工教育服务网：www.cmpedu.com

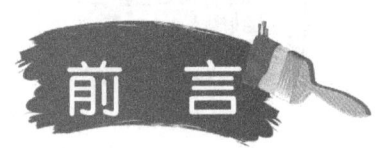

前言

本书以就业为导向，强调对基本知识和实用技能的培养，以适应劳动就业和持续发展的需要，同时也为教学改革提供了实践平台。本书内容涉及视音频信息的采集、剪辑、编辑和整合处理，影视制作软件的综合应用和影视作品的创作。此外，本书还汇集了视音频编辑处理教学一线教师通过递进式教学实践积累的部分典型案例，供适合各类职业技术学校多媒体技术应用、广告影视制作及会展等专业的视音频编辑教学和学生实践练习使用。

本书各单元的参考学时见下面的学时分配表。

单 元	课程内容	学时分配
学习单元1	Premiere 基本操作	4
学习单元2	Premiere 素材加工	10
学习单元3	Premiere 视频转场特效	10
学习单元4	Premiere 视频特效	14
学习单元5	Premiere 运动效果	6
学习单元6	Premiere 字幕制作	8
学习单元7	Premiere 音效制作	6
学习单元8	Premiere 作品输出	2
学习单元9	制作青春纪念册	16
学习单元10	制作MTV	16
学习单元11	制作宣传短片	16
合 计		108

本书由郭辉、茹佐聪任主编，宁洁琪、黄世芝、梁振奇任副主编，参加编写的还有秦红梅、谢江琪、韦杏和韦忠坚。在本书的编写过程中得到了学校领导及同事们的大力支持，在此表示衷心的感谢。

由于编者水平有限，书中难免存在不足之处，恳请读者提出宝贵意见和建议，以便完善。

编 者

前言

学习单元 1　Premiere 基本操作 ···1

　　任务 1　潘多拉的世界探秘 ···1
　　任务 2　影视编辑基本概念初探 ···3

学习单元 2　Premiere 素材加工 ···6

　　任务 1　日出日落 ···6
　　任务 2　镜头快慢处理 ···8
　　任务 3　极限运动 ··12

学习单元 3　Premiere 视频转场特效 ··17

　　任务 1　自然之美 ··17
　　任务 2　花的海洋 ··31
　　任务 3　美丽油画 ··44
　　任务 4　童年时光 ··52
　　任务 5　动物世界 ··62

学习单元 4　Premiere 视频特效 ··70

　　任务 1　动物百态 ··70
　　任务 2　城市景观 ··79
　　任务 3　花卉植物 ··91
　　任务 4　世界名胜 ··98
　　任务 5　青秀山郁金香 ···106

学习单元 5　Premiere 运动效果 ···115

　　任务 1　秋意正浓 ···115
　　任务 2　天地之间 ···117
　　任务 3　动感相册 ···121

学习单元 6　Premiere 字幕制作······127

任务 1　科技在线······127
任务 2　穿靴子的猫······134
任务 3　动感文字······138
任务 4　制作逐字显现效果······141

学习单元 7　Premiere 音效制作······147

任务 1　录制声音······147
任务 2　声音的变调与变速······150
任务 3　为音频加特效······152

学习单元 8　Premiere 作品输出······154

任务 1　输出图片······154
任务 2　输出音频······156
任务 3　输出影片······157

学习单元 9　Premiere 制作青春纪念册······159

任务 1　制作相册的片头······159
任务 2　制作相册的主题部分······166
任务 3　秋游序列与片尾······174
任务 4　合成序列······175
任务 5　成果分享······176

学习单元 10　制作 MTV······177

任务 1　实例效果······178
任务 2　实例分析······178
任务 3　分工协作······179
任务 4　成果分享······196

学习单元 11　制作宣传短片······198

任务 1　实例效果······199
任务 2　实例制作······200
任务 3　成果分享······214

学习单元 1 Premiere 基本操作

单元情境

秦方圆在互联网上看到一篇文章《个人视频的新时代已经来临!》。文章的大意是:在这个时代里,任何人都可以坐在计算机前,制作出品质堪与摄影棚媲美的影片。而你需要的只是一部视频摄像机、适当的软件和创作的欲望。

为此,秦方圆对视音频编辑产生了深厚的兴趣,他决定着手学习视音频编辑处理。通过论坛朋友的推荐,秦方圆决定学习 Premiere。

单元分析

在开始学习之前,首先要了解以下两个问题:
1. Premiere 软件究竟有哪些神奇之处
2. 学好 Premiere 需要掌握哪些基本的术语与概念

任务设计

本单元设计了以下任务:
1. 潘多拉的世界探秘
2. 影视编辑基本概念初探

完成任务

 任务 1 潘多拉的世界探秘

秦方圆对 2009 年上映的《阿凡达》这部全球真正意义上的一部 3D 大片始终念念不忘。他再一次重温了《阿凡达》(AVATAR)特辑《潘多拉的世界》(The World of Pandora),如图 1-1 所示。这部特辑的主要内容是介绍潘多拉星球,包括潘多拉星球的具体位置以及星球上的人文地理等。特辑由片中的格蕾丝博士(Dr.Grace Augustine)配音介绍。格蕾丝博士是电影角色中最了解潘多拉星球的人,因此以她的声音来介绍潘多拉星球,有更权威的感觉。

《阿凡达》获得了第 67 届金球奖最佳导演奖和最佳影片奖，第 82 届奥斯卡金像奖最佳艺术指导、最佳摄影和最佳视觉效果奖。

奥斯卡最佳视觉效果奖的获得离不开《阿凡达》使用的诸多制作软件。两个半小时的电影有 1600 个镜头，要做的 CG 角色不止一个，而是几百个，都要有真实感。影片 40%的画面由真实场景拍摄，60%完全由计算机动画生成。

图 1-1

Adobe 设计软件大量应用于整个电影制作环节：在影片设计初期 Photoshop 被用于概念设计；Lightroom 被艺术家用于管理并分类上千张设计图像，并用于设计和制作的参考和借鉴；在制作初期，通过将分镜头的概念插图置入到 After Effects 中，在拍摄和动作采集的阶段，After Effects 被用于快速测试视频合成后的结果；PremierePro 被广泛用来预览 After Effects 合成的视频效果，并且比较 A/B 视频的关联或改进后的效果，来便于技术人员更好地审阅制作出精美的特效。尽管 AVATAR 的视频剪辑是基于 Avid 系统完成的，但在制作过程中 Premiere Pro 可以使用 Avid 的"AAF"导入功能读取剪辑列表和其他重要的元数据，使之与 Avid 系统协同工作。AVATAR 海报如图 1-2 所示。

Adobe Premiere Pro 是目前流行的非线性编辑软件之一，是数码视频编辑的强大工具。它作为功能强大的多媒体视频、音频编辑软件，应用范围不胜枚举，制作效果美不胜收，足以协助用户更加高效地工作。Adobe Premiere Pro 以其合理化界面和通用高端工具，兼顾了广大视频用户的不同需求，在一个并不昂贵的视频编辑工具箱中，提供了前所未有的生产能力、控制能力和灵活性。Adobe Premiere Pro 既是一个创新的非线性视频编辑应用程序，也是一个功能强大的实时视频和音频编辑工具，是视频爱好者们使用最多的视频编辑软件之一。

图 1-2

Adobe Premiere Pro CS5 编辑画面质量比较好，有较好的兼容性，且可以与 Adobe 公司推出的其他软件相互协作，如图 1-3 所示。

图 1-3

任务 2　影视编辑基本概念初探

下面介绍影视编辑的一些基本概念和术语。

1. 分辨率

在 Premiere 中，帧的大小以帧的横向和纵向尺寸来表达，如 640px×480px。一般电视系统影像节目的宽高比是 4:3，高清电视系统影像节目使用 16:9 的宽高比。帧的大小也被当作分辨率。高分辨率能够保留更多的图像细节，但需要更多的磁盘空间，低分辨率能够节省磁盘空间。

高清的英文为 High Definition，意思是"高分辨率"。一般所说的高清有以下四个含义：高清电视、高清设备、高清格式和高清电影。高清视频、全高清视频和超高清视频的标准见表 1-1。

表 1-1　高清清晰度分级参数

项目名称	高清视频	全高清视频	超高清视频		
英文全称	High Definition		Full High Definition	Ultra High Definition	
垂直分辨率	720P	1080i	1080P	4K	8K
分辨率/px×px	1280×720	1920×1080	1920×1080	3840×2160	7680×4320
扫描方式	逐行	隔行	逐行	逐行	逐行

HDTV 是 High Definition Television 的简称，HDTV 技术源于"数字电视"（Digital Television，DTV）技术，HDTV 技术属于 DTV 的最高标准，拥有最佳的视频、音频效果。

UHDTV Ultra High Definition Television，超高清电视）是 HDTV 的下一代技术。国际电信联盟（ITU）发布了"超高清电视 UHDTV"（或"Ultra HDTV"）标准的建议，将屏幕的物理分辨率达到 3840px×2160px（4K×2K）及以上的电视称为超高清电视。

2. 帧速率

视频是由一幅一幅单个静止画面构成的序列，每幅画面称为一帧。当帧按顺序播放时，就可以在屏幕上看到运动的画面。帧（Frame）是影像动画中最小单位的单幅影像画面，相当于电影胶片上的每一格镜头。一帧就是一幅静止的画面，连续的帧形成动画。

帧速率（Frames Per Second，FPS）是指每秒刷新图片的帧数，即帧/秒，如图 1-4 所示。

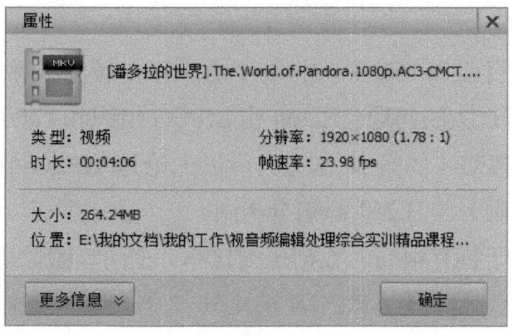

图 1-4

电视采用了每秒 24 幅画面的速度拍摄播放，帧速率为 24fps。对于 PAL 制式电视系统（中国、欧洲制式），帧速率为 25fps；而对于 NTSC 制式电视系统（美国、加拿大、日本制式），帧速率为 30fps。

3. 视频格式

目前，视频格式可以分为适合本地播放的本地影像视频和适合在网络中播放的网络流媒体影像视频两大类。伴随视频格式而生的还有多种视频压缩编码方法。视频压缩国际标准主要有由 MPEG 制定的 MPEG-1、MPEG-2、MPEG-4 和 ITU-T 制定的 H.261、H.262、H.263、H.264，其中 H.262/MPEG-2 和 H.264/MPEG-4AVC 由 ITU-T 与 MPEG 联合制定。

（1）MPEG

MPEG（运动图像专家组）是 MotionPictureExpertsGroup 的缩写。这类格式目前共有 MPEG-1、MPEG-2、MPEG-4、MPEG-7 及 MPEG-21 等多个不同版本。MPEG 系列标准已成为国际上影响最大的多媒体技术标准。

1）MPEG-1。MPEG-1 被广泛地应用在 VCD 的制作和一些视频片段下载的网络应用上面。使用 MPEG-1 的压缩算法，可以把一部 120min（16GB）的电影压缩到 1.2GB 左右。

2）MPEG-2。MPEG-2 主要应用在 DVD/SVCD 的制作（压缩）方面。使用 MPEG-2 的压缩算法，可以把一部 120min（16GB）的电影压缩到 4~8GB。

3）MPEG-4。MPEG-4 是为了播放流式媒体的高质量视频而专门设计的，它能够保存接近于 DVD 画质的小体积视频文件。另外，这种文件格式还包含了以前 MPEG 压缩标准所不具备的比特率的可伸缩性、动画精灵、交互性，甚至版权保护等一些特殊功能。

小知识：

没有 MPEG-3 编码。MP3 是采用 MPEG-1 的第三层，利用 MPEGAudioLayer3 的技术，将音乐以 1:10 甚至 1:12 的压缩率，压缩成容量较小的文件。

（2）H.26X

H.26X 系列压缩技术是由 ITU（国际电信联盟）主导的，侧重网络传输，旨在使用较少的带宽传输较多的视频数据，以便用户获得更为清晰的高质量视频画面。这里仅介绍该系列中最新的两个版本。

1）H.264。H.264 是目前 H.26X 系列标准中近五年来较为成熟的压缩技术，其目的是为了解决高清数字视频体积过大的问题。H.264 由 MPEG 组织和 ITU-T 联合推出，因为它既是 ITU-T 的 H.264，又是 MPEG-4 的第 10 部分，所以无论是 MPEG-4AVC、MPEG-4Part10，还是 ISO/IEC14496-10，实质上与 H.264 都完全相同。

H.264 最大的优势在于拥有很高的数据压缩比率。在同等图像质量条件下，H.264 的压缩比是 MPEG-2 的 2 倍以上，是原有 MPEG-4 的 1.5~2 倍。这样一来，观看 H.264 数字视频将大大节省用户的下载时间和数据流量费用。

2）H.265。H.265 是 ITU 继 H.264 之后所制定的新的视频编码标准。H.264 由于算法优化，可以以低于 1Mbit/s 的速度实现标清数字图像传送，而 H.265 则可以实现利用（1～2）Mbit/s 的传输速度传送 720P（分辨率为 1280px×720px）普通高清音视频。

H.265 旨在在有限带宽下传输更高质量的网络视频，仅需原来的一半带宽即可播放相同质量的视频。H.265 标准也同时支持 4K（4096px×2160px）和 8K（8192px×4320px）超高清视频。H.265 标准让网络视频跟上了显示屏"高分辨率化"的脚步。

视频编辑的基本过程如下：

（1）视频采集和输入

采集就是利用 Premiere Pro，将模拟视频、音频信号转换成数字信号存储到计算机中，或者将外部的数字视频存储到计算机中，成为可以处理的素材。

除此之外，Premiere 还可以将其他软件处理过的图像、声音等素材直接纳入到当前的非线性编辑系统中，并将上述素材应用于视频编辑的过程中。

（2）视频编辑

多数情况下，并不是素材中的所有部分都会出现在编辑完成的视频中。视频编辑人员需要使用剪切、复制、粘贴等方法，选择素材内最合适的部分，对素材进行剪辑。此外，还可以根据需要添加字幕、配音以及转场、滤镜特技等效果。

（3）合成视频

将编辑制作好的影片从视频编辑软件中导出，并保存为最终视频，制作成为适合刻录保存的文件或者适合网络发布的文件。

学习单元 2　Premiere 素材加工

 单元情境

初次接触 Premiere，秦方圆有些茫然。巧妇难为无米之炊，秦方圆手头上没有什么合适的素材，于是他准备向朋友求助。明明喜欢摆弄摄像机，手头恰好有一组日出日落的视频。秦方圆让明明通过 QQ 把素材发送给他，欢喜地准备开工了。

单元分析

明明给的日出日落的视频源是 720px×576px，25fps 的 PAL 制视频，如图 2-1 所示。秦方圆想把它加工成 720px×480px，29.97fps 的 NTSC 制视频。

 任务设计

本单元设计了以下任务：
1. 日出日落
2. 镜头快慢处理
3. 极限运动

 完成任务

　任务 1　日出日落　

1. 编辑视频文件

（1）新建项目并导入素材

新建项目，命名为日出日落，并导入 4 个视频素材，参数选择如图 2-1 所示。

（2）处理素材 01

从项目窗口将素材 01 拖动到源监视器窗口，仅拖动视频按钮将素材 01 抹去到时间线窗口视频 1 轨道 00:00:00:00 处，如图 2-2 和图 2-3 所示。

（3）更改素材 01 的长度

将时间指示器放置在 9s 的位置，在视频 1 轨道中选中素材 01，将鼠标指针拖动到素材

01 尾部，用拖动鼠标的方法将素材 01 的长度更改为 9s，如图 2-4 所示。

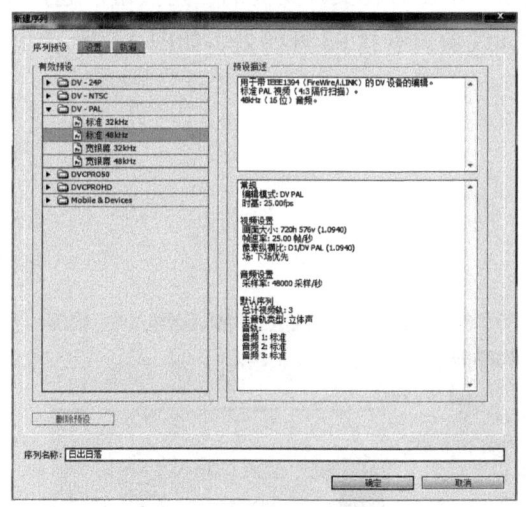

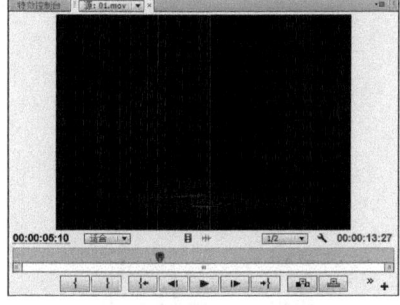

图 2-1　　　　　　　　　　　　　　　　图 2-2

图 2-3

图 2-4

（4）处理并更改其他素材长度

用同样的方法将其他素材按 03、02、04 的顺序拖入视频 1 轨道，并分别将素材 02、03、04 的长度设置为 6s、6s 和 7s，四段视频整体长度为 28s，如图 2-5 所示。

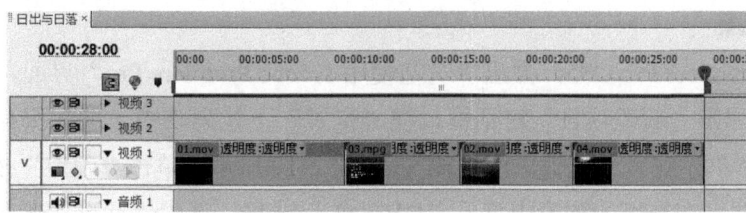

图 2-5

2. 制作视频转场效果

在特效面板中展开视频切换特效分类选项，单击**叠化**文件夹前的三角按钮，选择交叉叠化视频切换特效（见图 2-6），将其拖动到时间线窗口素材 03 开始处，如图 2-7 所示。

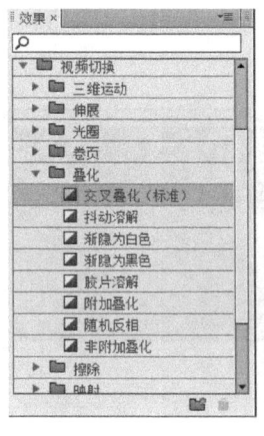
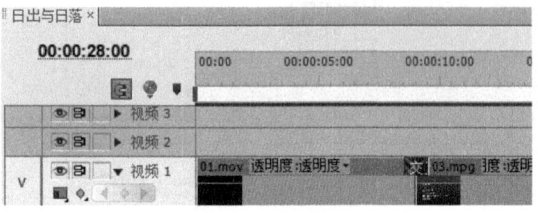

图 2-6　　　　　　　　　　　　　　图 2-7

用同样的方法添加素材 03、02、04 之间的视频切换特效，日出与日落制作完成，如图 2-8 所示。

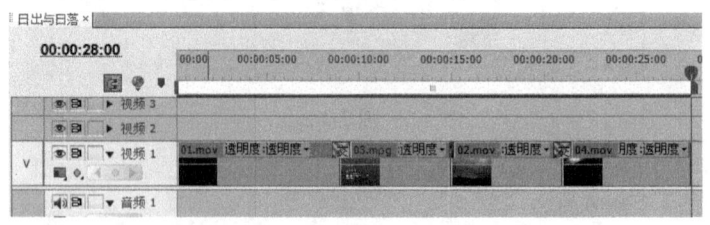

图 2-8

 任务 2　镜头快慢处理

1. 任务概述

使用"缩放比例"选项改变视频文件的大小，使用剃刀工具分割文件，使用"速度/持续时间"命令改变视频播放的快慢。镜头快慢处理效果如图 2-9 所示。

2. 操作步骤

1）启动 Premiere Pro CS5，弹出"欢迎使用 Adobe Premiere Pro"界面，单击"新建项目"按钮，弹出"新建项目"对话框，在"位置"下拉列表中，选择保存文件的路径，在"名称"文本框中输入"镜头快慢处理"，如图 2-10 所示。单击"确定"按钮，弹出"新建序列"对话框，在左侧的列表中展开"DV-PAL"选项，选中"标准 48kHz"模式，单击"确定"按钮，如图 2-11 所示。

图 2-9

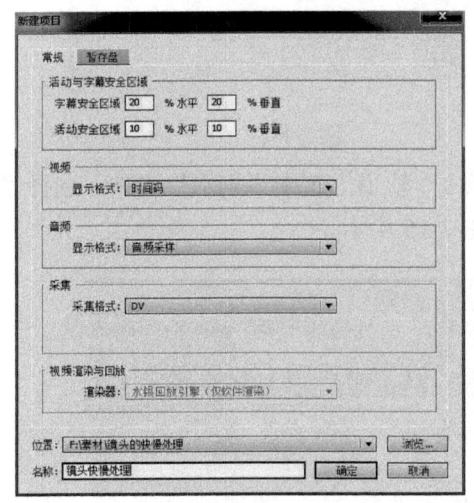

图 2-10

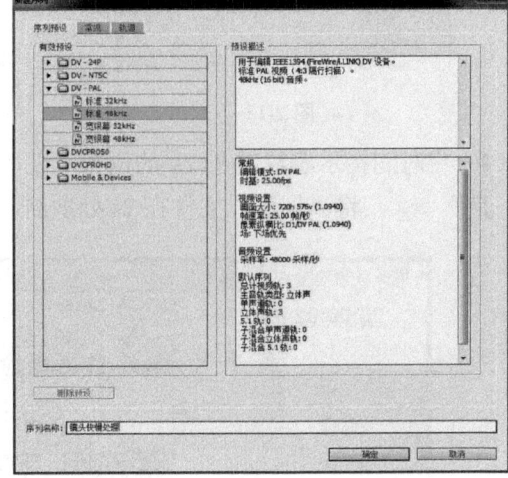

图 2-11

2）选择"文件"→"导入"命令，弹出"导入"对话框，选择光盘中的"镜头快慢处理"文件，单击"打开"按钮，导入视频文件，如图 2-12 所示。导入后的文件出现在"项目"面板中，如图 2-13 所示。

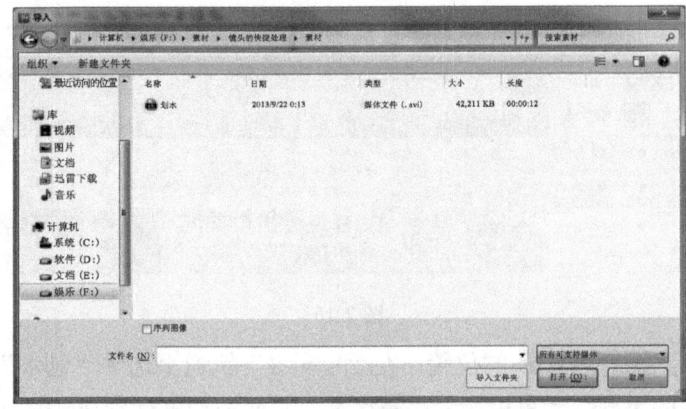

图 2-12

3）在"项目"面板中选中"划水"文件并将其拖动到"时间线"窗口中的"视频1"轨道中。在"特效控制台"面板中选择"划水",在"运动"选项区中将"缩放比例"设置为85%,如图2-14所示。

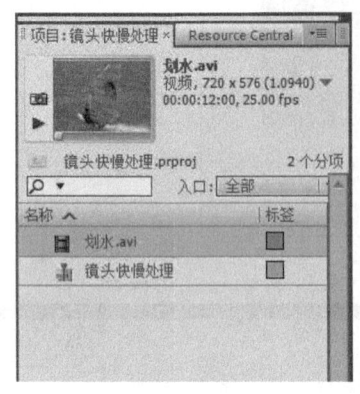
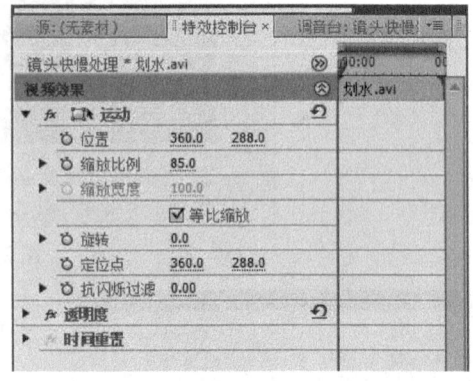

图2-13　　　　　　　　　　　　　　图2-14

4）将时间指示器放置在2s的位置,在"视频1"轨道上选中"划水"文件,选择"剃刀工具"　,将"划水"文件在2s处剪断,如图2-15所示。

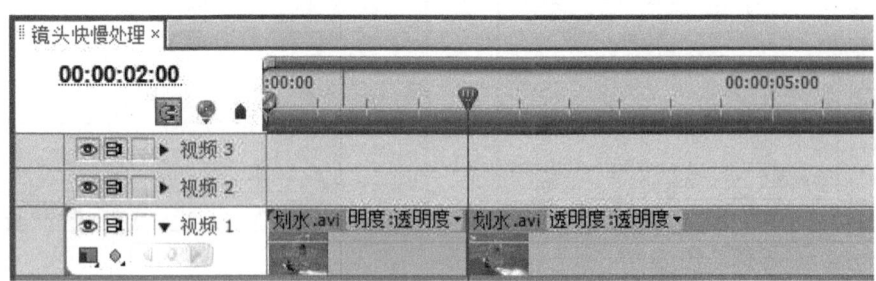

图2-15

5）将时间指示器放置在4s的位置,在"视频1"轨道上选中"划水"文件,选择"剃刀工具"　,将"划水"文件在4s处剪断,如图2-16所示。

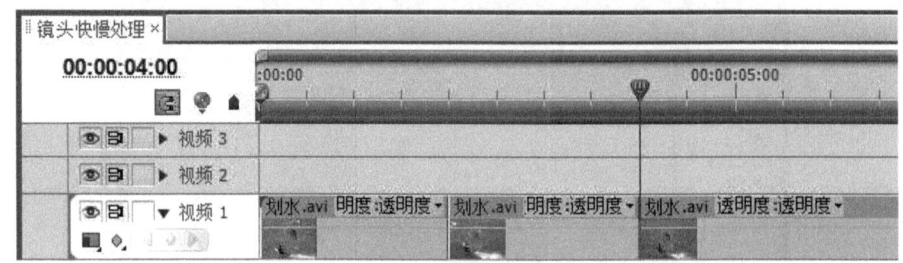

图2-16

6）将时间指示器放置在6s的位置,在"视频1"轨道上选中"划水"文件,将鼠标指针放在"01"文件的尾部,当鼠标指针呈　状时,向前拖动鼠标到6s的位置上,如图2-17

所示。

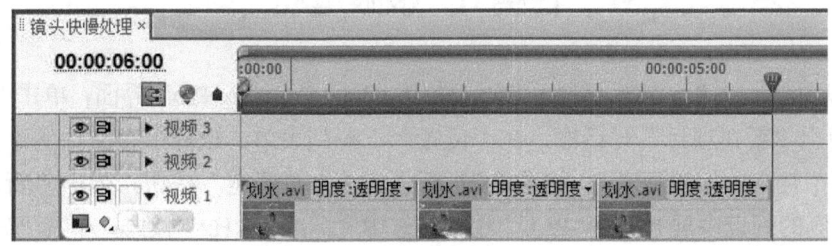

图 2-17

7）在"视频1"轨道上选中"划水"第二段（2～4s），选择"素材"→"速度/持续时间"命令，弹出"素材速度/持续时间"对话框，单击"确定"按钮，如图 2-18 所示。

8）在"视频1"轨道上选中"划水"第三段（4～6s），选择"素材"→"速度/持续时间"命令，弹出"素材速度/持续时间"对话框，单击"确定"按钮，如图 2-19 所示。镜头快慢处理制作完成，如图 2-20 所示。

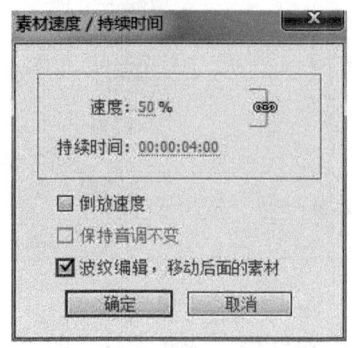 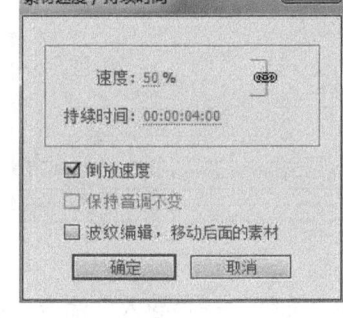

图 2-18　　　　　　　　　图 2-19

图 2-20

任务3 极限运动

1）启动 Premiere Pro CS5，弹出"欢迎使用 Adobe Premiere Pro"界面，单击"新建项目"按钮，弹出"新建项目"对话框，在"位置"下拉列表中，选择保存文件的路径，在"名称"文本框中输入"极限运动"，如图 2-21 所示。单击"确定"按钮，弹出"新建序列"对话框，在左侧的列表中展开"DV-PAL"选项，选中"标准 48kHz"模式，单击"确定"按钮，如图 2-22 所示。

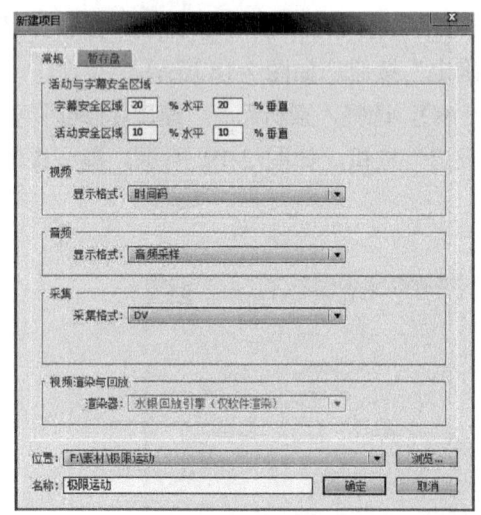

图 2-21

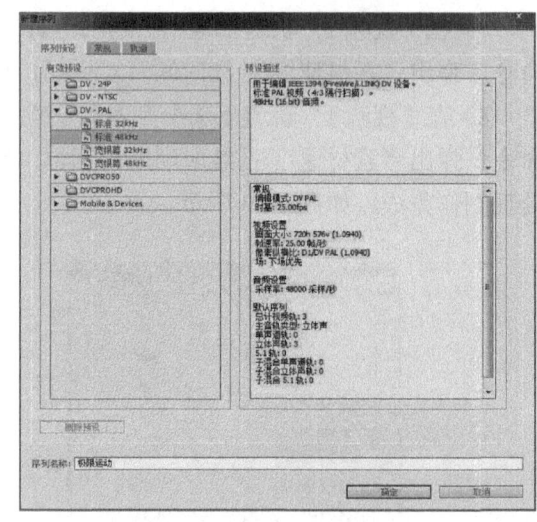

图 2-22

2）选择"文件"→"导入"命令，弹出"导入"对话框，选择素材中的"素材"文件，单击"打开"按钮，导入视频、图片文件，如图 2-23 所示。导入后的文件出现在"项目"面板中，如图 2-24 所示。

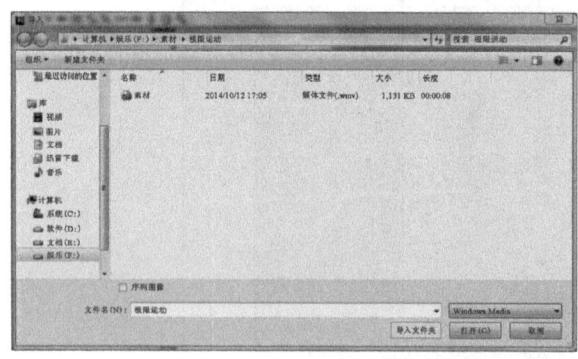

图 2-23　　　　　　　　　　　图 2-24

3）在"项目"面板中选中"素材"文件并将其拖动到"时间线"窗口中的"视频1"轨道中，如图 2-25 所示。

4）在"特效控制台"面板中选择"素材"，在"运动"选项区中将"缩放比例"设置为

245%,如图 2-26 所示。

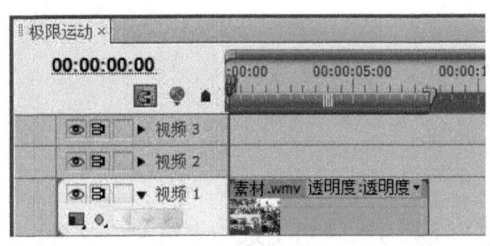
图 2-25

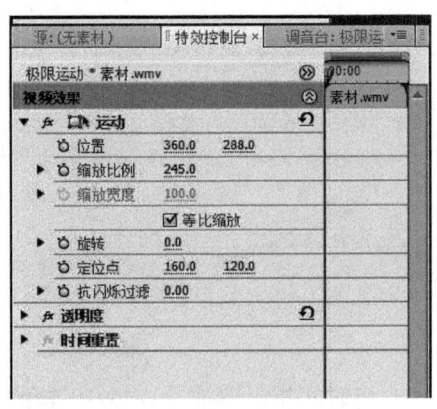
图 2-26

5)将时间指示器放置在 1s10 帧的位置,在"视频 1"轨道上选中"素材"文件,选择"剃刀工具" ,将"素材"文件在 1s 10 帧处剪断,如图 2-27 所示。

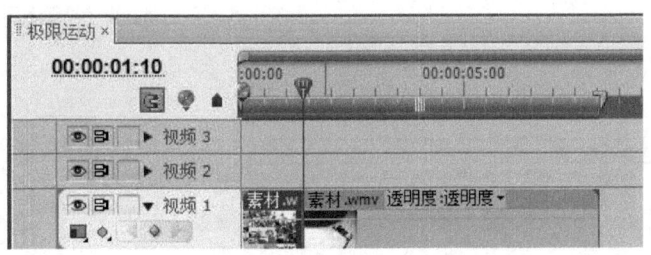
图 2-27

6)在"视频 1"轨道上选中"素材"第一段,选择"编辑"→"复制"命令。选择"编辑"→"粘贴插入"命令,按<Delete>键将"素材"最后一段删除,如图 2-28 所示。

7)在"视频 1"轨道上选中"素材"第二段(1s 10 帧~2s 20 帧),选择"素材"→"速度/持续时间"命令,弹出"素材速度/持续时间"对话框,单击"确定"按钮,如图 2-29 所示。

图 2-28

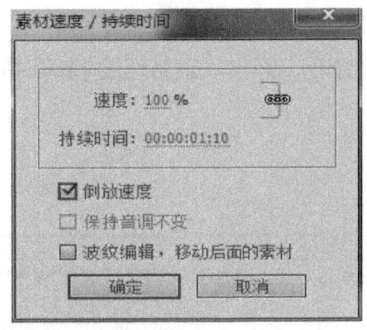
图 2-29

8)在"项目"面板中选中"素材"文件并将其拖动到"时间线"窗口中的"视频 1"轨道中,在"特效控制台"面板中选择"素材",在"运动"选项区中将"缩放比例"设置为 245%,如图 2-30 和图 2-31 所示。

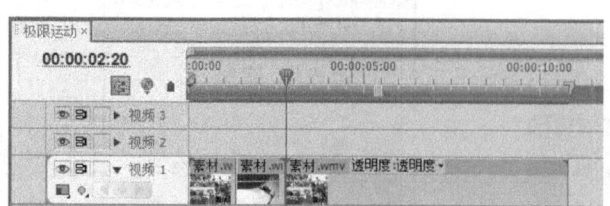
图 2-30

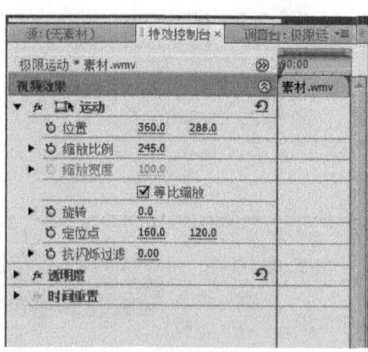
图 2-31

9）将时间指示器放置在 5s10 帧的位置，在"视频 1"轨道上选中"素材"文件，选择"剃刀工具" ，将"素材"文件在 5s10 帧处剪断，如图 2-32 所示。

10）在"视频 1"轨道上选中"素材"第二段（2s20 帧～5s10 帧），选择"素材"→"速度/持续时间"命令，弹出"素材速度/持续时间"对话框，单击"确定"按钮，如图 2-33 所示。

图 2-32

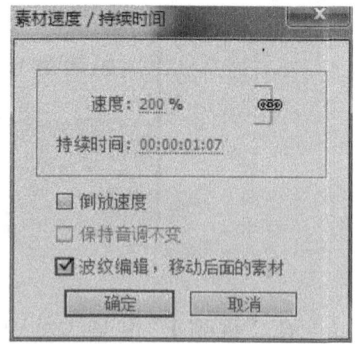
图 2-33

11）将时间指示器放置在 5s10 帧的位置，在"视频 1"轨道上选中"素材"文件，选择"剃刀工具" ，将"素材"文件在 5s10 帧处剪断，如图 2-34 所示。

12）在"视频 1"轨道上选中"素材"第四段（4s03 帧～5s10 帧），选择"素材"→"速度/持续时间"命令，弹出"素材速度/持续时间"对话框，单击"确定"按钮，如图 2-35 所示。

图 2-34

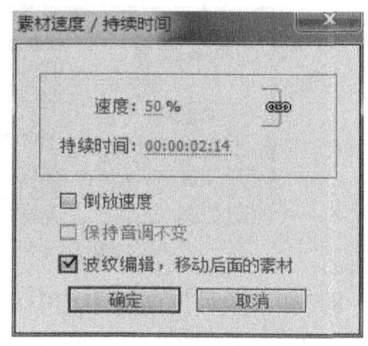
图 2-35

13）将时间指示器放置在 8s 的位置，在"视频 1"轨道上选中"素材"文件，选择"剃刀工具" ，将"素材"文件在 8s 处剪断，图 2-36 所示。

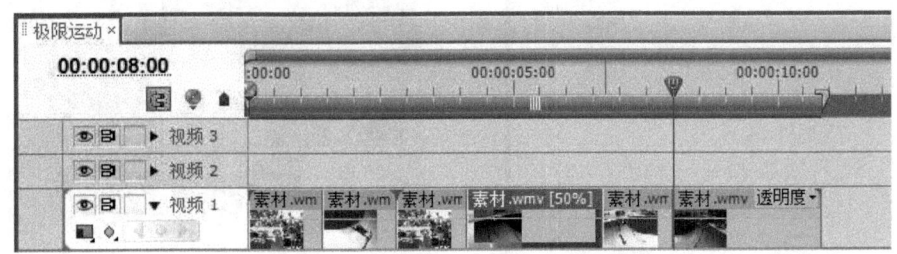

图 2-36

14）在"视频 1"轨道上选中"素材"第五段（6s17 帧～8s），选择"素材"→"速度/持续时间"命令，弹出"素材速度/持续时间"对话框，单击"确定"按钮，如图 2-37 所示。

15）将时间指示器放置在 8s15 帧的位置，在"视频 1"轨道上选中"素材"文件，选择"剃刀工具" ，将"素材"文件在 8s15 帧处剪断，如图 2-38 所示。

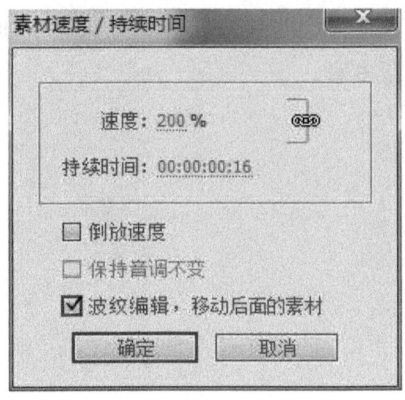 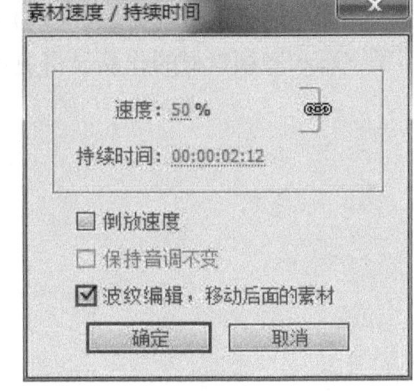

图 2-37　　　　　　　　　　　　图 2-38

16）在"视频 1"轨道上选中"素材"第六段（7s09 帧～8s15 帧），选择"素材"→"速度/持续时间"命令，弹出"素材速度/持续时间"对话框，单击"确定"按钮，如图 2-39 所示。

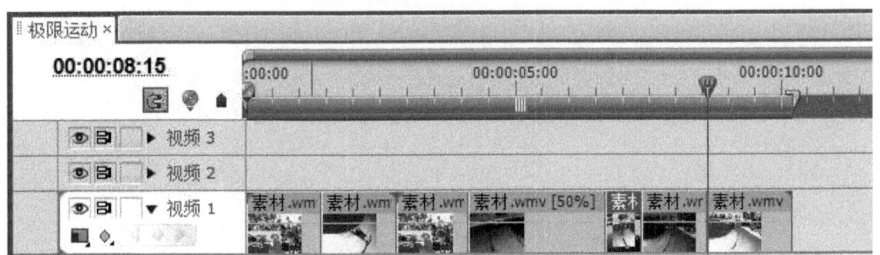

图 2-39

17）在"视频 1"轨道上选中"素材"第七段（8s15 帧～11s11 帧），选择"素材"→"速度/持续时间"命令，弹出"素材速度/持续时间"对话框，如图 2-40 所示。单击"确定"按钮，极限运动制作完成，如图 2-41 所示。

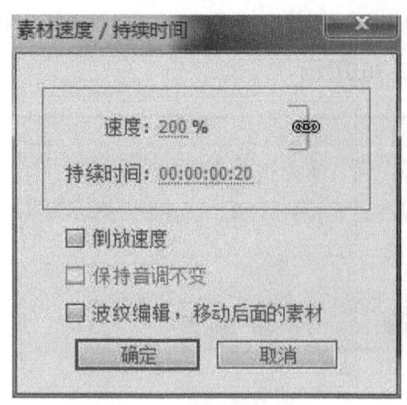 

图 2-40　　　　　　　　　　　　图 2-41

通过以上两个实例的操作，秦方圆总结出了如下规律：

Premiere 可以加工处理文字、图片、视频、音频等多种素材，可以在任何时间点插入、复制、替换、传递和删除素材片段，并通过素材的剪裁、切割、嵌套等操作进一步处理素材。此外，通过添加简单的视频转场特效、添加字幕和音频会对视音频编辑效果起到画龙点睛的作用，使用了字幕和音频素材的作品显得更加丰富多彩。

学习单元 3　Premiere 视频转场特效

 单元情境

秦方圆在看完电影《阿凡达》之后，对电影里面精彩绝伦的特效画面镜头切换产生了浓厚的兴趣，他决定学习视频转场特效。

单元分析

学习添加划像转场特效、3D 运动转场特效、特殊转场特效、叠化转场特效及伸展转场特效。

1．添加默认转场效果并设置默认转场效果
2．添加卷页及亮度与对比度转场特效，调整图像亮度与对比度

 任务设计

本单元设计了以下任务：
1．自然之美
2．花的海洋
3．美丽油画
4．童年时光
5．动物世界

 完成任务

任务 1　自然之美

1．任务概述

划像转场主要是通过画面中不同形状的孔形面积的变化，达到转场过渡的效果，其中包括了 7 种不同的转场，如图 3-1 所示。下面通过实例自然之美来介绍划像转场效果。

2．操作步骤

1）运行 Premiere Pro CS5，单击欢迎界面中的"新建项目"图标，如图 3-2 所示。

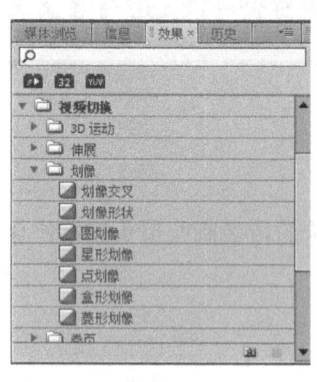

图 3-1　　　　　　　　　　　　　　图 3-2

2）在弹出的"新建项目"对话框中单击"常规"选项卡，在对话框下方选择项目文件的存放路径，并输入项目文件名称为"自然之美"，单击"确定"按钮，如图 3-3 所示。

3）此时会弹出"新建序列"对话框，这里选择列表中的"DV-PAL"→"标准 48kHz"选项，这是标准的 PAL 制视频的项目设置，其他选项保持默认设置，最后单击"确定"按钮，如图 3-4 所示。

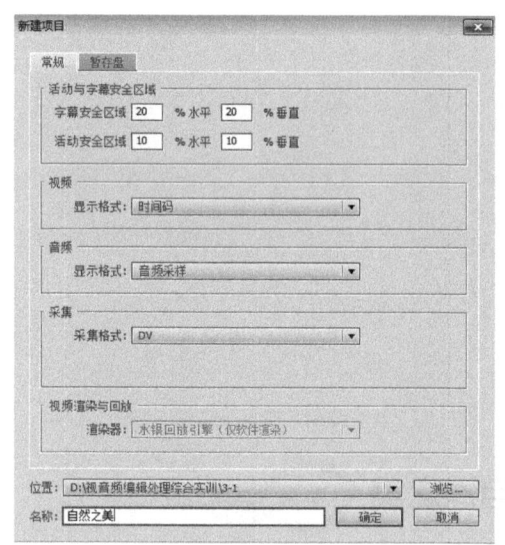
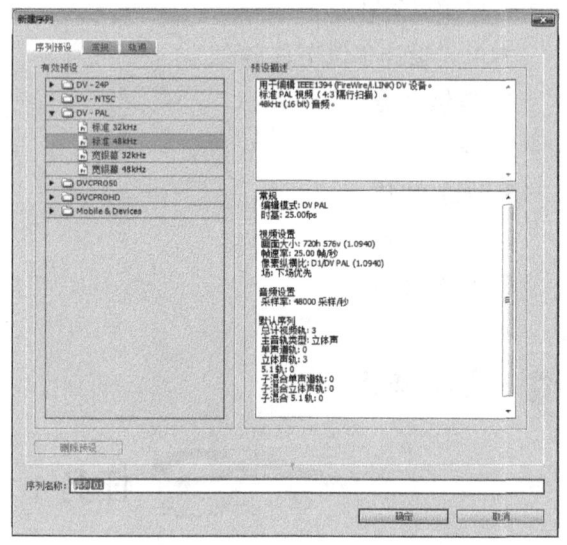

图 3-3　　　　　　　　　　　　　　图 3-4

4）选择"编辑"→"首选项"→"常规"命令，弹出"首选项"对话框，设置"静帧图像默认持续时间"为"125"帧（即 5s），单击"确定"按钮保存设置，如图 3-5 所示。

5）在"项目"面板的空白处双击，在弹出的"导入"对话框中，导入素材中相应的图片素材，如图 3-6 所示。

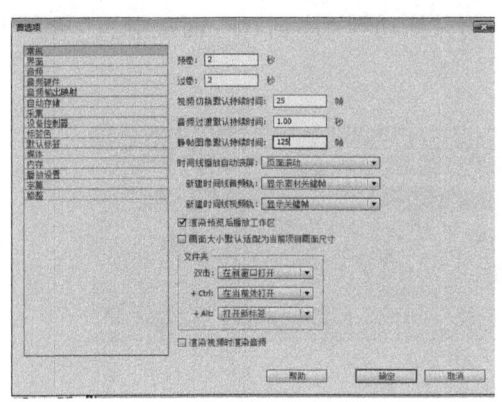
图 3-5

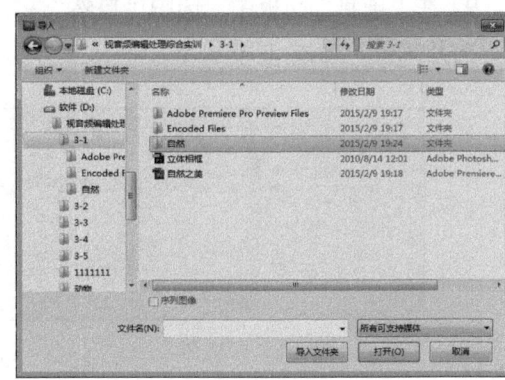
图 3-6

6）选中"图片素材"文件夹，然后单击"导入文件夹"按钮，将文件夹中的所有图片导入 Premiere "项目"面板中，如图 3-7 所示。

7）继续在"项目"面板的空白处双击，在弹出的"导入"对话框中，选中素材"立体相框.psd"，然后单击"打开"按钮，如图 3-8 所示。

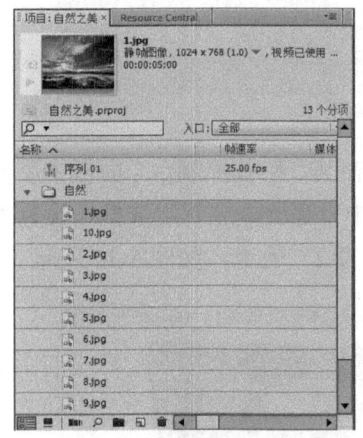
图 3-7

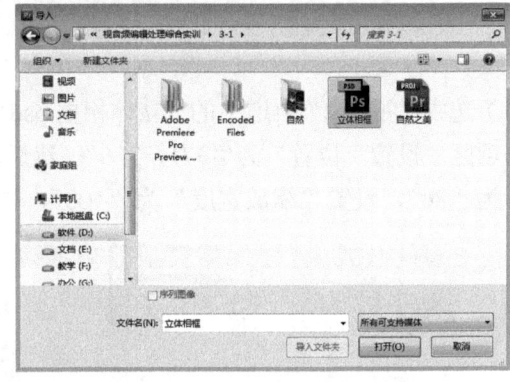
图 3-8

8）在弹出的"导入分层文件"对话框中，设置"导入为"为"合并所有图层"，然后单击"确定"按钮，如图 3-9 所示。

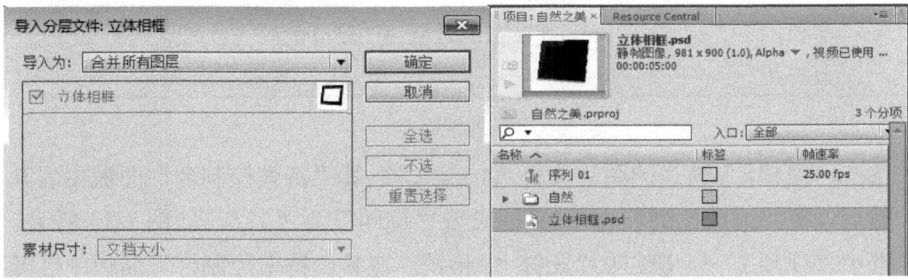
图 3-9

9）在"项目"面板中，选中"自然"文件夹，将其拖动到"序列01"面板中的"视频1"轨道的开始处，如图3-10所示。

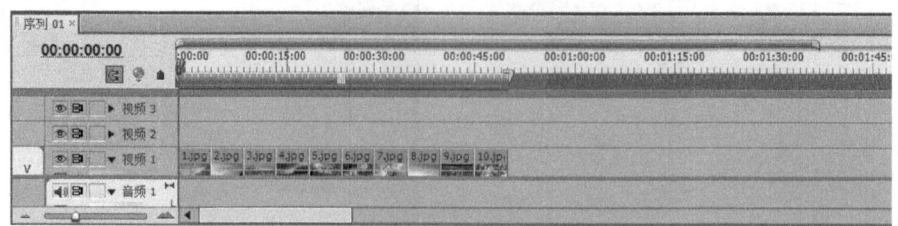

图3-10

10）在"项目"面板中，选中素材"立体相框.psd"，将其拖动到"序列"面板中的"视频2"轨道的开始处，并拖动素材"立体相框.psd"的出点使其与"视频1"轨道中的素材齐长，如图3-11所示。

图3-11

11）选中"视频2"轨道中的"立体相框.psd"，然后在其"特效控制台"面板中展开"运动"选项区，设置"位置"为"371，316"，然后取消选中"等比缩放"复选框，设置"缩放高度"为"80"，设置"缩放宽度"为"100"，锁定"视频2"轨道，如图3-12所示。

图3-12

12）选中"视频1"轨道的图片素材"1.jpg"，在其"特效控制台"面板中展开"运动"选项区，然后设置"缩放比例"为"56"，设置"旋转"为"3°"，如图3-13所示。

13）选中"视频1"轨道的图片素材"2.jpg"，在其"特效控制台"面板中展开"运动"选项区，然后设置"缩放比例"为"56"，设置"旋转"为"3°"，如图3-14所示。

图 3-13

图 3-14

14）选中"视频 1"轨道的图片素材"3.jpg"，在其"特效控制台"面板中展开"运动"选项区，然后设置"缩放比例"为"56"，设置"旋转"为"3°"，如图 3-15 所示。

图 3-15

15）选中"视频 1"轨道的图片素材"4.jpg"，在其"特效控制台"面板中展开"运动"选项区，然后设置"缩放比例"为"56"，设置"旋转"为"3°"，如图 3-16 所示。

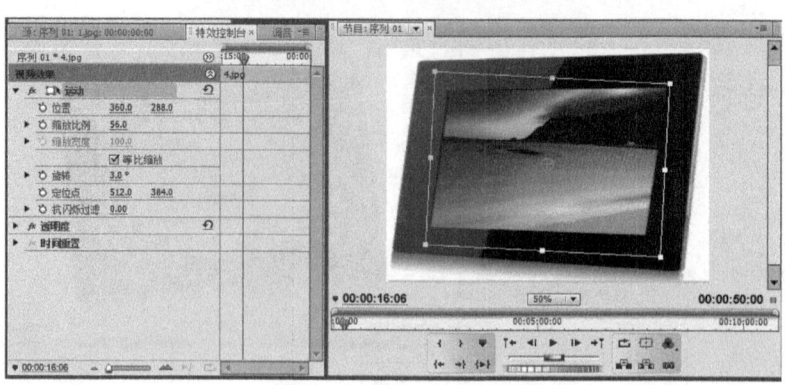

图 3-16

16）选中"视频1"轨道的图片素材"5.jpg"，在其"特效控制台"面板中展开"运动"选项组，然后设置"缩放比例"为"56"，设置"旋转"为"3°"，如图 3-17 所示。

图 3-17

17）选中"视频1"轨道的图片素材"6.jpg"，在其"特效控制台"面板中展开"运动"选项区，然后设置"位置"为"361.8, 268"，设置"缩放比例"为"55"，设置"旋转"为"4.2°"，如图 3-18 所示。

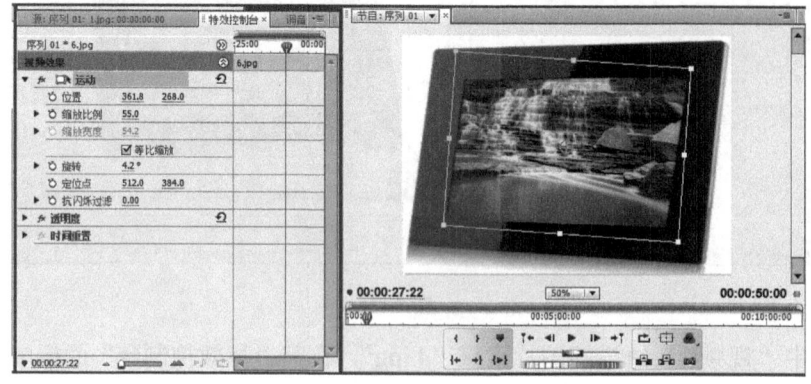

图 3-18

18）选中"视频1"轨道的图片素材"7.jpg"，在其"特效控制台"面板中展开"运动"选项区，然后设置"位置"为"358.2，278"，设置"缩放比例"为"55"，设置"旋转"为"3.7°"，如图3-19所示。

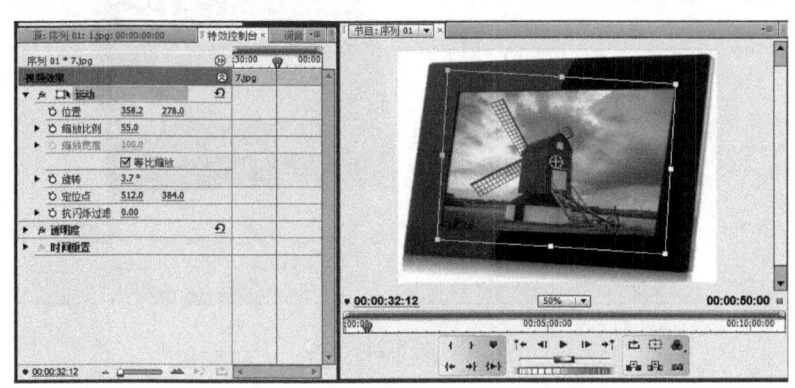

图 3-19

19）选中"视频1"轨道的图片素材"8.jpg"，在其"特效控制台"面板中展开"运动"选项区，然后设置"位置"为"365，282"，设置"缩放比例"为"56"，设置"旋转"为"2.4°"，如图3-20所示。

图 3-20

20）选中"视频1"轨道的图片素材"9.jpg"，在其"特效控制台"面板中展开"运动"选项区，然后设置"位置"为"363.7，272"，设置"缩放比例"为"55"，设置"旋转"为"2°"，如图3-21所示。

21）选中"视频1"轨道的图片素材"10.jpg"，在其"特效控制台"面板中展开"运动"选项组，然后设置"位置"为"361.8，276"，设置"缩放比例"为"55"，设置"旋转"为"2.4°"，如图3-22所示。

22）在"效果"面板中，选择"视频切换"→"划像"文件夹，将其中的"划像交叉"转场拖放到"视频1"轨道中的"1.jpg"和"2.jpg"之间，释放鼠标后，即可为素材"1.jpg"和"2.jpg"之间添加转场，如图3-23所示。

23）选中"1.jpg"和"2.jpg"之间的"划像交叉"转场，在"特效控制台"面板中即可对转场进行详细的属性设置，如图 3-24 所示。

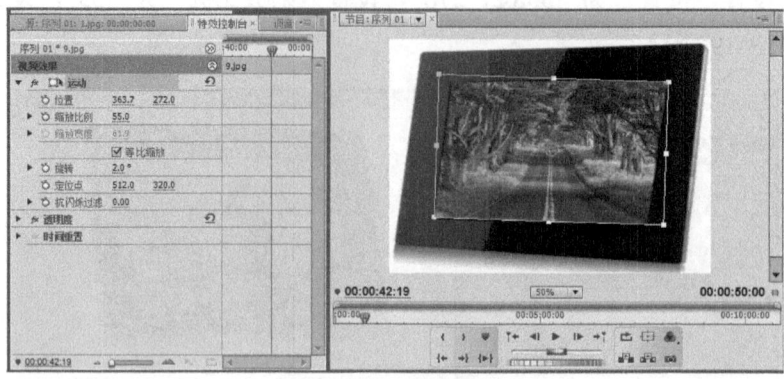

图 3-21

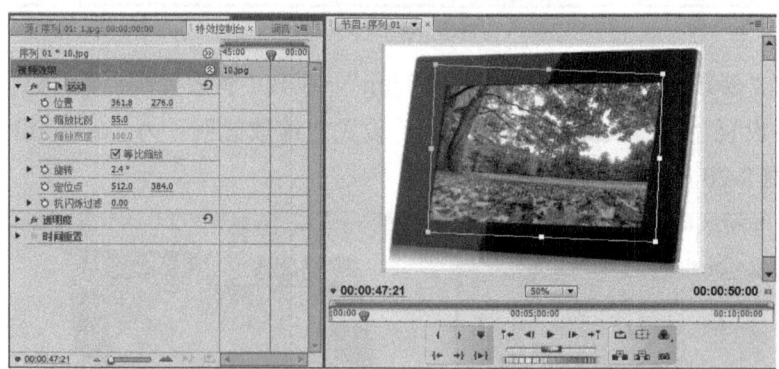

图 3-22

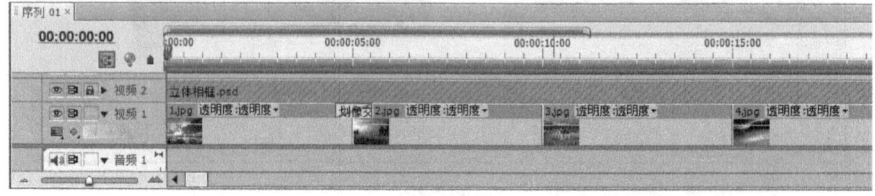

图 3-23

图 3-24

24）设置完成后，拖动时间线预览"划像交叉"转场效果，如图 3-25 所示。

图 3-25

25）在"效果"面板中，选择"视频切换"→"划像"文件夹，将其中的"划像形状"转场拖放到"视频 1"轨道中的"2.jpg"和"3.jpg"之间，释放鼠标后，即可为素材"2.jpg"和"3.jpg"之间添加转场，如图 3-26 所示。

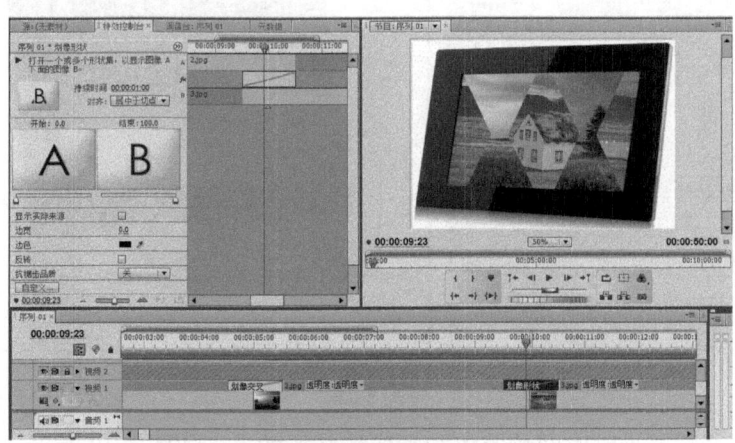

图 3-26

26）设置完成后，拖动时间线预览"划像形状"转场效果，如图 3-27 所示。

图 3-27

27）在"效果"面板中，选择"视频切换"→"划像"文件夹，将其中的"圆划像"转场拖放到"视频 1"轨道中的"3.jpg"和"4.jpg"之间，释放鼠标后，即可为素材"3.jpg"和"4.jpg"之间添加转场，如图 3-28 所示。

图 3-28

28）选中"3.jpg"和"4.jpg"之间的"圆划像"转场，然后在"特效控制台"面板中设置"边宽"为"1.5"，设置"边色"为"#0BB6C1"，如图 3-29 所示。

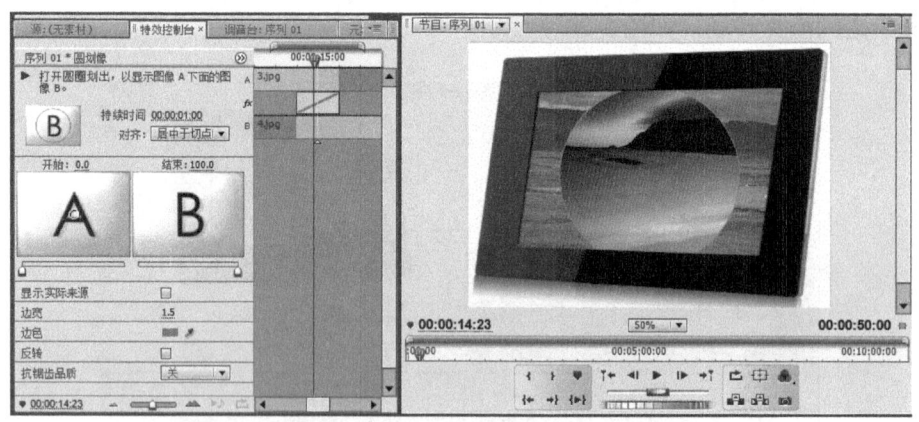

图 3-29

29）设置完成后，拖动时间预览"圆划像"转场效果，如图 3-30 所示。

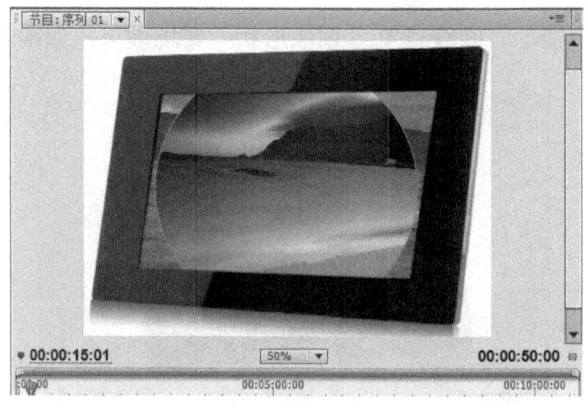

图 3-30

30）在"效果"面板中，选择"视频切换"→"划像"文件夹，将其中的"星形划像"转场拖放到"视频1"轨道的"4.jpg"和"5.jpg"之间，释放鼠标后，即可为素材"4.jpg"和"5.jpg"之间添加转场，如图3-31所示。

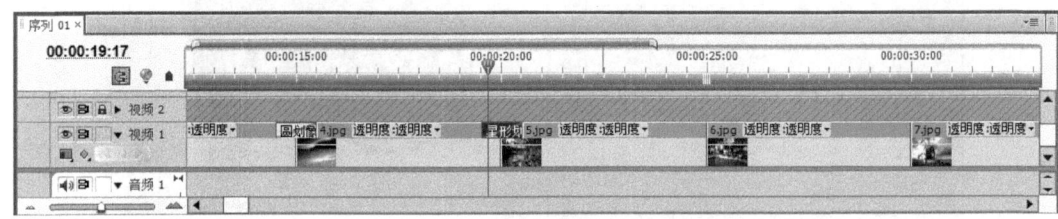

图 3-31

31）选中"4.jpg"和"5.jpg"之间的"星形划像"转场，然后在"特效控制台"面板中设置"边宽"为"2"，设置"边色"为"#67E8A3"，设置"抗锯齿品质"为"高"，如图3-32所示。

图 3-32

32）设置完成后，拖动时间线预览"星形划像"转场效果，如图3-33所示。

图 3-33

33）在"效果"面板中，选择"视频切换"→"划像"文件夹，将其中的"点划像"转场拖放到"视频1"轨道中的"5.jpg"和"6.jpg"之间，释放鼠标后，即可为素材"5.jpg"

和"6.jpg"之间添加转场，如图 3-34 所示。

图 3-34

34）设置完成后，拖动时间线预览"点划像"转场效果，如图 3-35 所示。

图 3-35

35）在"效果"面板中，选择"视频切换"→"划像"文件夹，将其中的"盒形划像"转场拖放到"视频1"轨道中的"6.jpg"和"7.jpg"之间，释放鼠标后，即可为素材"6.jpg"和"7.jpg"之间添加转场，如图 3-36 所示。

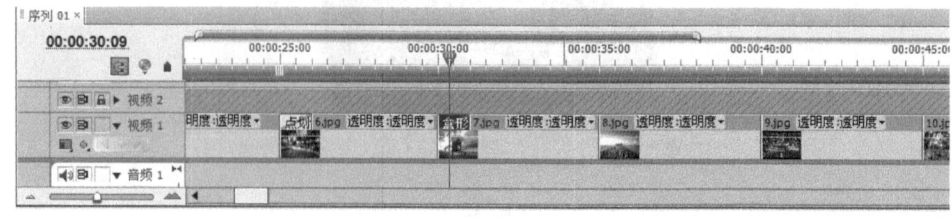

图 3-36

36）选中"6.jpg"和"7.jpg"之间的"盒形划像"转场，然后在"特效控制台"面板中设置"抗锯齿品质"为"高",如图 3-37 所示。

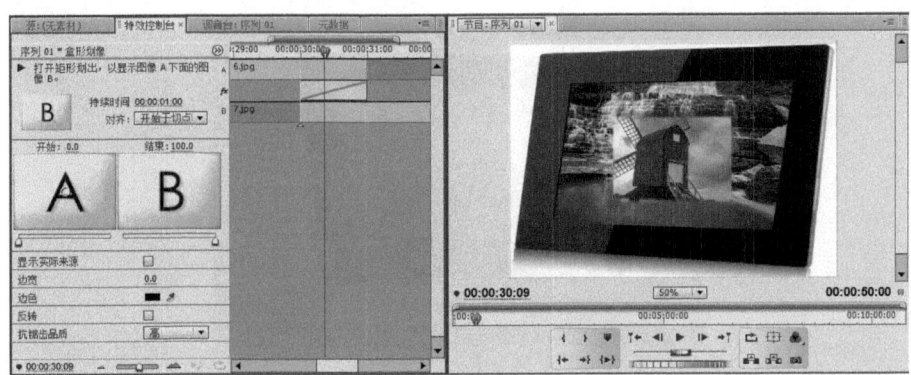

图 3-37

37)设置完成后,拖动时间线预览"盒形划像"转场效果,如图 3-38 所示。

图 3-38

38)在"效果"面板中,选择"视频切换"→"划像"文件夹,将其中的"菱形划像"转场拖放到"视频 1"轨道中的"7.jpg"和"8.jpg"之间,释放鼠标后,即可为素材"7.jpg"和"8.jpg"之间添加转场,如图 3-39 所示。

图 3-39

39）设置完成后，拖动时间线预览"菱形划像"转场效果，如图3-40所示。

图3-40

3. 任务拓展

1）利用本次实例的素材制作如图3-41和图3-42所示的画面效果，要求各素材之间有转场过渡的效果。

图3-41

图3-42

2）选择"文件"→"导出"→"媒体"面板，选择"格式"为"JPG"，"输出名称"改为"自然之美"，然后单击"导出"按钮，导出"自然之美.jpg"视频，如图3-43所示。

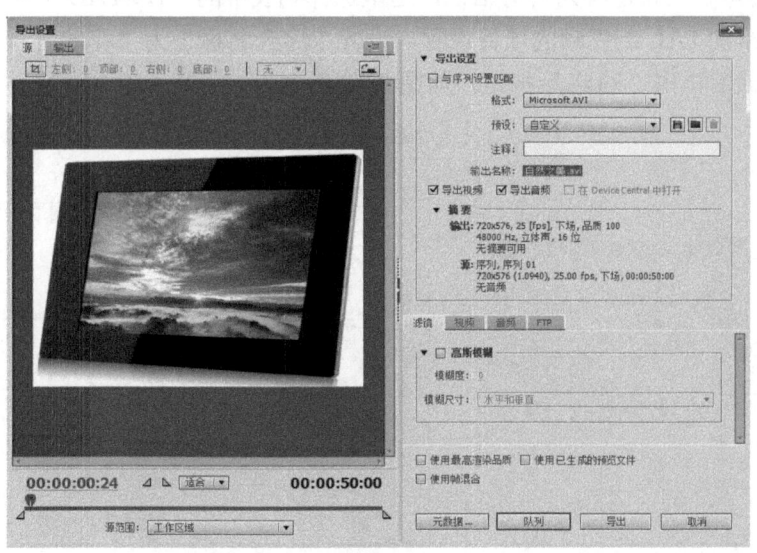

图 3-43

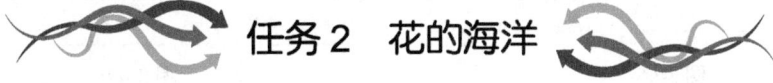

任务2　花的海洋

1. 任务概述

"3D运动"视频转场可以使转场的素材带有三维运动效果，其一共包括10种三维场景的转场效果，如图3-44所示。下面通过任务花的海洋来详细介绍3D运动转场的应用。

2. 操作步骤

1）运行Premiere Pro CS5，单击欢迎界面中的"新建项目"图标，如图3-45所示。

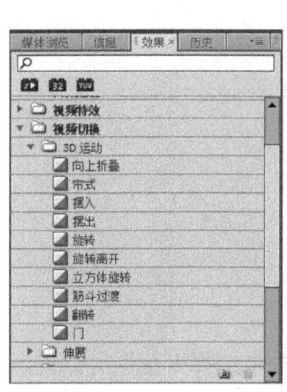

图 3-44

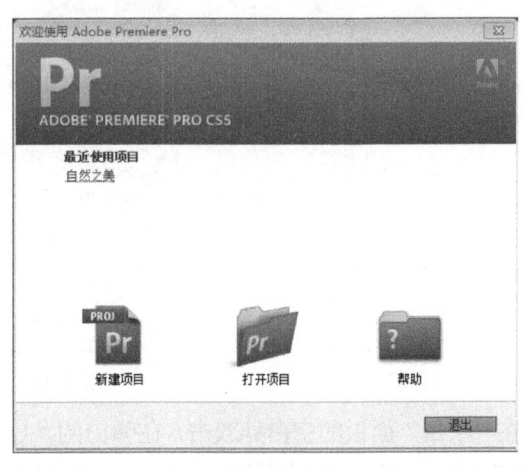

图 3-45

2）在弹出的"新建项目"对话框中，选择"常规"选项卡，在对话框下方选择项目文件的存放路径，并输入项目文件名称为"花的海洋"，单击"确定"按钮，如图 3-46 所示。

3）此时会弹出"新建序列"对话框，这里选择列表中的"DV-PAL"→"标准 48kHz"选项，这是标准的 PAL 制视频的项目设置，设置"序列名称"为"花的海洋"，其他选项保持默认设置，最后单击"确定"按钮，如图 3-47 所示。

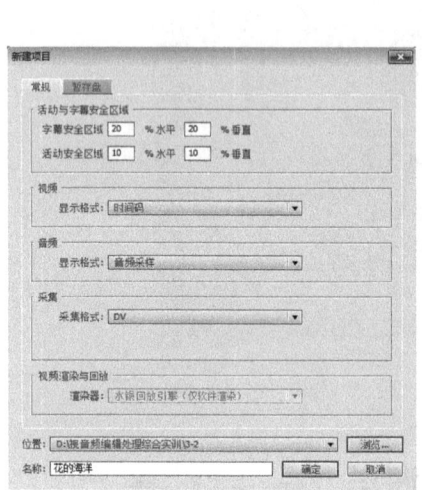
图 3-46

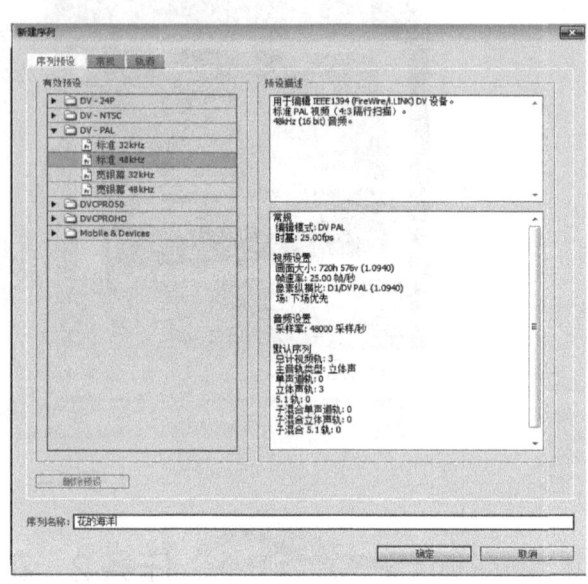
图 3-47

4）选择"编辑"→"首选项"→"常规"命令，打开"首选项"对话框，设置"静帧图像默认持续时间"为"125"帧（即 5s），单击"确定"按钮，保存设置，如图 3-48 所示。

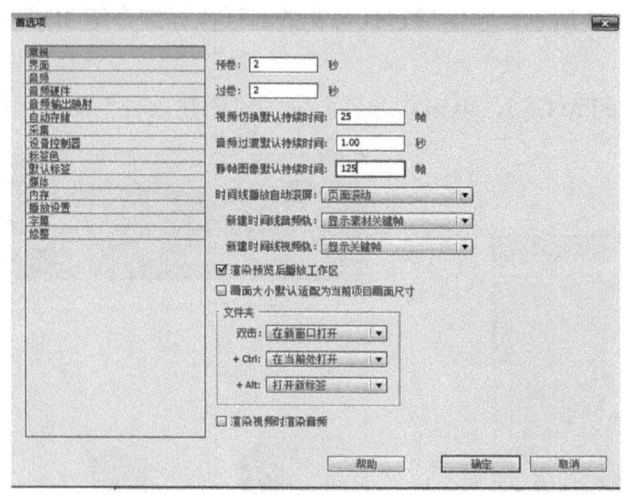
图 3-48

5）在"项目"面板的空白处双击，在弹出的"导入"对话框中选择"花"文件夹，单击"导入文件夹"按钮，导入相应的图片素材，如图 3-49 所示。

6）这样即可将文件夹中的全部图片导入"项目"面板中，如图 3-50 所示。

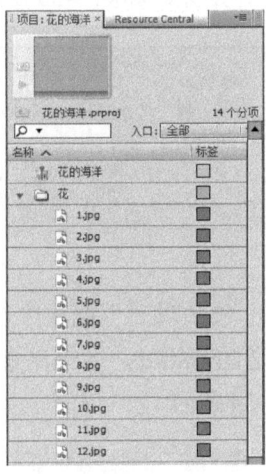

图 3-49　　　　　　　　　　　　　图 3-50

7）继续在"项目"面板的空白处双击，在弹出的"导入"对话框中选择素材"边框.psd"，然后单击"打开"按钮，如图 3-51 所示。

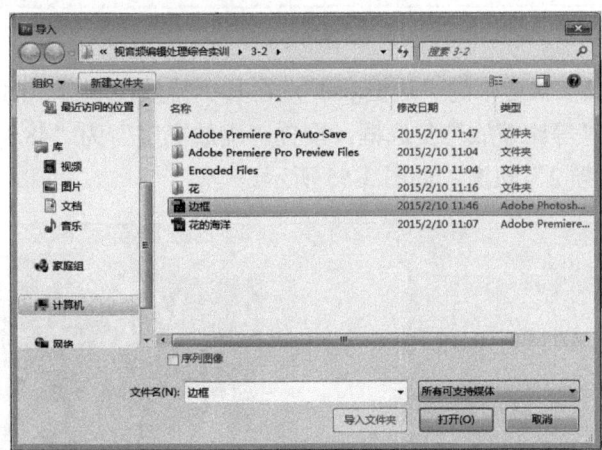

图 3-51

8）在弹出的"导入分层文件"对话框中，设置"导入为"为"合并所有图层"，单击"确定"按钮，如图 3-52 所示。

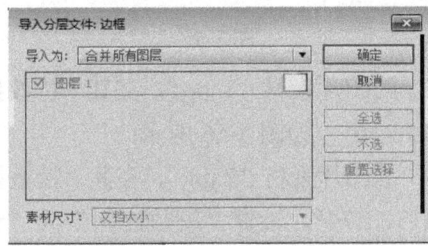

图 3-52

9）在"项目"面板中选择"花"文件夹，将其拖到"花的海洋"序列面板中"视频1"轨道的开始处，如图3-53所示。

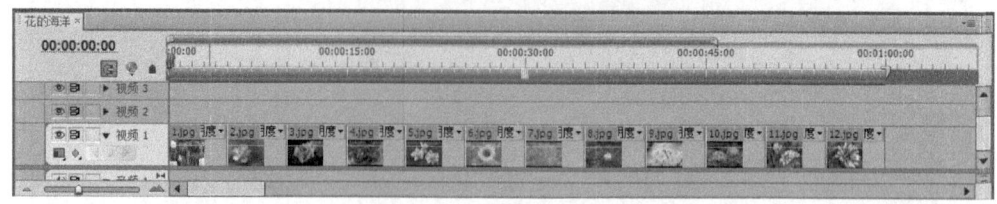

图3-53

10）在"项目"面板中选择素材"边框.psd"，将其拖到"花的海洋"序列面板中"视频2"轨道的开始处，并拖动素材"边框.psd"的结束点使其与"视频1"轨道中的素材齐长，如图3-54所示。

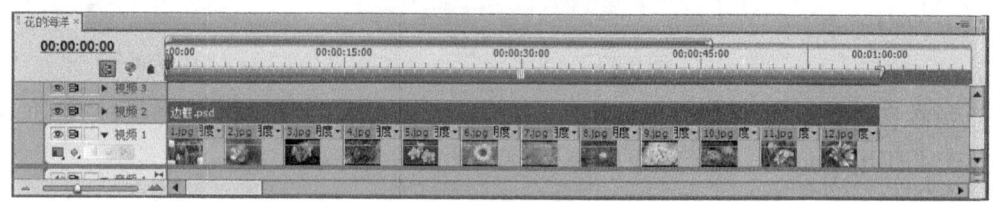

图3-54

11）选中"视频2"轨道中的"边框.psd"，在其"特效控制台"面板中展开"运动"选项区，然后取消选中"等比缩放"复选框，设置"缩放高度"为"48.3"，设置"缩放宽度"为"49.3"，锁定"视频2"轨道，如图3-55所示。

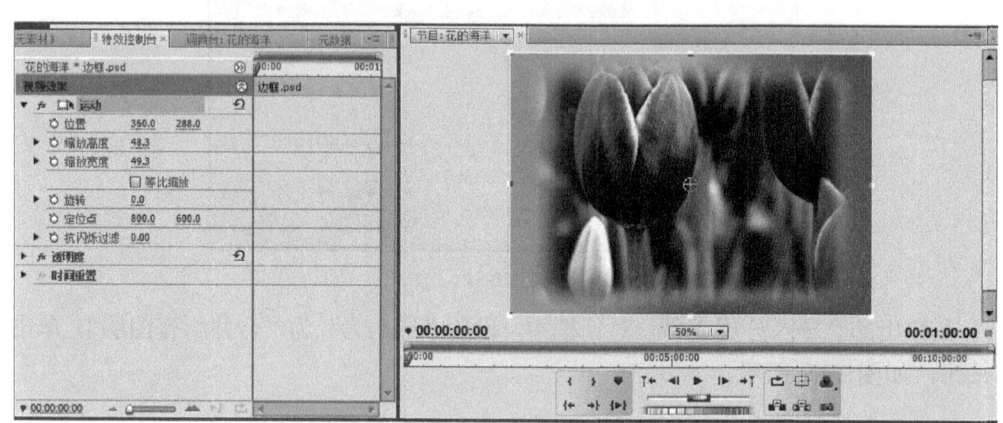

图3-55

12）选中"视频1"轨道中的图片素材"1.jpg"，在其"特效控制台"面板中展开"运动"选项区，设置"缩放比例"为"76"，如图3-56所示。

13）选中"视频1"轨道中的图片素材"2.jpg"，在其"特效控制台"面板中展开"运动"选项区，设置"位置"为"413，274"，设置"缩放比例"为"84"，如图3-57所示。

14）选中"视频1"轨道中的图片素材"3.jpg"，在其"特效控制台"面板中展开"运动"

选项区，设置"缩放比例"为"75"，如图3-58所示。

图3-56

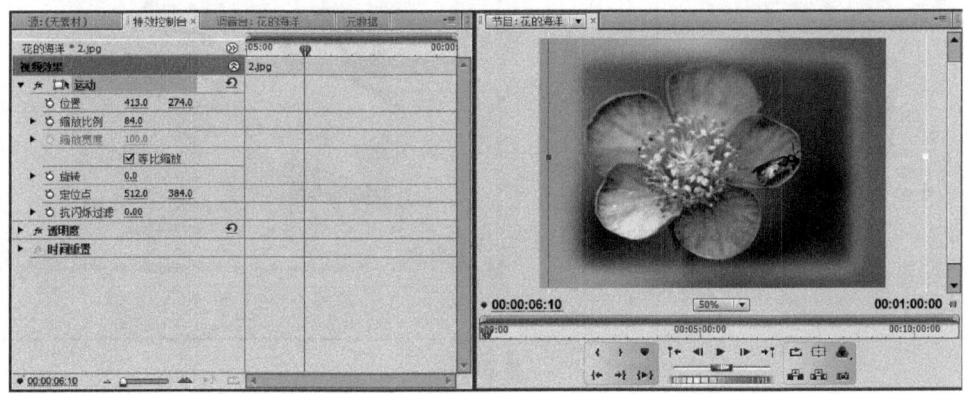

图3-57

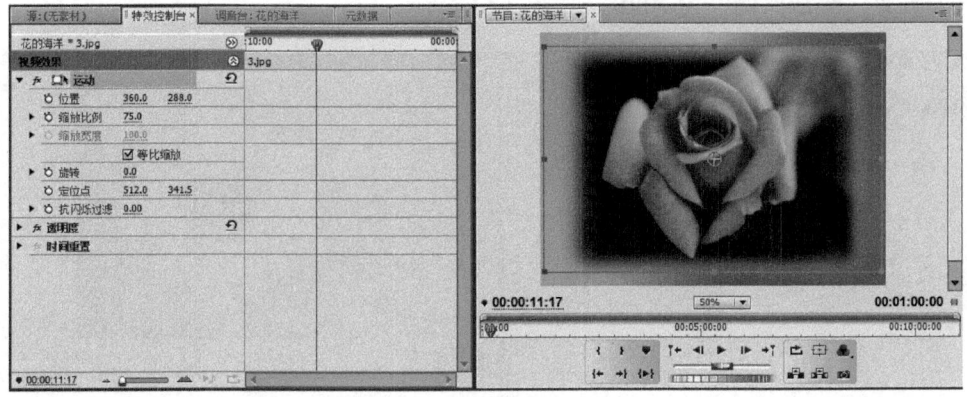

图3-58

15）选中"视频1"轨道中的图片素材"4.jpg"，在其"特效控制台"面板中展开"运动"选项区，设置"位置"为"351，290"，设置"缩放比例"为"82"，如图3-59所示。

16）选中"视频1"轨道中的图片素材"5.jpg"，在其"特效控制台"面板中展开"运动"选项区，设置"缩放比例"为"80"，如图3-60所示。

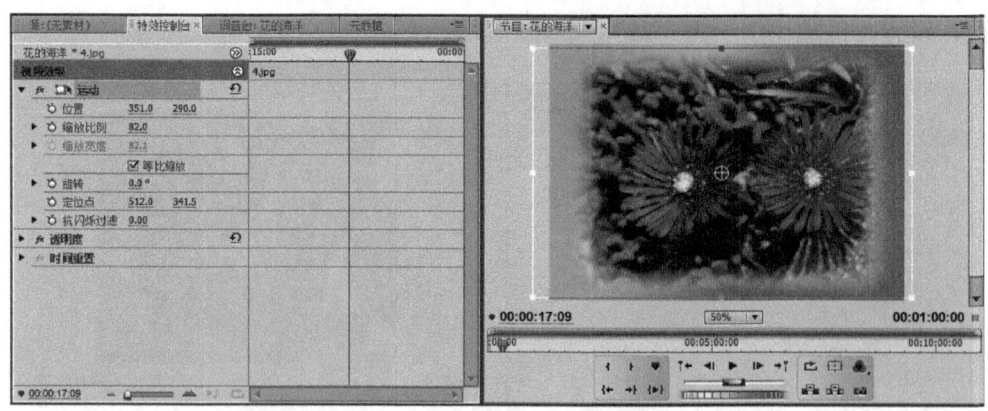

图 3-59

图 3-60

17）选中"视频1"轨道中的图片素材"6.jpg"，在其"特效控制台"面板中展开"运动"选项区，设置"缩放比例"为"80"，如图 3-61 所示。

图 3-61

18）选中"视频1"轨道中的图片素材"7.jpg"，在其"特效控制台"面板中展开"运动"选项区，设置"位置"为"347，290"，设置"缩放比例"为"79"，如图 3-62 所示。

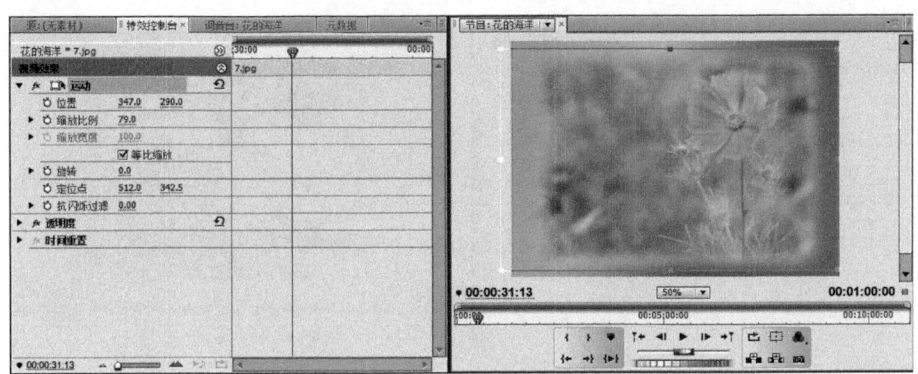

图 3-62

19）选中"视频 1"轨道中的图片素材"8.jpg"，在其"特效控制台"面板中展开"运动"选项区，设置"缩放比例"为"75"，如图 3-63 所示。

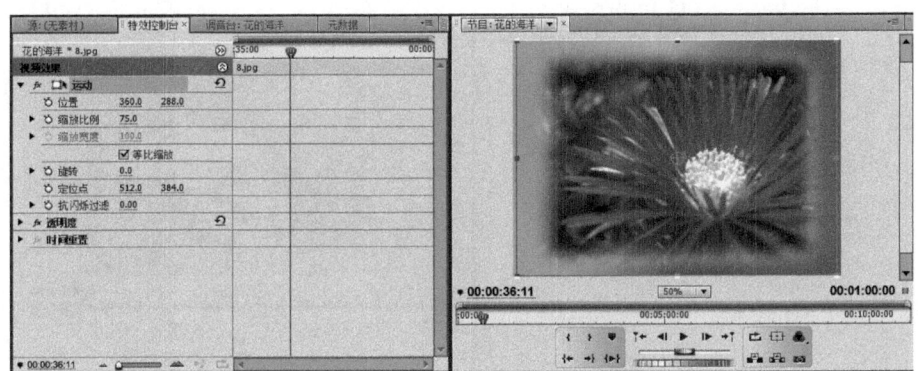

图 3-63

20）选中"视频 1"轨道中的图片素材"9.jpg"，在其"特效控制台"面板中展开"运动"选项区，设置"缩放比例"为"83"，如图 3-64 所示。

图 3-64

21）选中"视频 1"轨道中的图片素材"10.jpg"，在其"特效控制台"面板中展开"运动"选项区，设置"位置"为"389.2，288"，设置"缩放比例"为"82"，如图 3-65 所示。

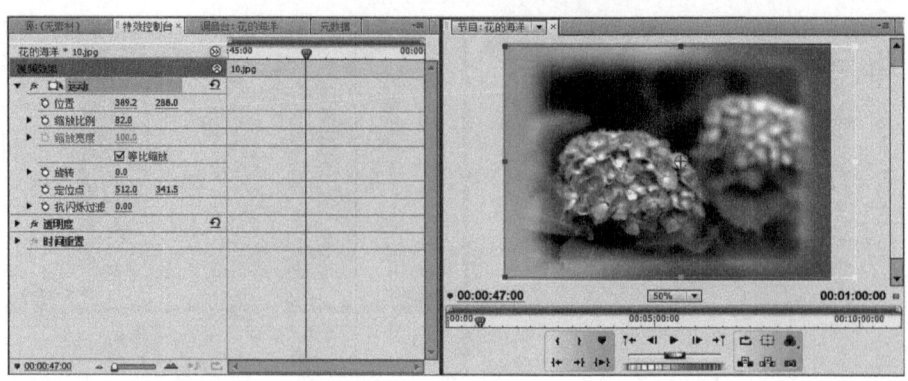

图 3-65

22）选中"视频 1"轨道中的图片素材"11.jpg"，在其"特效控制台"面板中展开"运动"选项区，设置"缩放比例"为"72"，如图 3-66 所示。

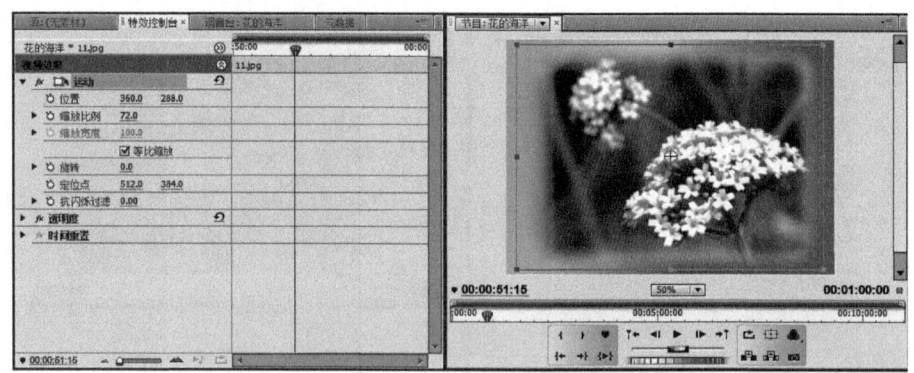

图 3-66

23）选中"视频 1"轨道中的图片素材"12.jpg"，在其"特效控制台"面板中展开"运动"选项区，设置"位置"为"314.3，292"，取消选中"等比缩放"复选框，设置"缩放高度"为"74.3"，设置"缩放宽度"为"86.6,"如图 3-67 所示。

图 3-67

24）完成各素材的属性设置后，就可以添加转场效果了。在"效果"面板中，选择"视频切换"→"3D 运动"文件夹，将其中的"向上折叠"转场拖到"视频 1"轨道中的"1.jpg"和

"2.jpg"之间,释放鼠标后,即可为素材"1.jpg"和"2.jpg"之间添加转场,如图 3-68 所示。

图 3-68

25)选中"1.jpg"和"2.jpg"之间的"向上折叠"转场,在"特效控制台"面板中即可对转场进行详细的属性设置,如图 3-69 所示。

图 3-69

26)设置完成后,拖动时间线预览"向上折叠"转场效果,如图 3-70 所示。

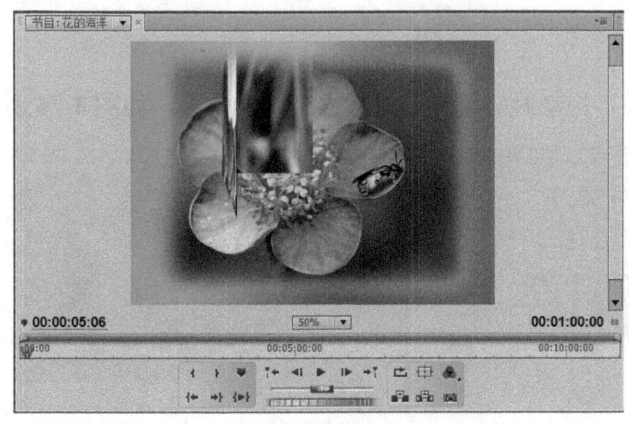

图 3-70

27)在"效果"面板中,展开"视频切换"→"3D 运动"文件夹,将其中的"帘式"转场拖到"视频 1"轨道中的"2.jpg"和"3.jpg"之间,释放鼠标后,即可为素材"2.jpg"和"3.jpg"之间添加转场,如图 3-71 所示。

28)设置完成后,拖动时间线预览"帘式"转场效果,如图 3-72 所示。

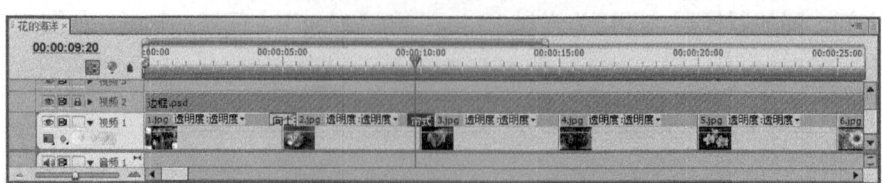

图 3-71

图 3-72

29）在"效果"面板中，展开"视频切换"→"3D 运动"文件夹，将其中的"摆入"转场拖到"视频 1"轨道中的"3.jpg"和"4.jpg"之间，释放鼠标后，即可为素材"3.jpg"和"4.jpg"之间添加转场，如图 3-73 所示。

图 3-73

30）设置完成后，拖动时间线预览"摆入"转场效果，如图 3-74 所示。

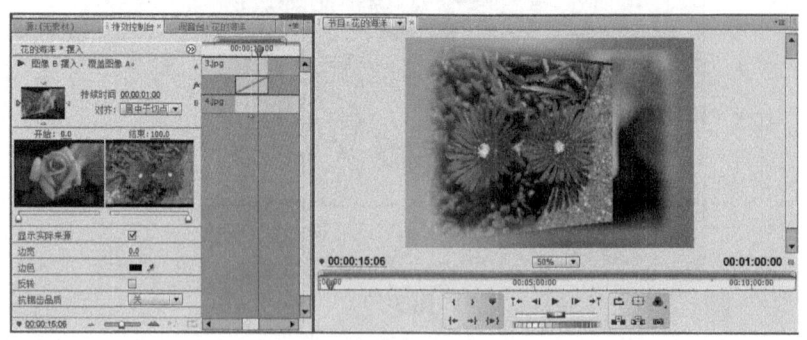

图 3-74

31）在"效果"面板中，展开"视频切换"→"3D 运动"文件夹，将其中的"旋转离开"转场拖到"视频 1"轨道中的"4.jpg"和"5.jpg"之间，释放鼠标后，即可为素材"4.jpg"

和"5.jpg"之间添加转场，如图 3-75 所示。

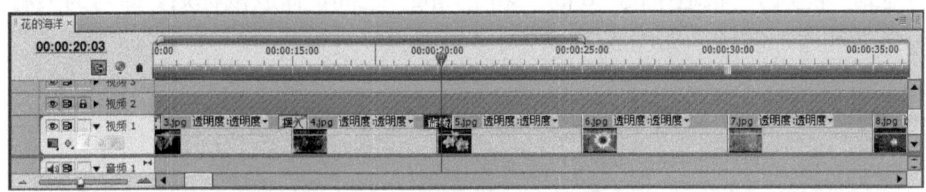

图 3-75

32）设置完成后，拖动时间线预览"旋转离开"转场效果，如图 3-76 所示。

图 3-76

33）在"效果"面板中，展开"视频切换"→"3D 运动"文件夹，将其中的"立方旋转"转场拖到"视频 1"轨道中的"5.jpg"和"6.jpg"之间，释放鼠标后，即可为素材"5.jpg"和"6.jpg"之间添加转场，如图 3-77 所示。

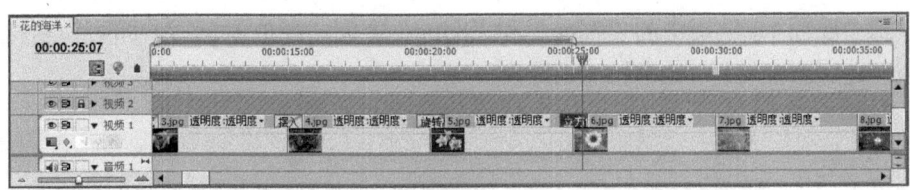

图 3-77

34）设置完成后，拖动时间线预览"立方旋转"转场效果，如图 3-78 所示。

图 3-78

35）在"效果"面板中，展开"视频切换"→"3D 运动"文件夹，将其中的"筋斗过渡"转场拖到"视频1"轨道中的"6.jpg"和"7.jpg"之间，释放鼠标后，即可为素材"6.jpg"和"7.jpg"之间添加转场，如图 3-79 所示。

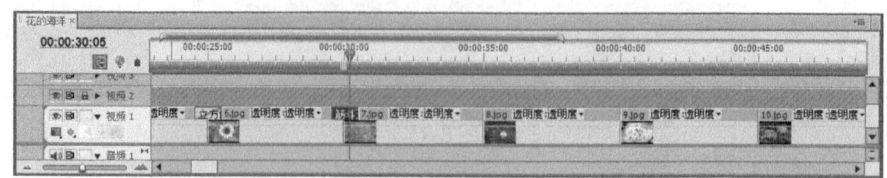

图 3-79

36）设置完成后，拖动时间线预览"筋斗过渡"转场效果，如图 3-80 所示。

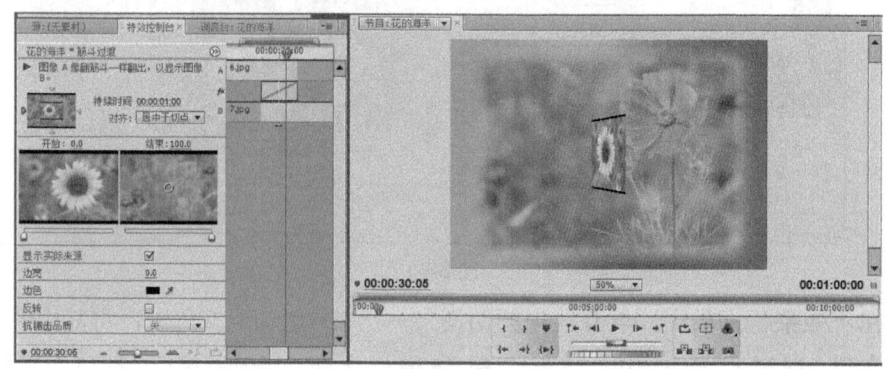

图 3-80

37）在"效果"面板中，展开"视频切换"→"3D 运动"文件夹，将其中的"翻转"转场拖放到"视频1"轨道中的"7.jpg"和"8.jpg"之间，释放鼠标后，即可为素材"7.jpg"和"8.jpg"之间添加转场，如图 3-81 所示。

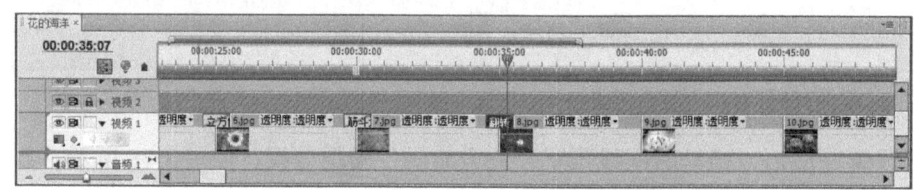

图 3-81

38）选中"7.jpg"和"8.jpg"之间的"翻转"转场，在"特效控制台"面板中单击"自定义"按钮，在弹出的"翻转设置"对话框中选取"绿色"为翻转颜色，单击"确定"按钮，得到如图 3-82 所示的效果。

39）设置完成后，拖动时间线预览"翻转"转场效果，如图 3-83 所示。

40）在"效果"面板中，展开"视频切换"→"3D 运动"文件夹，将其中的"门"转场拖到"视频 1"轨道中的"8.jpg"和"9.jpg"之间，释放鼠标后，即可为素材"8.jpg"和"9.jpg"之间添加转场，如图 3-84 所示。

图 3-82

图 3-83

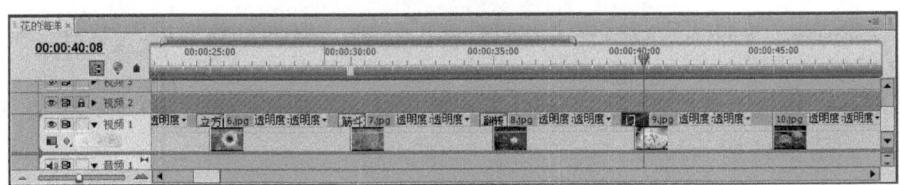

图 3-84

41) 选中 "8.jpg" 和 "9.jpg" 之间的 "门" 转场, 在 "特效控制台" 面板中对转场进行详细的属性设置, 设置 "边宽" 为 "2", 设置 "边色" 为 "#E6EE68", 如图 3-85 所示。

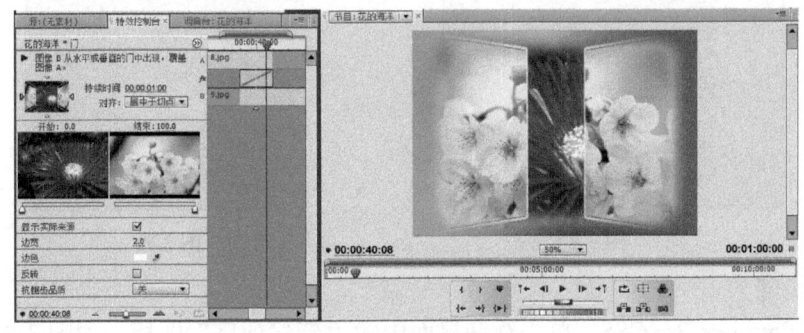

图 3-85

42) 设置完成后, 拖动时间线预览 "门" 转场效果, 如图 3-86 所示。

图 3-86

3. 任务拓展

利用本任务的素材,将"3D 运动"转场效果应用到素材"9.jpg"和"10.jpg""10.jpg"和"11.jpg""11.jpg"和"12.jpg"之间,制作转场过渡效果。在完成了本任务的全部制作过程后,可以拖动时间线预览素材之间的转场效果。

任务 3　美丽油画

1. 任务概述

1)"特殊效果"文件夹中包含以下几种特殊的转场:"映射红蓝通道""纹理"和"置换",如图 3-87 所示。

2)"滑动"转场主要以条或块滑动的方式实现转场过渡的效果,其中包括 12 种不同的转场效果,如图 3-88 所示。

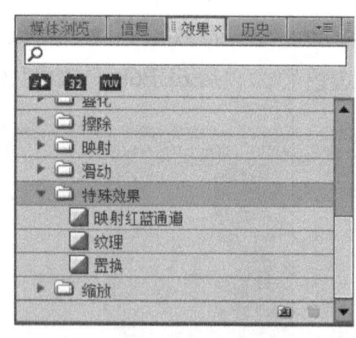

图 3-87

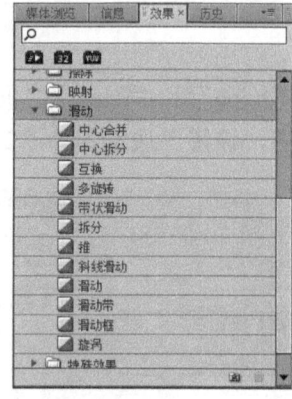

图 3-88

2. 操作步骤

1)运行 Premiere Pro CS5,单击欢迎界面中的"新建项目"图标,如图 3-89 所示。

2)在弹出的"新建项目"对话框中选择"常规"选项卡,在对话框下方选择项目文件的存放路径,并输入项目文件名称为"美丽油画",单击"确定"按钮,如图 3-90 所示。

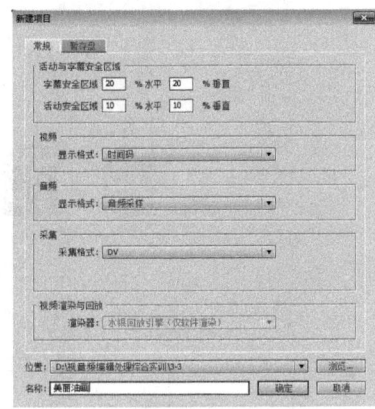

图 3-89　　　　　　　　　　　　　　图 3-90

3）此时会弹出"新建序列"对话框，这里选择列表中的"DV-PAL"→"标准48kHz"选项（这是标准的 PAL 制视频的项目设置），其他选项保持默认设置，最后单击"确定"按钮，如图 3-91 所示。

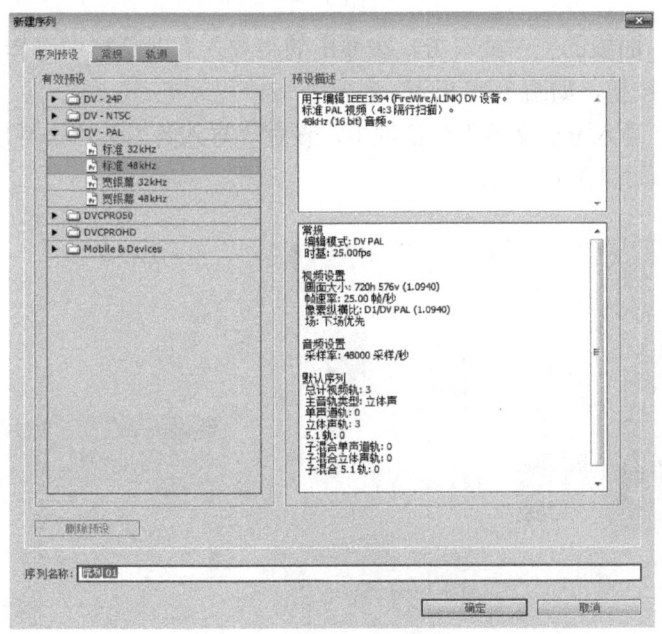

图 3-91

4）在"项目"面板的空白处双击，在弹出的"导入"对话框中选择"油画"文件夹，然后单击"导入文件夹"按钮，导入相应的图片素材，如图 3-92 所示。

5）这样即可将"油画"文件夹中的全部视频素材导入"项目"面板中，如图 3-93 所示。

6）将"油画"文件夹拖至"视频 1"轨道中，此时文件夹中的所有素材被一并添加到轨道中，如图 3-94 所示。

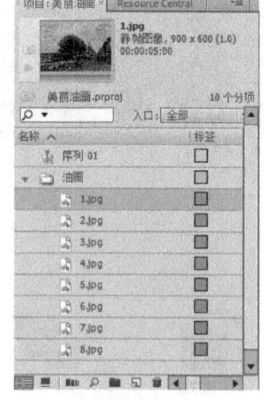

图 3-92　　　　　　　　　　　　　　图 3-93

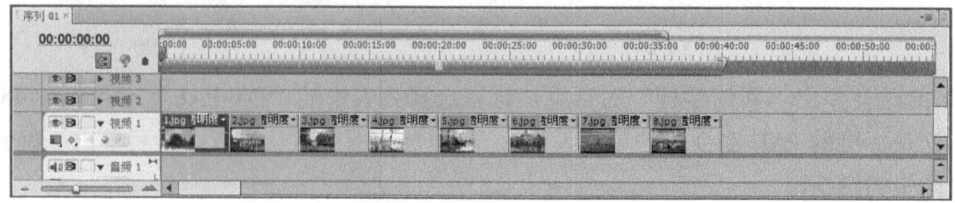

图 3-94

7）在"项目"面板的空白处双击，在弹出的"导入"对话框中选择素材"边框.psd"，然后单击"打开"按钮，如图 3-95 所示。

8）在弹出的"导入分层文件"对话框中，设置"导入为"为"合并所有图层"，然后单击"确定"按钮，如图 3-96 所示。

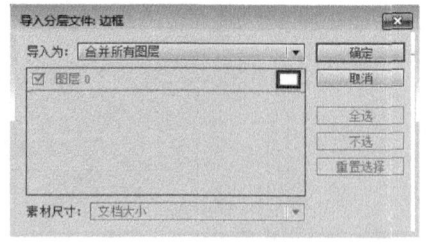

图 3-95　　　　　　　　　　　　　　图 3-96

9）在"项目"面板中选择"边框.psd"文件，将其拖到"序列"面板中"视频 2"轨道的开始处，设置其结束点与"视频 1"轨道一样长，如图 3-97 所示。

10）取消选中"等比缩放"复选框，根据"节目"监视器面板的显示结果，适当调整素材"边框.psd"的"位置""缩放高度"和"缩放宽度"，如图 3-98 所示。

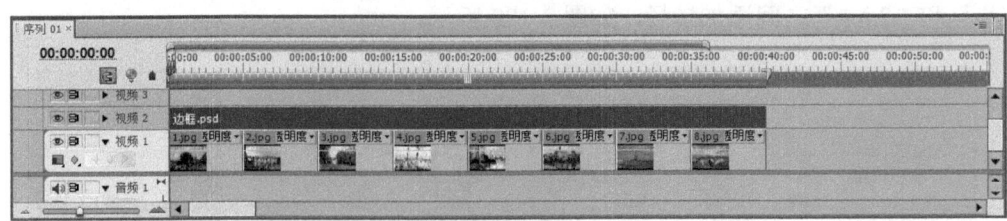

图 3-97

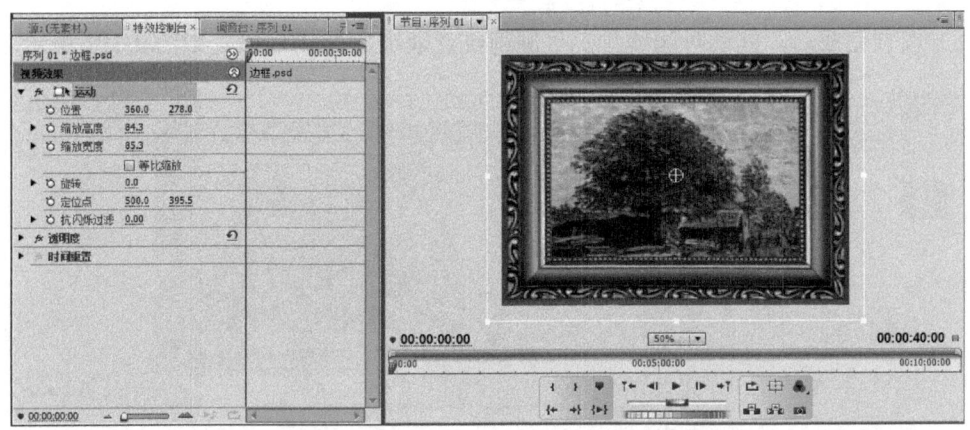

图 3-98

11）锁定"视频 2"轨道，然后选中"视频 1"轨道中的视频素材"1.jpg"，取消选中"等比缩放"复选框，根据"节目"监视器面板的显示结果，适当调整素材"1.jpg"的"位置""缩放高度"和"缩放宽度"，如图 3-99 所示。

图 3-99

12）用同样的方法，调整"视频 1"轨道中"2.jpg"～"8.jpg"素材的"位置""缩放高度"和"缩放宽度"，然后拖动时间线预览画面效果。

13）下面为实例"美丽油画"添加"特殊"类转场效果。

14）在"效果"面板中，展开"视频切换"→"特殊效果"文件夹，将其中的"映射红蓝通道"转场拖到"视频 1"轨道中的"1.jpg"和"2.jpg"之间，释放鼠标后，即可为素材

"1.jpg"和"2.jpg"之间添加转场，如图3-100所示。

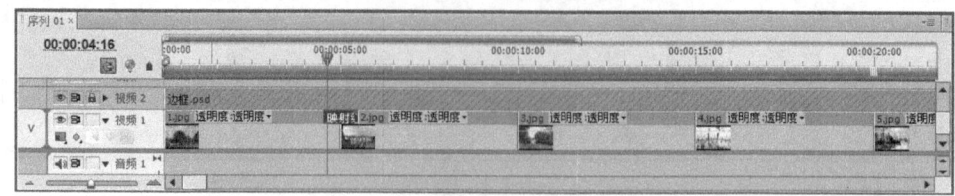

图3-100

15）设置完成后，拖动时间线预览"映射红蓝通道"转场效果，如图3-101所示。

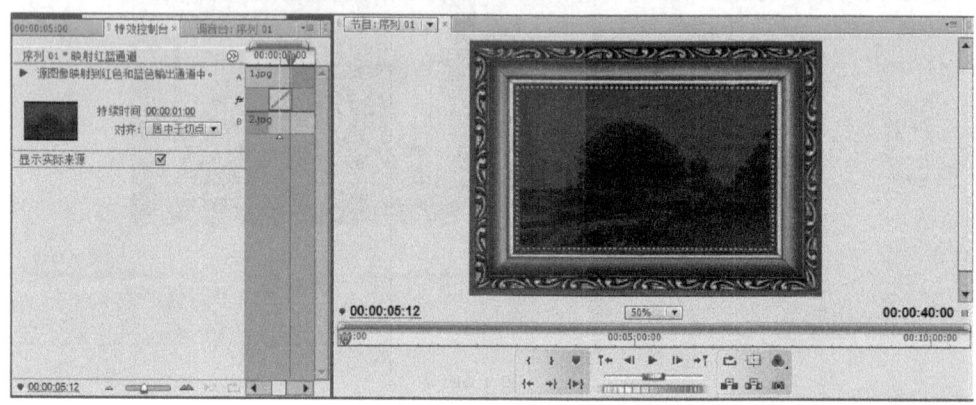

图3-101

16）在"效果"面板中，展开"视频切换"→"特殊效果"文件夹，将其中的"纹理"转场拖到"视频1"轨道中的"2.jpg"和"3.jpg"之间，释放鼠标后，即可为素材"2.jpg"和"3.jpg"之间添加转场，如图3-102所示。

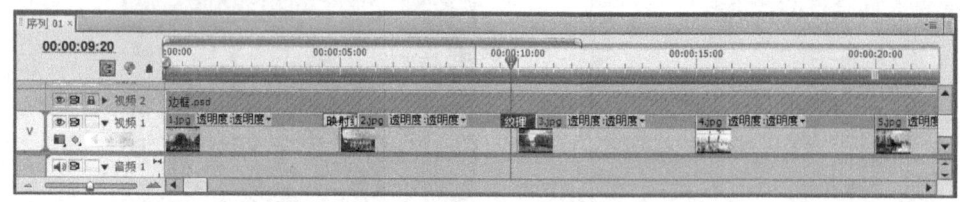

图3-102

17）设置完成后，拖动时间线预览"纹理"转场效果，如图3-103所示。

18）在"效果"面板中，展开"视频切换"→"特殊效果"文件夹，将其中的"置换"转场拖到"视频1"轨道中的"3.jpg"和"4.jpg"之间，释放鼠标后，即可为素材"3.jpg"和"4.jpg"之间添加转场，如图3-104所示。

19）设置完成后，拖动时间线预览"置换"转场效果，如图3-105所示。

20）在"效果"面板中，展开"视频切换"→"滑动"文件夹，将其中的"多旋转"转场拖到"视频1"轨道中的"4.jpg"和"5.jpg"之间，释放鼠标后，即可为素材"4.jpg"和"5.jpg"之间添加转场，如图3-106所示。

图 3-103

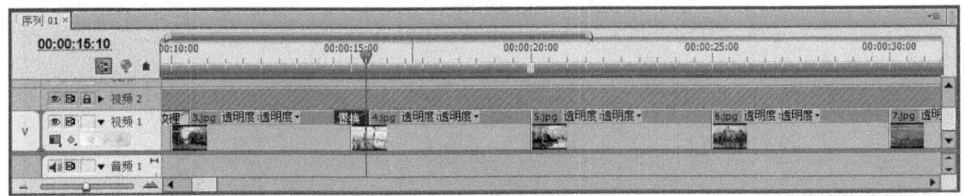

图 3-104

图 3-105

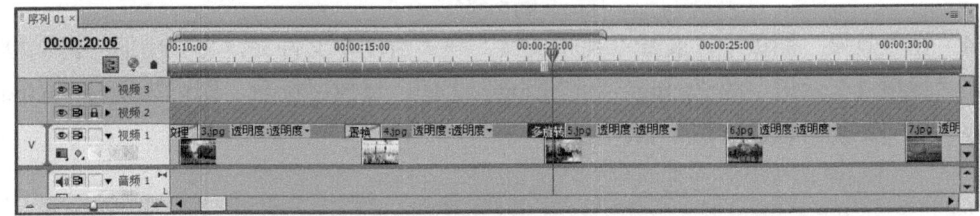

图 3-106

21）设置完成后，拖动时间线预览"多旋转"转场效果，如图 3-107 所示。

22）在"效果"面板中，展开"视频切换"→"滑动"文件夹，将其中的"带状滑动"转场拖到"视频 1"轨道中的"5.jpg"和"6.jpg"之间，释放鼠标后，即可为素材"5.jpg"和"6.jpg"之间添加转场，如图 3-108 所示。

图 3-107

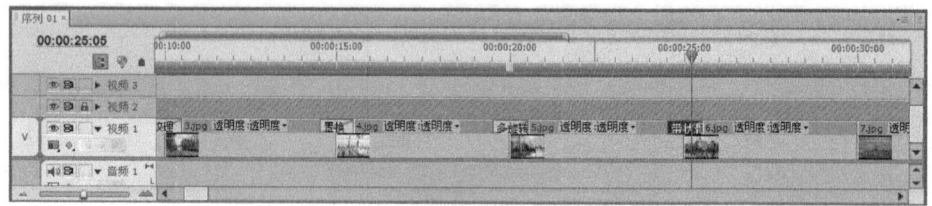

图 3-108

23）设置完成后，拖动时间线预览"带状滑动"转场效果，如图 3-109 所示。

图 3-109

24）在"效果"面板中，展开"视频切换"→"滑动"文件夹，将其中的"滑动框"转场拖到"视频 1"轨道中的"6.jpg"和"7.jpg"之间，释放鼠标后，即可为素材"6.jpg"和"7.jpg"之间添加转场，如图 3-110 所示。

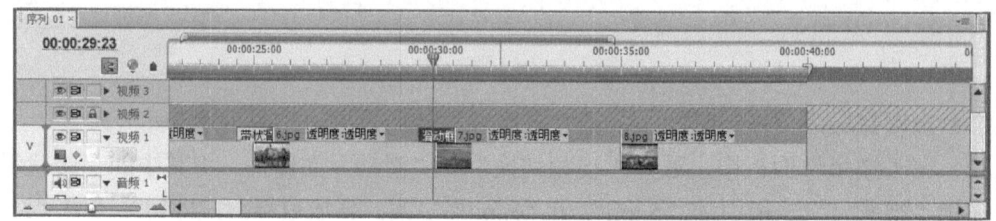

图 3-110

25）设置完成后，拖动时间线预览"滑动框"转场效果，如图3-111所示。

图 3-111

26）在"效果"面板中，展开"视频切换"→"滑动"文件夹，将其中的"漩涡"转场拖到"视频1"轨道中的"7.jpg"和"8.jpg"之间，释放鼠标后，即可为素材"7.jpg"和"8.jpg"之间添加转场，如图3-112所示。

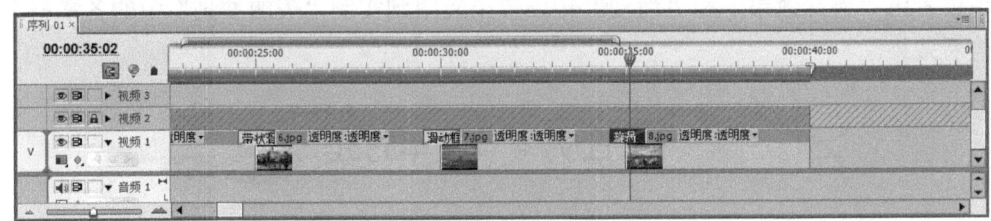

图 3-112

27）设置完成后，拖动时间线预览"漩涡"转场效果，如图3-113所示。

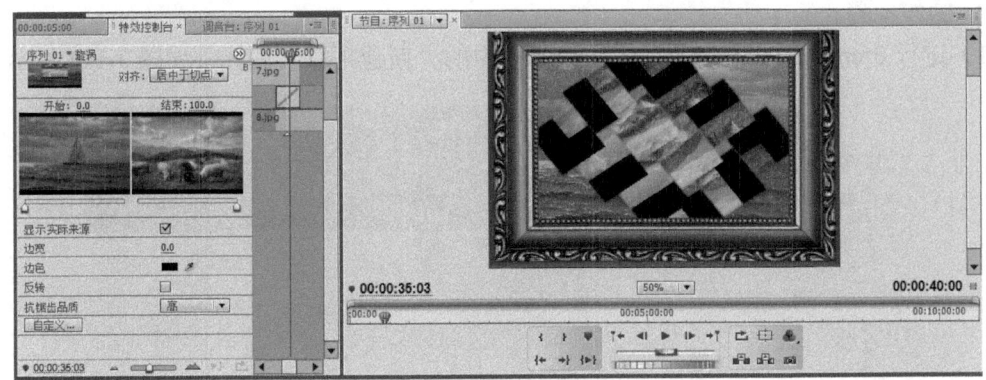

图 3-113

28）在完成了本实例的全部制作过程后，可以拖动时间线预览素材之间的转场效果。

29）选择"文件"→"导出"→"媒体"命令，在弹出的"导出设置"对话框中，设置"格式"为"AVI"格式，在"输出名称"文本框中输入"美丽油画.avi"，如图3-114所示。

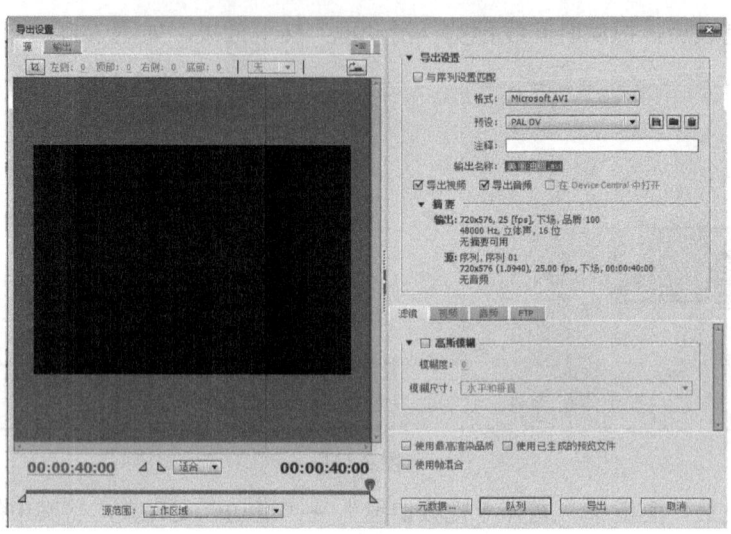

图 3-114

3. 任务拓展

请读者将"特殊效果"和"滑动"转场效果应用到实例"美丽油画"中的各素材之间,然后查看效果。

任务 4　童年时光

1. 任务概述

"叠化"转场主要是通过画面的溶解消失实现转场过渡的效果,其包含 7 种不同的转场,如图 3-115 所示。下面以"童年时光"为例添加"叠化"转场效果。

2. 操作步骤

1)运行 Premiere Pro CS5,单击欢迎界面中的"新建项目"图标,如图 3-116 所示。

图 3-115

图 3-116

2）在弹出的"新建项目"对话框中选择"常规"选项卡，在对话框下方选择项目文件的存放路径，在"名称"文本框中输入"童年时光"，项目设置完成后，单击"确定"按钮，如图3-117所示。

3）此时会弹出"新建序列"对话框，这里选择列表中的"DV-PAL"→"标准48kHz"选项（这是标准的PAL制视频的项目设置），其他选项保持默认设置，最后单击"确定"按钮，如图3-118所示。

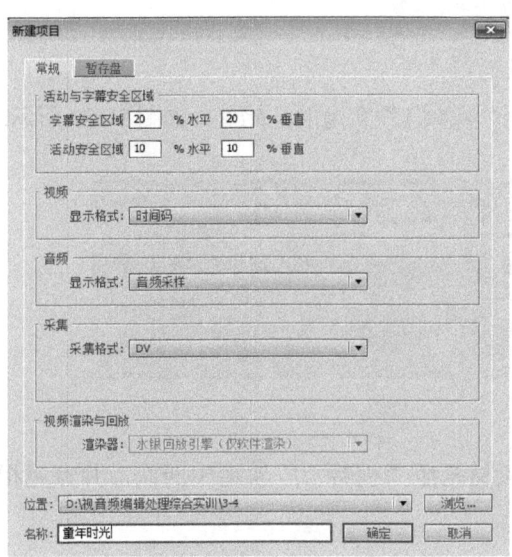
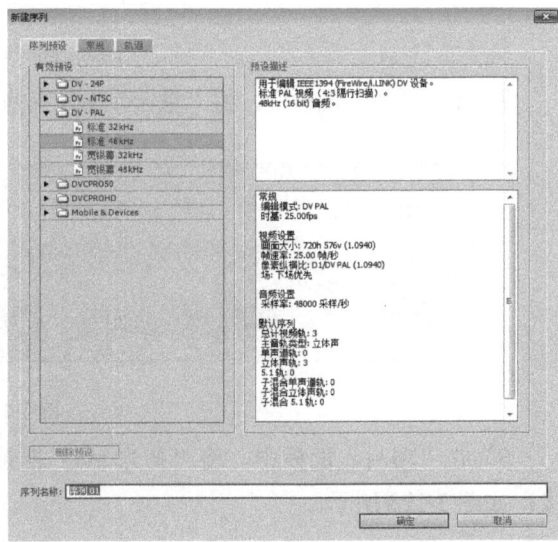

图3-117　　　　　　　　　　　　　　　图3-118

4）选择"编辑"→"首选项"→"常规"命令，打开"首选项"对话框，设置"静帧图像默认持续时间"为"125"帧（即5s），单击"确定"按钮保存设置，如图3-119所示。

5）双击"项目"面板的空白处，在弹出的"导入"对话框中选择"童年"文件夹，然后单击"导入文件夹"按钮，导入相应的照片素材，如图3-120所示。

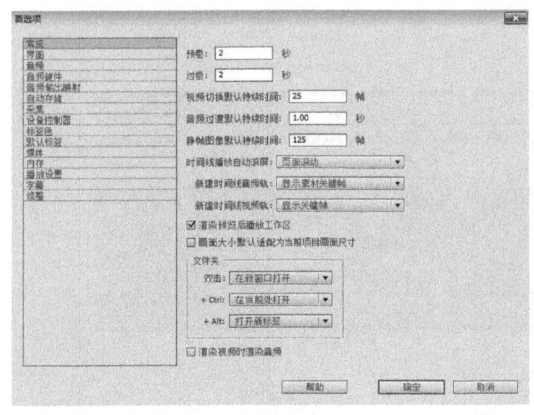

图3-119　　　　　　　　　　　　　　　图3-120

6）用同样的方法，将素材"背景.avi"导入"项目"面板中，如图3-121所示。

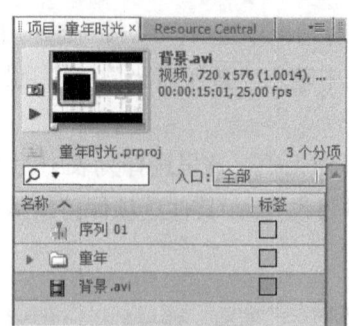

图 3-121

7）在"项目"面板中，将"童年"文件夹拖至"视频 1"轨道的开始处，如图 3-122 所示。

图 3-122

8）在"项目"面板中，将"背景.avi"视频素材拖至"视频 2"轨道中四次，并首尾相接，如图 3-123 所示。

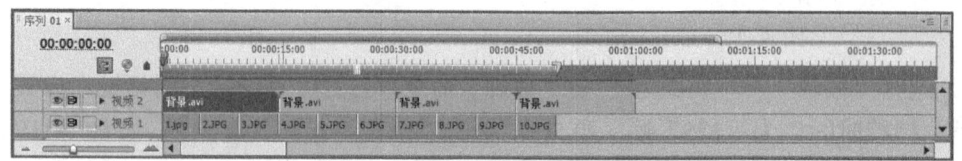

图 3-123

9）在"视频 2"轨道中，设置第 4 段视频素材的结束点与"视频 2"轨道的素材长度相同，如图 3-124 所示。

图 3-124

10）在"视频 2"轨道名字上单击，然后再单击鼠标右键，在弹出的快捷菜单中选择"重命名"命令，如图 3-125 所示。

11）这样即可进入输入状态，将"视频2"轨道的名字改为"背景"，如图3-126所示。

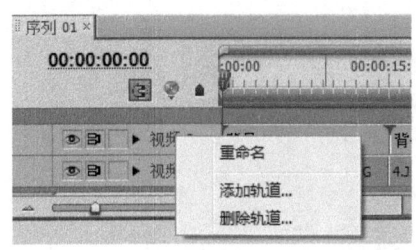
图 3-125

图 3-126

12）至此，本实例所需的所有素材添加完毕，接下来对各个素材进行属性设置。

13）在"序列"面板中，选中"背景"轨道中的"背景.avi"，然后在其"特效控制台"面板中取消选中"等比缩放"复选框，根据"节目"监视器面板的显示结果，适当调整素材的"位置""缩放高度""缩放宽度"，如图3-127所示。

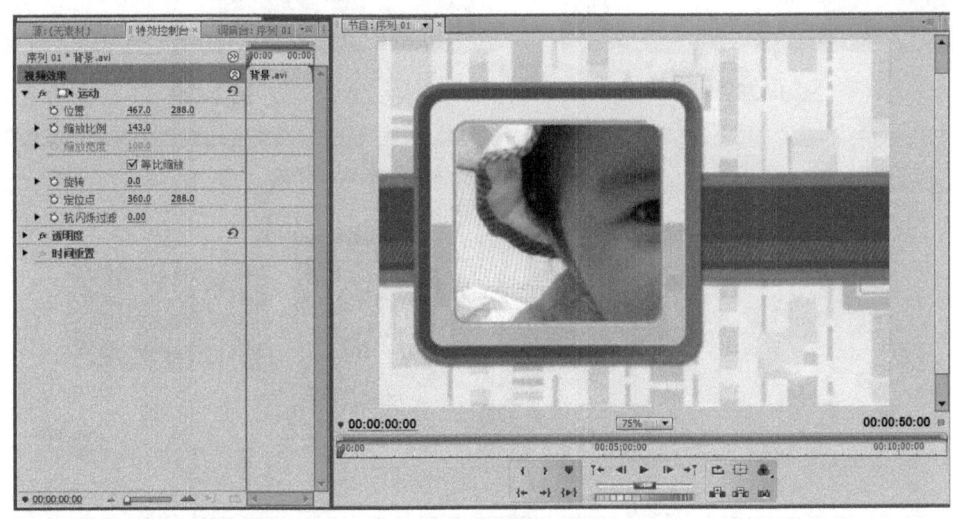
图 3-127

14）由于"背景"轨道中的四个"背景.avi"素材的尺寸相同，所以可以将第一个"背景.mov"的属性参数值复制给其他三个"背景.avi"素材，以提高制作效率。

15）在"背景"轨道中选择第一个"背景.avi"，然后单击鼠标右键，在弹出的快捷菜单中选择"复制"命令，如图3-128所示。

16）分别选择"背景"轨道中的其他三个"背景.avi"素材，然后单击鼠标右键，在弹出的快捷菜单中选择"粘贴属性"命令，这样就调整好了素材的大小和位置，"背景"轨道中的四个"背景.avi"就具有相同的属性参数值，锁定"背景"轨道，如图3-129所示。

17）在"序列"面板中，选中"视频1"轨道中的"1.jpg"，然后在其"特效控制台"面板中，选中"等比缩放"复选框，根据"节目"监视器面板的显示结果，适当调整素材的"位置"和"缩放比例"，如图3-130所示。

18）由于各轨道中的照片素材大小一致，所以可以通过参数复制的方式将素材"1.jpg"

的特效参数复制给同轨道中的其他素材。特效参数复制完成后，拖动时间线预览设置效果。

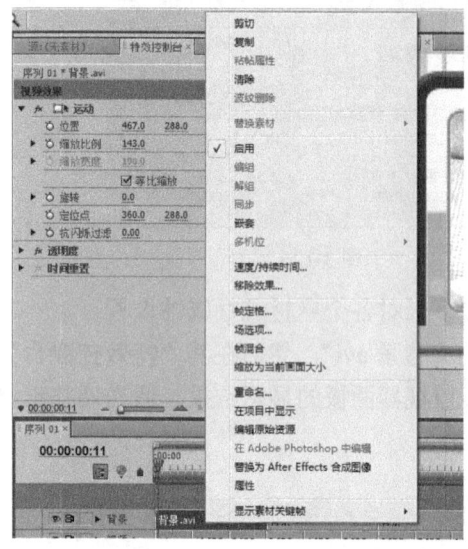

图 3-128

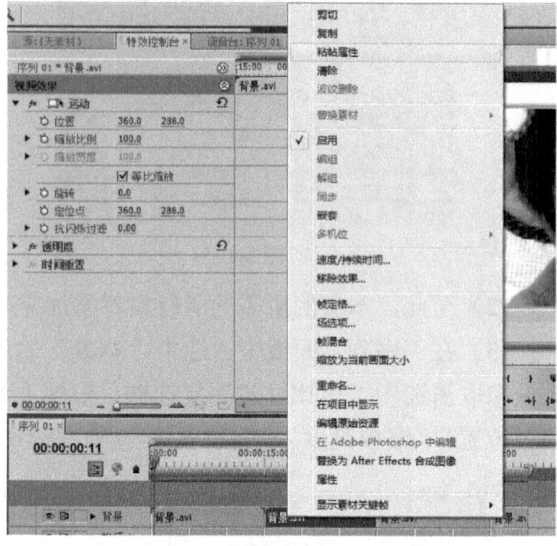

图 3-129

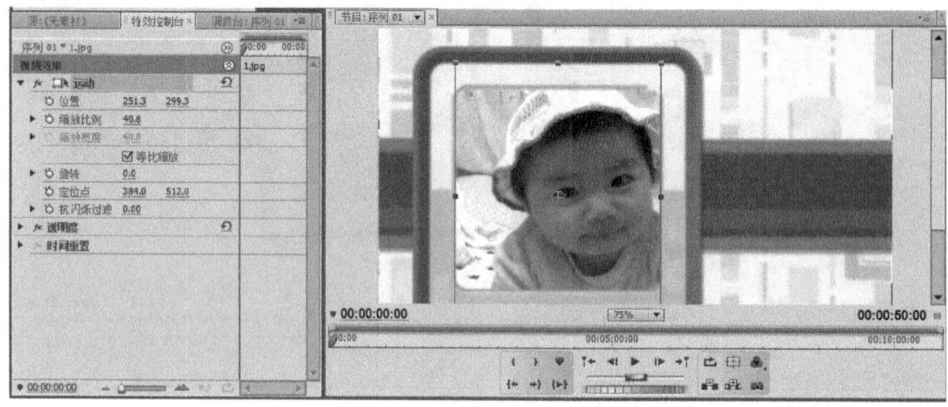

图 3-130

19）接下来为实例"童年时光"添加"叠化"转场效果。

20）在"效果"面板中，展开"视频切换"→"叠化"文件夹，将其中的"交叉叠化（标准）"转场拖至"视频1"轨道中的"1.jpg"和"2.jpg"之间，如图3-131所示。

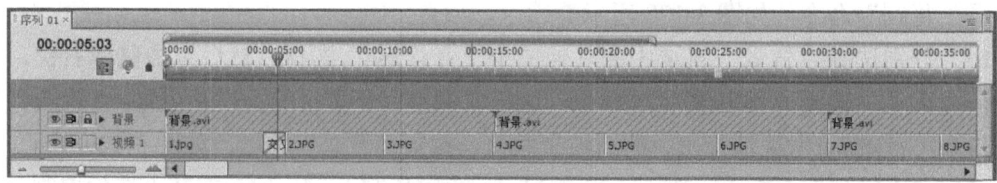

图 3-131

21）设置完成后，拖动时间线预览"交叉叠化（标准）"转场效果，如图3-132所示。

22）在"效果"面板中，展开"视频切换"→"叠化"文件夹，将其中的"抖动溶解"

转场拖至"视频1"轨道中的"2.jpg"和"3.jpg"之间,如图3-133所示。

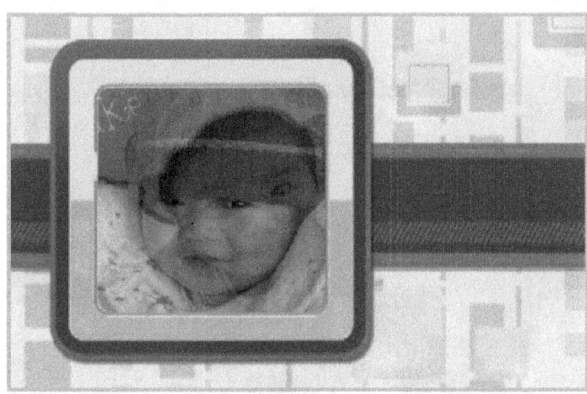

图3-132

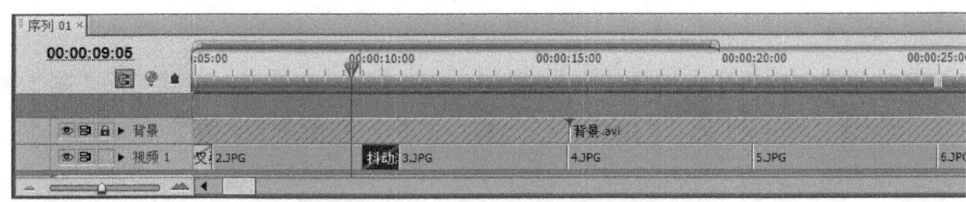

图3-133

23)设置完成后,拖动时间线预览"抖动溶解"转场效果,如图3-134所示。

图3-134

24)在"效果"面板中,展开"视频切换"→"叠化"文件夹,将其中的"白场过渡"转场拖至"视频1"轨道中的"3.jpg"和"4jpg"之间,如图3-135所示。

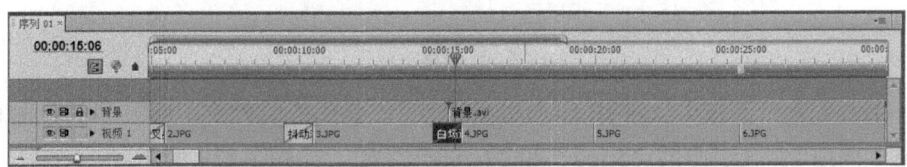

图3-135

25）设置完成后，拖动时间线预览"白场过渡"转场效果，如图 3-136 所示。

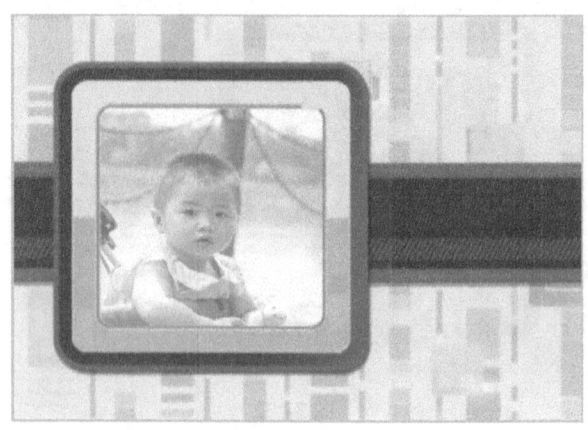

图 3-136

26）在"效果"面板中，展开"视频切换"→"叠化"文件夹，将其中的"附加叠化"转场拖至"视频 1"轨道中的"4.jpg"和"5.jpg"之间，如图 3-137 所示。

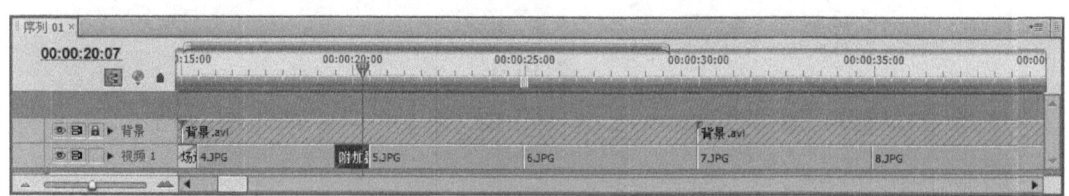

图 3-137

27）设置完成后，拖动时间线预览"附加叠化"转场效果，如图 3-138 所示。

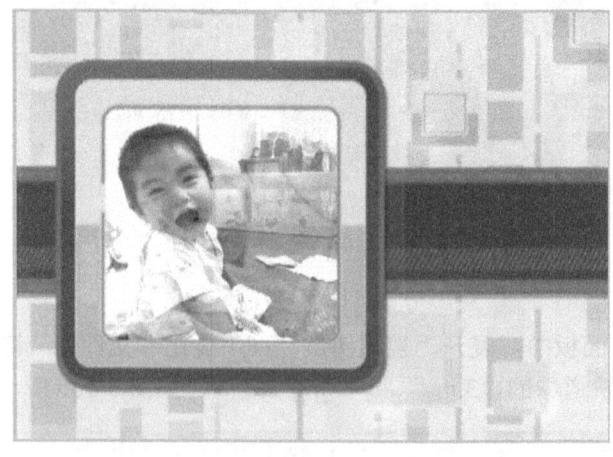

图 3-138

28）在"效果"面板中，展开"视频切换"→"叠化"文件夹，将其中的"随机反相"转场拖至"视频 1"轨道中的"5.jpg"和"6.jpg"之间，如图 3-139 所示。

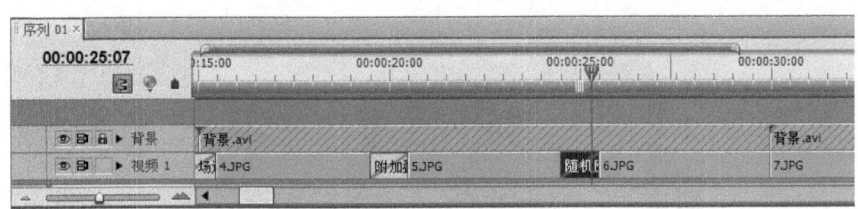

图 3-139

29）设置完成后，拖动时间线预览"随机反相"转场效果，如图 3-140 所示。

图 3-140

30）在"效果"面板中，展开"视频切换"→"叠化"文件夹，将其中的"非附加叠化"转场拖至"视频 1"轨道中的"6.jpg"和"7.jpg"之间，如图 3-141 所示。

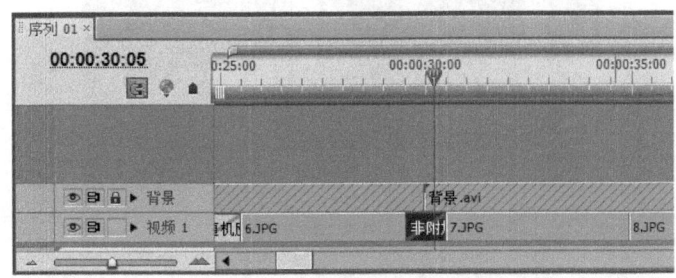

图 3-141

31）设置完成后，拖动时间线预览"非附加叠化"转场效果，如图 3-142 所示。
32）在"效果"面板中，展开"视频切换"→"叠化"文件夹，将其中的"黑场过渡"转场拖至"视频 1"轨道中的"7.jpg"和"8.jpg"之间，如图 3-143 所示。
33）设置完成后，拖动时间线预览"黑场过渡"转场效果，如图 3-144 所示。
34）在"效果"面板中，展开"视频切换"→"叠化"文件夹，将其中的"抖动溶解"转场拖至"视频 1"轨道中的"8.jpg"和"9.jpg"之间，如图 3-145 所示。

图 3-142

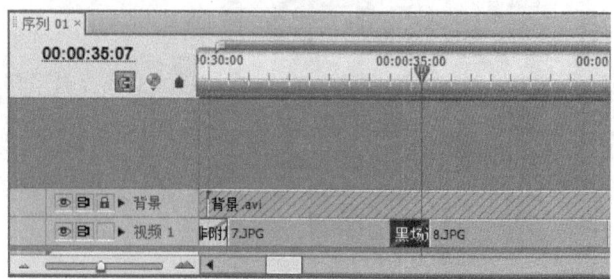

图 3-143

图 3-144

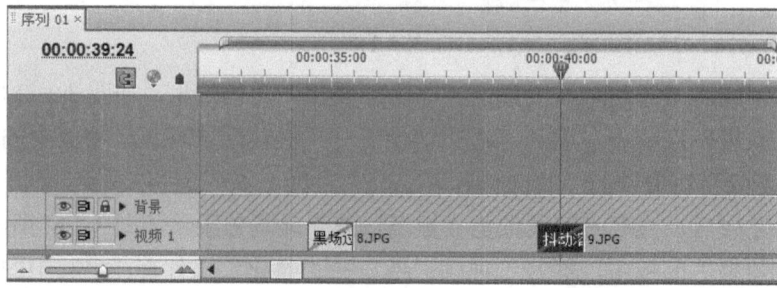

图 3-145

35）设置完成后，拖动时间线预览"抖动溶解"转场效果，如图 3-146 所示。

图 3-146

36）在"效果"面板中，展开"视频切换"→"叠化"文件夹，将其中的"交叉叠化（标准）"转场拖至"视频 1"轨道中的"9.jpg"和"10.jpg"之间，如图 3-147 所示。

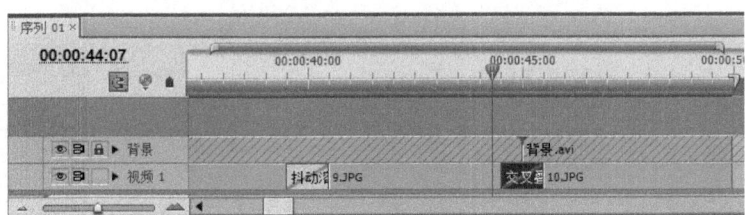

图 3-147

37）设置完成后，拖动时间线预览"交叉叠化（标准）"转场效果，如图 3-148 所示。

图 3-148

3. 任务拓展

请读者将叠化转场效果应用到实例"童年时光"中的各素材之间，然后查看效果。

任务 5　动物世界

前面的转场效果均是两段素材之间或单独一段素材之间的转场效果，如果多个转场同时出现在一个画面上，则会有更绚丽的效果。下面通过"动物世界"实例来学习多层转场效果的制作。

1. 任务概述

"擦除"文件夹中包含多种以扫描方式过渡的转场，如图 3-149 所示。下面为"动物世界"实例添加"擦除"转场。

2. 操作步骤

1）运行 Premiere Pro CS5，单击欢迎界面中的"新建项目"图标，如图 3-150 所示。

2）在弹出的"新建项目"对话框中选择"常规"选项卡，在对话框下方选择项目文件的存放路径，在"名称"文本框中输入"动物世界"，项目设置完成后，单击"确定"按钮，如图 3-151 所示。

图 3-149

图 3-150

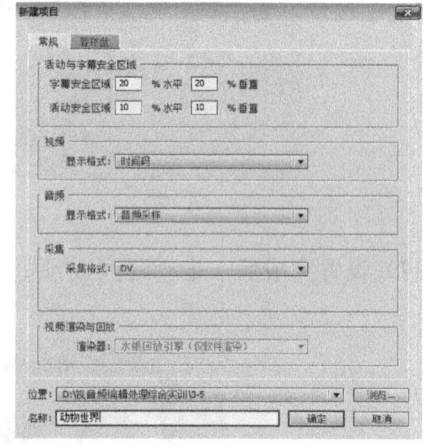

图 3-151

3）此时会弹出"新建序列"对话框，如图 3-152 所示。这里选择列表中的"DV-PAL"→"宽银幕 32kHz"选项（这是标准的 PAL 制视频的项目设置），其他选项保持默认设置，最后单击"确定"按钮。

4）选择"编辑"→"首选项"→"常规"命令，打开"首选项"对话框，设置"静帧图像默认持续时间"为"150"帧（即 6s），单击"确定"按钮保存设置，如图 3-153 所示。

5）在"项目"面板的空白处双击，在弹出的"导入"对话框，选中"动物 1"文件夹，然后单击"导入文件夹"按钮，导入相应的图片素材，如图 3-154 所示。

6）用同样的方法，将"动物 2""动物 3"文件夹和"背景.mov"导入"项目"面板中，如图 3-155 所示。

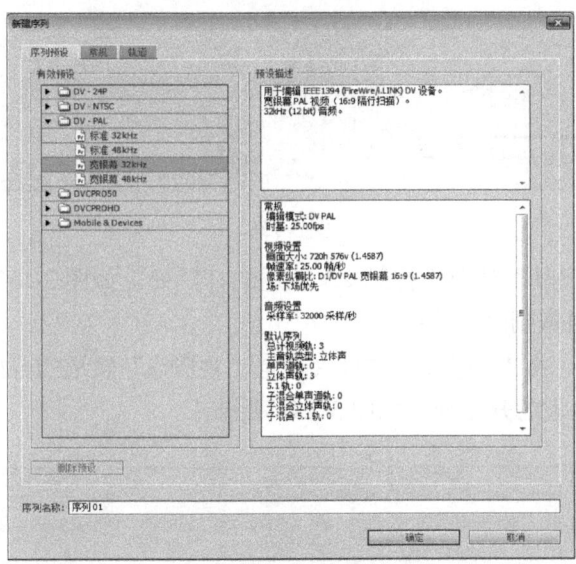

图 3-152

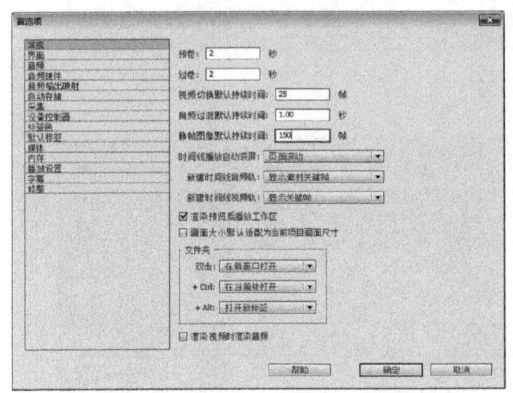

图 3-153

图 3-154

图 3-155

7）将"项目"面板的"背景.mov"拖动至"视频1"轨道中三次，并将轨道名称重新命名为"背景"，如图 3-156 所示。

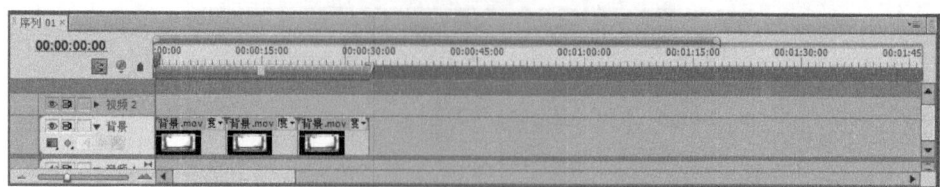

图 3-156

8）将文件夹"动物 1"拖至"视频 2"轨道的开始处，如图 3-157 所示。这样可以一次将文件夹中的全部素材拖到时间线中。

9）用同样的方法，将"动物 2"文件夹拖至"视频 3"轨道的开始处，将"动物 3"文件夹拖至"视频 4"轨道的开始处，如图 3-158 所示。

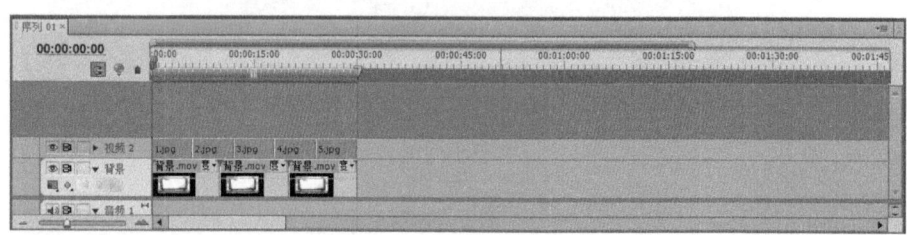

图 3-157

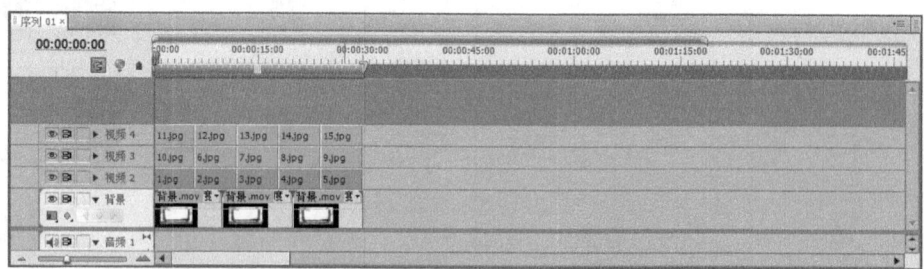

图 3-158

10）将"视频 1"轨道中第三个"背景.mov"的右端设置结束点与"视频 2"轨道中的素材长度相同，如图 3-159 所示。

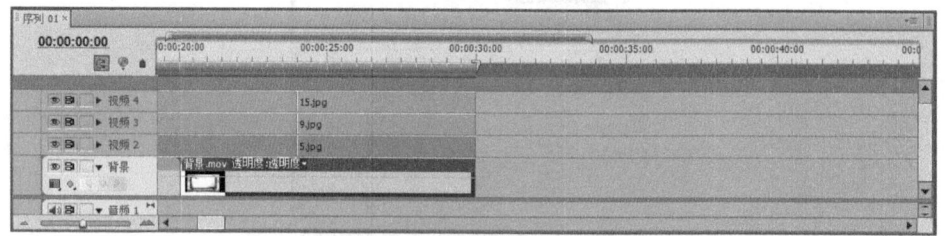

图 3-159

11）接下来，将"视频 2"轨道改名为"左边"，将"视频 3"轨道改名为"中间"，将"视频 4"轨道改名为"右边"，如图 3-160 所示。

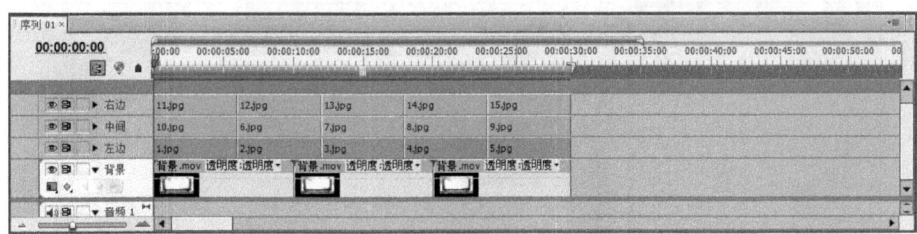

图 3-160

12）现在所需的素材全部添加完了，下面来设置各轨道中的素材。

13）为了方便设置"背景"视频轨道中的素材，先将"左边"、"中间"和"右边"这两条轨道隐藏，分别单击"中间"和"右边"轨道前面的"切换轨道输出"按钮 ，使"小眼睛"隐藏，这样就可以方便地在"节目监视器"中随时预览设置结果了，如图 3-161 所示。

图 3-161

14）在"序列"面板中选择"背景"轨道中的素材"背景.mov"，然后在"特效控制台"面板中设置"位置"为"360，287""缩放比例"为"143"，并将属性参数值复制给其他两个"背景.mov"，如图 3-162 所示。

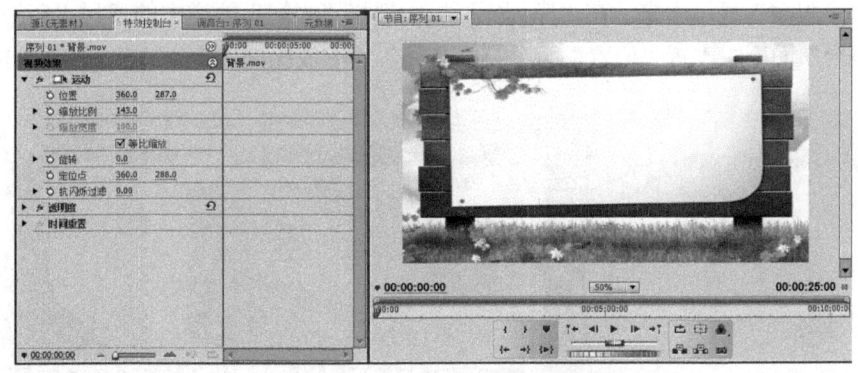

图 3-162

15）设置"左边"视频轨道中的素材，单击"左边"轨道前面的"切换轨道输出"按钮 ，使"小眼睛"显示出来。在"序列"面板中选择"左边"轨道中的素材"1.jpg"，然后在"特效控制台"面板中设置"位置"为"160，261"，"缩放比例"为"15"，设置"旋转"为"-2°"，如图 3-163 所示。

图 3-163

16）由于"左边"轨道中其他素材的尺寸与"1.jpg"相同，所以可以将"1.jpg"的属性参数值复制给其他素材，这样就调整好了素材的大小和位置，如图 3-164 所示。

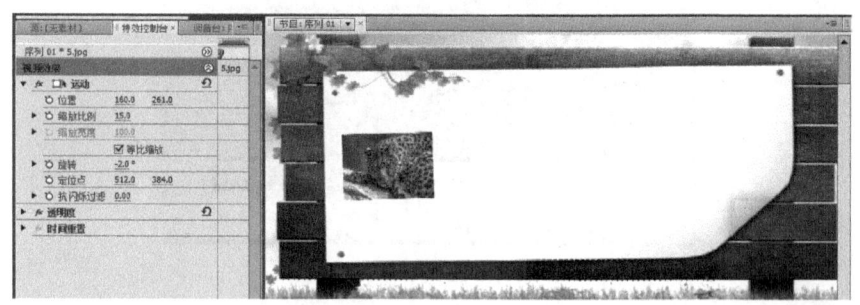

图 3-164

17）继续设置"中间"视频轨道中的素材，单击"中间"轨道前面的"切换轨道输出"按钮，使"小眼睛"显示出来。在"序列"面板中选择"中间"轨道中的素材"6.jpg"，然后在"特效控制台"面板中设置"位置"为"358，255"，"缩放比例"为"36"，如图 3-165 所示。

图 3-165

18）用同样的方法，将素材"6.jpg"的属性参数值复制给同轨道的其他素材（7.jpg~10.jpg）。

19）最后设置"右边"视频轨道中的素材。单击"右边"轨道前面的"切换轨道输出"按钮，使"小眼睛"显示出来。单击"右边"轨道中的素材"11.jpg"，在其"特效控制台"

面板中设置"位置"为"564，199"，"缩放比例"为"16"，如图3-166所示。

图 3-166

20）用同样的方法，将素材"11.jpg"的参数值复制给同轨道中的其他素材（12.jpg~15.jpg）。

21）至此，已经调整完所有素材的尺寸和位置，拖动时间线预览效果。

22）通过上面的制作，视频作品框架已经搭建完毕，但素材之间的过渡太生硬，接下来就为其添加"擦除"转场效果。

23）在"效果"面板中，展开"视频切换"→"擦除"文件夹，将其中的"带状擦除"转场拖到"左边""中间"和"右边"轨道中的第1段素材和第2段素材之间，如图3-167所示。

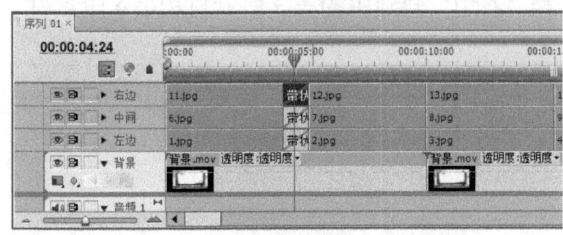

图 3-167

24）设置完成后，拖动时间线预览"带状擦除"转场效果，如图3-168所示。

图 3-168

25）在"效果"面板中，展开"视频切换"→"擦除"文件夹，将其中的"时钟式划变"转场拖到"左边""中间"和"右边"轨道中的第2段素材和第3段素材之间，如图3-169所示。

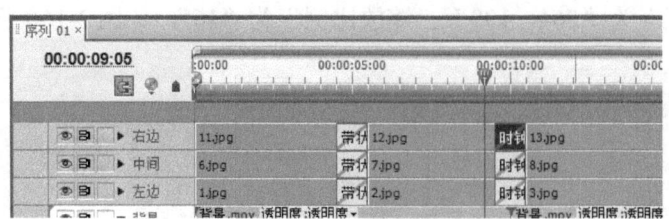

图 3-169

26)设置完成后,拖动时间线预览"时钟式划变"转场效果,如图 3-170 所示。

图 3-170

27)在"效果"面板中,展开"视频切换"→"擦除"文件夹,将其中的"油漆飞溅"转场拖到"左边""中间"和"右边"轨道中的第 3 段素材和第 4 段素材之间,如图 3-171 所示。

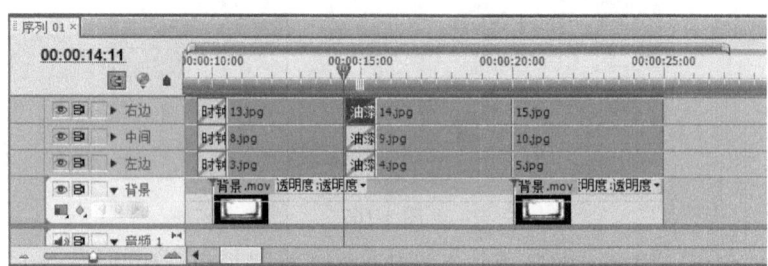

图 3-171

28)设置完成后,拖动时间线预览"油漆飞溅"转场效果,如图 3-172 所示。

图 3-172

29）在"效果"面板中，展开"视频切换"→"擦除"文件夹，将其中的"风车"转场拖到"左边""中间"和"右边"轨道中的第4段素材和第5段素材之间，如图3-173所示。

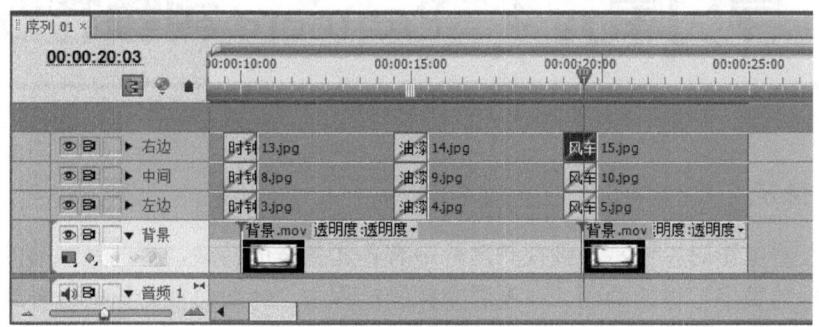

图 3-173

30）设置完成后，拖动时间线预览"风车"转场效果，如图3-174所示。

图 3-174

3. 任务拓展

将"擦除"转场效果应用到实例"动物世界"中的各素材之间，然后查看效果。

学习单元 4　Premiere 视频特效

 单元情境

秦方圆在看电影时，经常看到视频短片中有各式各样的特效，有的是飘落的树叶，有的是带有科技感的数字穿梭的画面。在观看视频的过程中，特效总能带给他一种新奇的感受。

秦方圆上网查询了资料后了解到，视频特效的工作原理是使视频素材通过一系列有形（图片）或无形（算法）的系统改造，使其某些属性在时间和空间上产生变化，创造虚拟现实，达到改善视觉效果、提高艺术感染力的目的。

单元分析

在学习视频特效之前，首先要了解以下两个问题：
1. Premiere 软件视频特效有哪些特效，都有什么作用
2. 围绕项目目标，哪些特效要结合起来使用

 **任务设计**

本单元设计了以下任务：
1. 动物百态
2. 城市景观
3. 花卉植物
4. 世界名胜
5. 青秀山郁金香

 完成任务

 任务 1　动物百态

1. 任务概述

通俗地讲，"键控"特效就是把视频画面中不需要的部分去除，又被称为"抠像"特效，其主要原理是利用视频画面的亮度和色度的不同来进行背景和前景的合成。"键控"特效包括15项，如图 4-1 所示。

学习单元 4　Premiere 视频特效

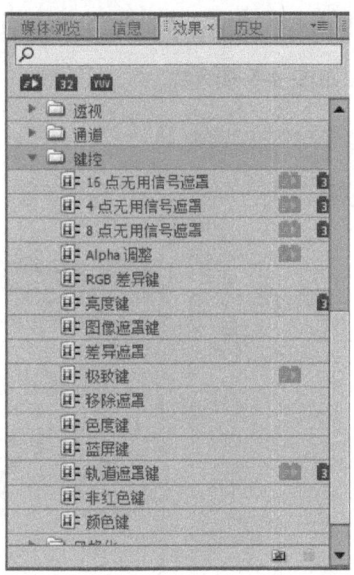

图 4-1

2. 操作步骤

1）运行 Premiere Pro CS5，单击欢迎界面中的"新建项目"图标，如图 4-2 所示。

2）在弹出的"新建项目"对话框中，"选择常规"选项卡，在对话框下方选择项目文件的存放路径，在"名称"文本框中输入"动物百态"，项目设置完成后，单击"确定"按钮，如图 4-3 所示。

图 4-2

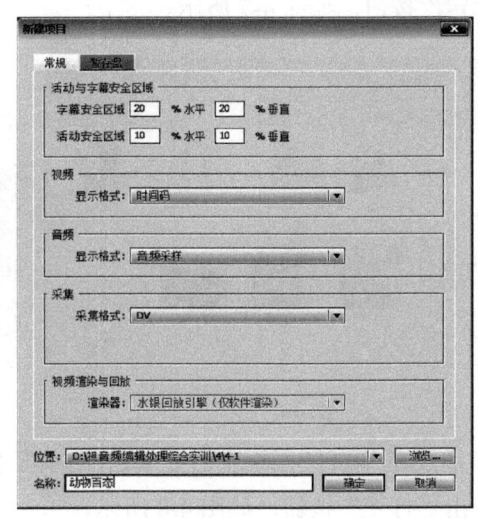

图 4-3

3）此时会弹出"新建序列"对话框，如图 4-4 所示。这里选择列表中的"DV-PAL"→"标准 48 kHz"选项（这是标准的 PAL 制视频的项目设置），其他选择保持默认设置，最后单击"确定"按钮。

4)在"项目"面板的空白处双击,在弹出的"导入"对话框中选择"动物百态"文件夹,然后单击"导入文件夹"按钮,如图4-5所示。

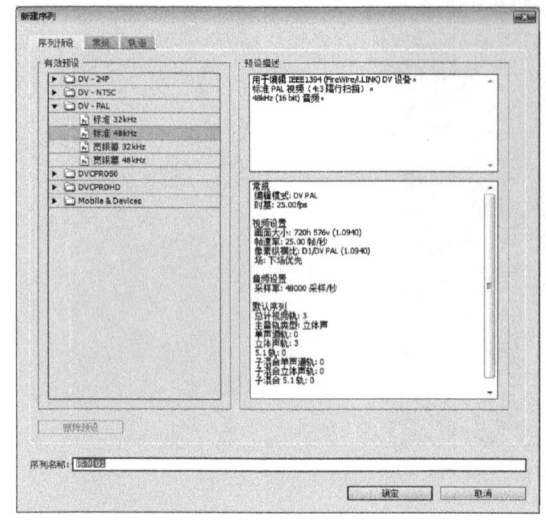

图4-4　　　　　　　　　　　　　　　　图4-5

5)继续在"项目"面板的空白处双击,在弹出的"导入"对话框中选择素材"架子边框.psd",然后单击"打开"按钮,如图4-6所示。

6)在弹出的"导入分层文件"对话框中,设置"导入为"为"合并所有图层",然后单击"确定"按钮,如图4-7所示。

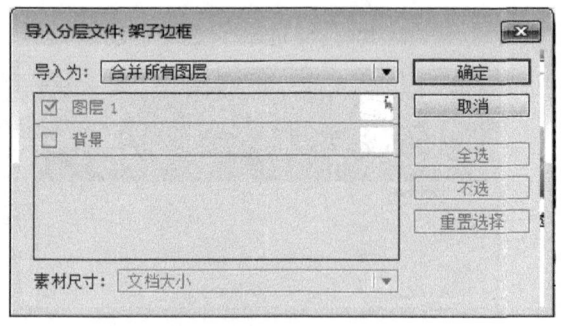

图4-6　　　　　　　　　　　　　　　　图4-7

7)继续在"项目"面板空白处双击,在弹出的"导入"对话框中选择素材"视频背景.mp4",然后单击"打开"按钮,如图4-8所示。

8)在"项目"面板中,选中"视频背景.mp4"素材,将其拖到"序列"面板中的"视频1"轨道开始处,连续释放两次,如图4-9所示。

9)在"项目"面板中选择"动物百态"文件夹,将其拖到"序列"面板中的"视频2"轨道的开始处,如图4-10所示。

图 4-8

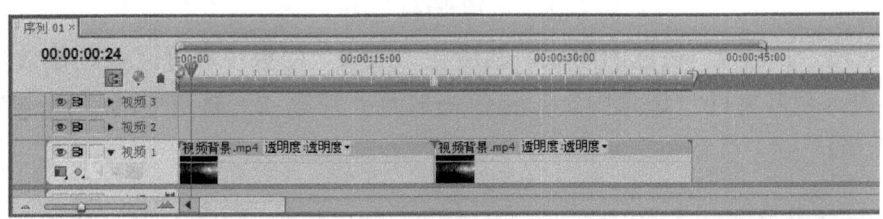

图 4-9

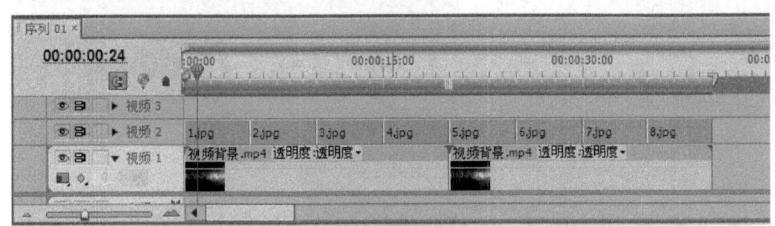

图 4-10

10）在"项目"面板中，选择"架子边框.psd"文件，将其拖到"序列"面板中的"视频 3"轨道的开始处，并拖动素材"架子边框.psd"的出点使其与"视频 2"轨道中的素材长度相同，如图 4-11 所示。

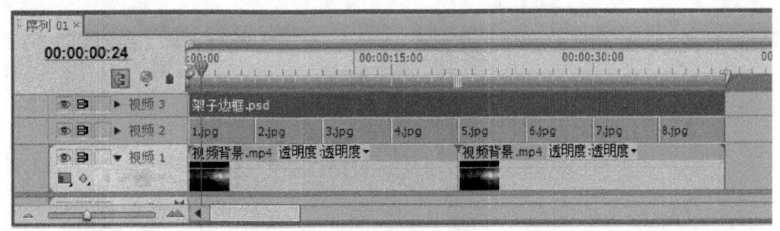

图 4-11

11）为了操作方便，暂时先将"视频 2"轨道隐藏起来。

12）选择"视频 3"轨道中的"架子边框.psd"，然后在其"特效控制台"面板中展开"运动"选项区，设置"位置"为"360，263"，设置"缩放比例"为"81"，设置"旋转"为"-5°"，如图 4-12 所示。

73

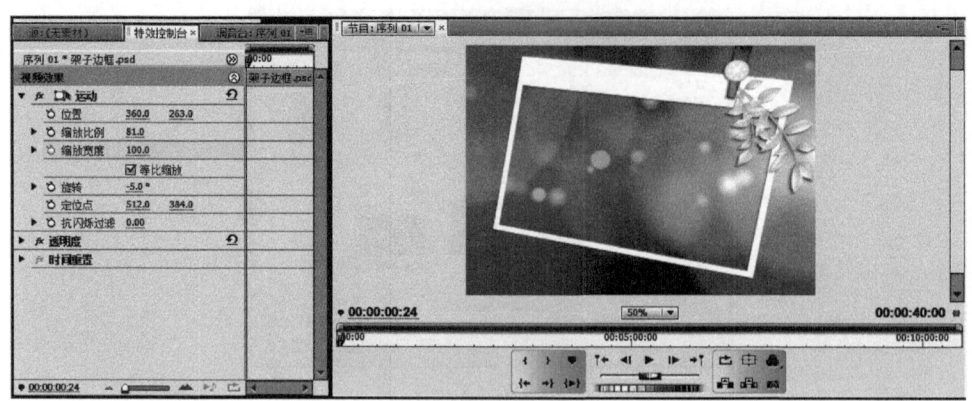

图 4-12

13）取消"视频 2"轨道的隐藏，然后在"效果"面板中展开"视频特效"→"扭曲"文件夹，将其中的"边角固定"特效释放至"视频 2"轨道中的"1.jpg"上，如图 4-13 所示。

图 4-13

14）选中"视频 2"轨道中的"1.jpg"，然后在其"特效控制台"面板中展开"运动"选项区，设置"缩放比例"为 30，单击"边角固定"选项，使其被选中，此时在"节目"监视器面板中可以看到其四个角上有四个位置，用鼠标拖动四个位置点，将"1.jpg"素材变形，具体参数如图 4-14 所示。

图 4-14

15）设置完成后，拖动时间线预览设置前后的画面效果，如图 4-15 所示。

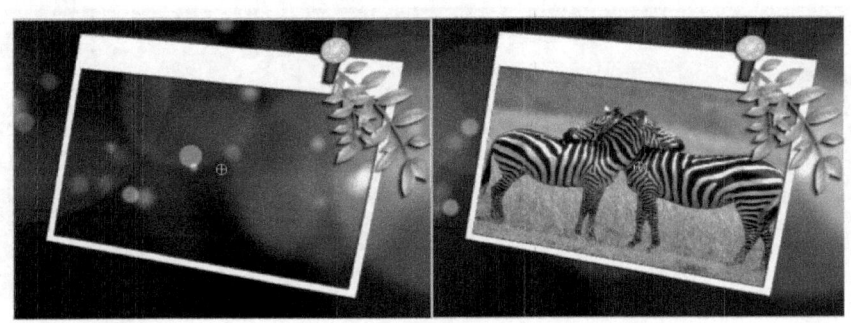

图 4-15

16）用同样的方法，为素材 2.jpg~8.jpg 添加"边角固定"特效后，设置素材的特效参数，最后拖动时间线预览设置后的画面效果。

17）在"效果"面板中，展开"视频特效"→"键控"文件夹，将其中的"Alpha 调整"特效拖至"视频 2"轨道中的"1.jpg"上，如图 4-16 所示。

图 4-16

18）选中"视频 2"轨道中的"1.jpg"素材，然后在其"特效控制台"面板中展开"Alpha 调整"选项区，在时间点 00:00:00:00 和 00:00:04:00 处为"透明度"参数添加两个关键帧，并分别设置对应的值为 0%和 100%，如图 4-17 所示。

图 4-17

19）设置完成后，拖动时间线预览设置前后的画面效果。
20）在"效果"面板中，展开"视频特效"→"键控"文件夹，将其中的"亮度键"特效拖至"视频2"轨道中的"2.jpg"上,如图4-18所示。

图 4-18

21)选中"视频2"轨道中的"2.jpg"素材,然后在其"特效控制台"面板中展开"亮度键"选项区,如图4-19所示。在时间点00:00:05:00和00:00:09:00处为"阈值"和"屏蔽度"参数各添加两个关键帧,设置"阈值"对应的值为0%和50%,设置"屏蔽度"对应的值为100%和0%。

图 4-19

22)设置完成后,拖动时间线预览设置前后的画面效果。

23)在"效果"面板中,展开"视频特效"→"键控"文件夹,将其中的"RGB差异键"特效拖至"视频2"轨道中的"5.jpg"上,如图4-20所示。

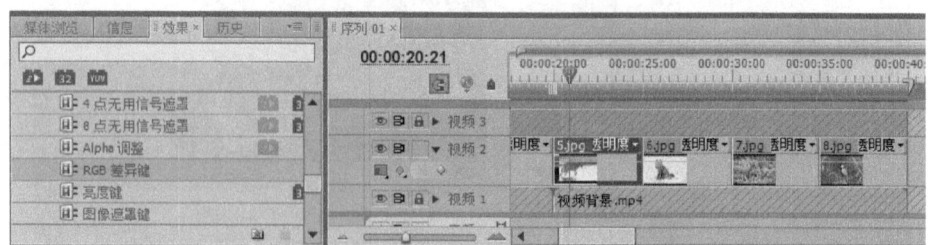

图 4-20

24)选中"视频2"轨道中的"5.jpg"素材,在其"特效控制台"面板中展开"RGB差异键"选项区,单击"颜色"参数后面的"吸管"工具,然后在画面中单击天空的蓝色背景

76

部分，最后设置"相似性"为32%，如图4-21所示。

图 4-21

25）设置完成后，拖动时间线预览设置前后的画面效果。

26）在"效果"面板中，展开"视频特效"→"键控"文件夹，将其中的"颜色键"特效拖放至"视频2"轨道中的"6.jpg"上，如图4-22所示。

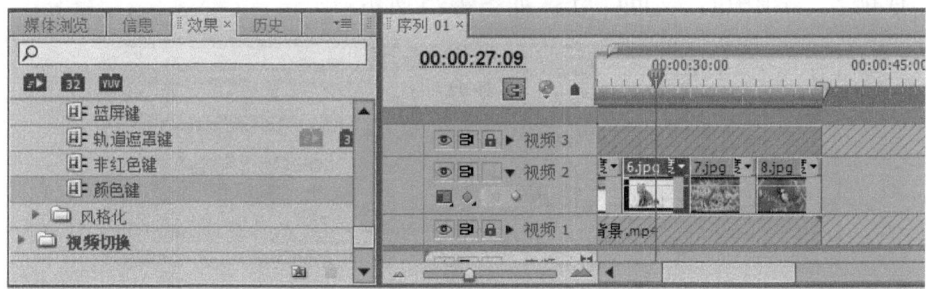

图 4-22

27）选中"视频2"轨道中的"6.jpg"素材，然后在其"特效控制台"面板中展开"颜色键"选项区，如图4-23所示。单击"主要颜色"参数右侧的"吸管"工具，然后在画面中单击白色背景部分，设置"颜色宽容度"为30、"薄化边缘"为1、"羽化边缘"为5。

图 4-23

28）由于添加"颜色键"操作并没有将"6.jpg"素材背景的颜色全部去掉，所以必须再为"视频 2"轨道中的"6.jpg"素材添加"色度键"选项区，单击"颜色"参数右侧的"吸管"工具，然后在画面中单击剩余的白色背景部分，设置"相似性"为 5%，如图 4-24 所示。

图 4-24

29）设置完成后，拖动时间线预览设置前后的画面效果。

30）在"效果"面板中，展开"视频特效"→"键控"文件夹，将其中的"极致键"特效拖至"视频 2"轨道中的"7.jpg"上，如图 4-25 所示。

图 4-25

31）选中"视频 2"轨道中的"7.jpg"素材，然后在其"特效控制台"面板中展开"极致键"选项区，如图 4-26 所示。单击"颜色"参数后面的"吸管"工具，然后在画面中单击草绿色灯光部分，展开"色彩校正"选项，设置"饱和度"为 100，然后在时间点 00:00:30:00 和 00:00:33:00 处为"色相位"参数添加两个关键帧，设置对应的值为 0 和 180。

图 4-26

32）设置完成后，拖动时间线预览设置前后的画面效果。

3. 任务拓展

使用"键控特效"制作其他素材的视频特效效果,并拖动时间线预览设置最后的画面效果。

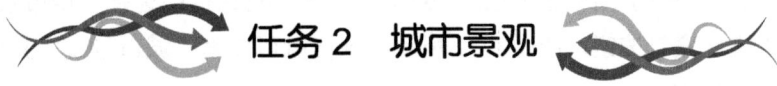

任务2 城市景观

1. 任务概述

"变换"特效一共包含 7 个特效,如图 4-27 所示。下面以"城市景观"为例来学习"变换"特效的应用。

2. 操作步骤

1)运行 Premiere Pro CS5,单击欢迎界面中的"新建项目"图标,如图 4-28 所示。

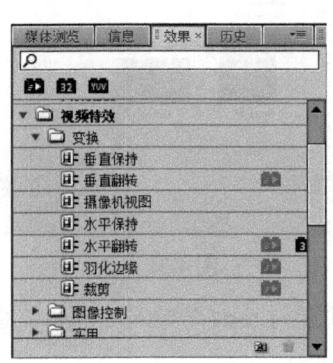

图 4-27

图 4-28

2)在弹出的"新建项目"对话框中选择"常规"选项卡,在对话框下方选择项目文件的存放路径,在"名称"文本框中输入"城市景观",项目设置完成后,单击"确定"按钮,如图 4-29 所示。

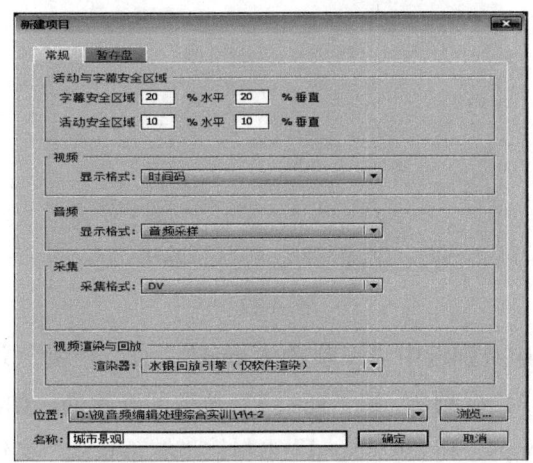

图 4-29

3）此时会弹出"新建序列"对话框，如图4-30所示。这里选择列表中的"DV-PAL"→"标准48kHz"选项（这是标准的PAL制视频的项目设置），其他选项保持默认设置，最后单击"确定"按钮。

4）在"项目"面板的空白处双击，在弹出"导入"对话框中选择"城市景观"文件夹，然后单击"导入文件夹"按钮，如图4-31所示。这样就可以将"城市景观"文件夹的所有图片导入"项目"面板中。

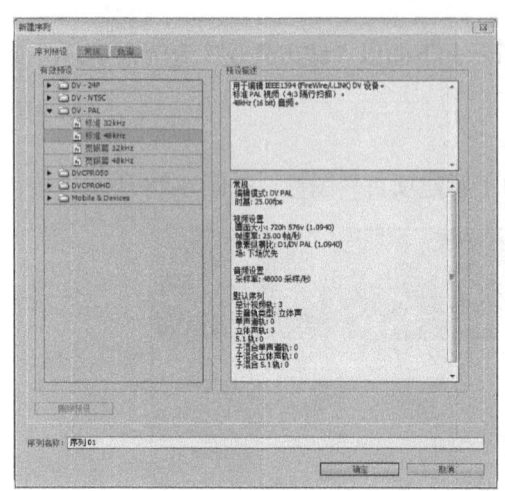 

图4-30　　　　　　　　　　　　　　　图4-31

5）用同样的方法，将素材"边框.psd"和"视频素材.mp4"导入"项目"面板中，如图4-32所示。

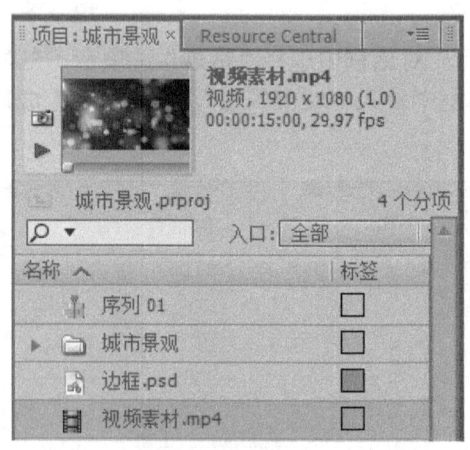

图4-32

6）在"项目"面板中分别选中"视频素材.mp4""城市景观"文件夹和"边框.psd"等素材，将其拖至"视频1""视频2"和"视频3"轨道的开始处，如图4-33所示。

7）由于"视频素材.mp4"和"边框.psd"素材比"城市景观"文件夹中素材的长度较短，所以必须将"视频素材.mp4"再拖至"视频1"轨道两次，然后拖动"视频素材.mp4"和"边框.psd"结束点与"视频2"轨道中的素材长度相同,如图4-34所示。

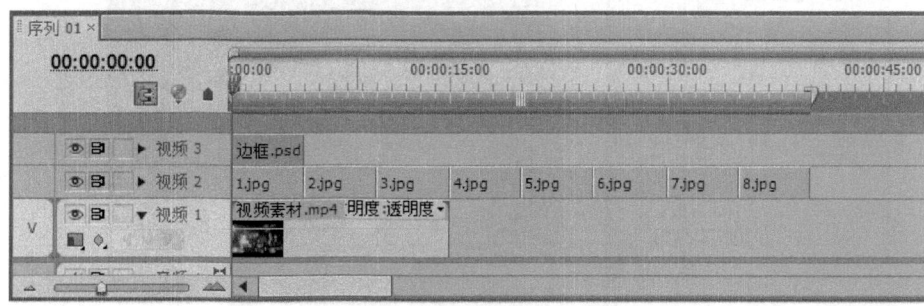

图4-33

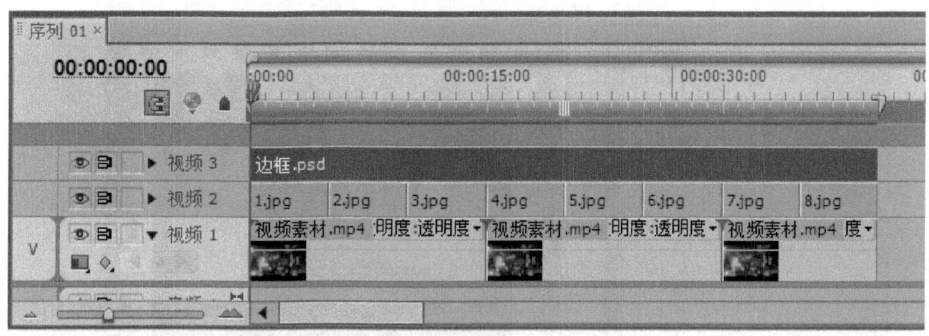

图4-34

8)为了方便操作,分别将"视频1"轨道重命名为"视频素材","视频2"轨道重命名为"图片素材","视频3"轨道重命名为"边框",如图4-35所示。

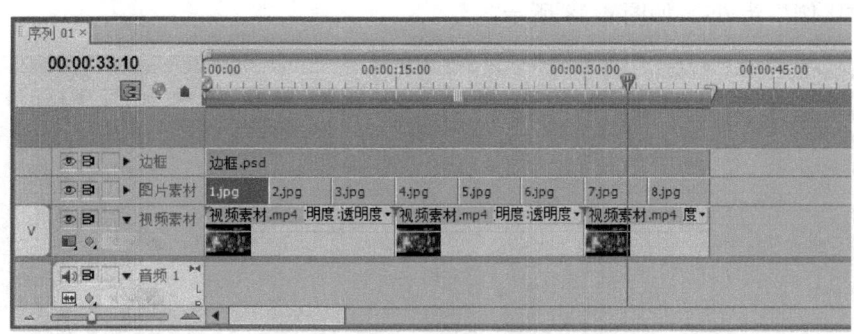

图4-35

9)由于素材的尺寸太大,所以需要适当缩小其比例。隐藏"图片素材"和"边框"轨道,选择"视频素材"轨道中的"视频素材.mp4",然后在其"特效控制台"面板中设置"位置"为(462.3,288),设置"缩放比例"为53.6,并将特效参数复制给同轨道中的两个"视频素材.mp4"素材,如图4-36所示。

10)显示并选择"边框"轨道中的"边框.psd",然后在其"特效控制台"面板中设置"缩放比例"为206.5,如图4-37所示。

81

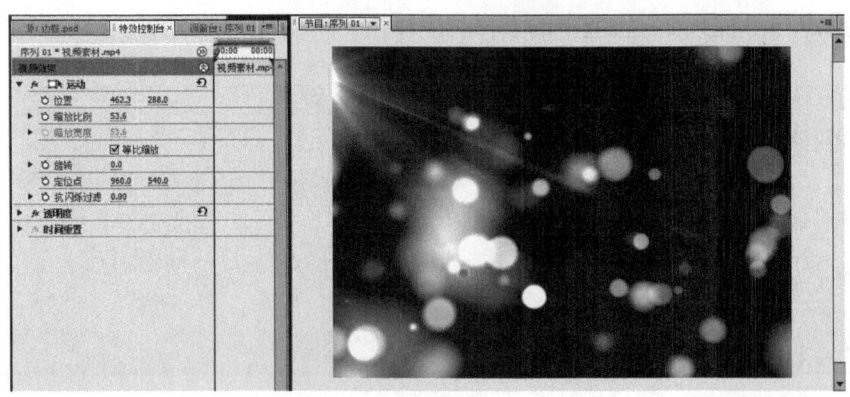

图 4-36

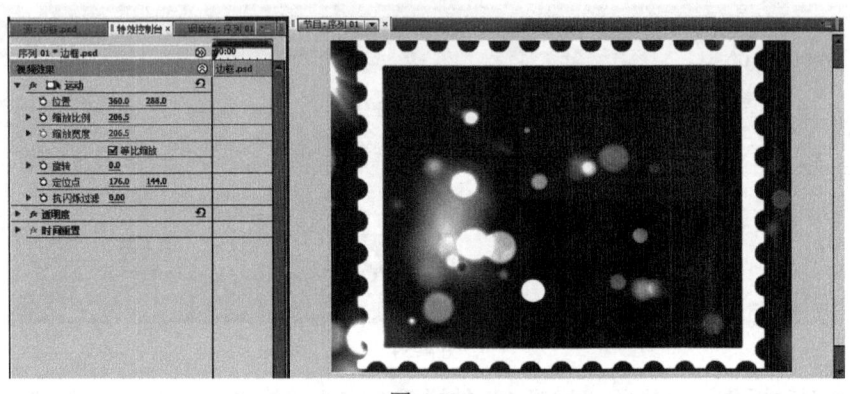

图 4-37

11）显示并选择"图片素材"轨道中的"1.jpg"素材，然后在其"特效控制台"面板中设置"缩放比例"为 65，如图 4-38 所示。

图 4-38

12）用同样的方法，将素材"1.jpg"的特效参数复制给同轨道中的其他图片素材。
13）在"效果"面板中，展开"视频特效"→"变换"文件夹，将其中的"垂直保持"

特效拖至"图片素材"轨道中的素材"1.jpg"上，如图 4-39 所示。

图 4-39

14）这样就制作了一个简单的类似电视画面上滚的效果，如图 4-40 所示。

图 4-40

15）在"效果"面板中，展开"视频特效"→"变换"文件夹，将其中的"水平翻转"特效拖至"图片素材"轨道中的素材"1.jpg"上，如图 4-41 所示。

图 4-41

16）这样就将原来的图片进行了水平翻转，设置前后的对比效果如图4-42所示。

图4-42

17）在"效果"面板中，展开"视频特效"→"变换"文件夹，将其中的"摄像机视图"特效拖至"图片素材"轨道中的素材"1.jpg"上，如图4-43所示。

图4-43

18）选择"序列"面板中的图片素材"1.jpg"，然后在其"特效控制台"面板中展开"摄像机视图"特效参数选项，分别在时间点00:00:01:00和00:00:3:00处为"缩放"参数添加两个关键帧，设置对应的值为6和10，如图4-44所示。

19）设置完成后，拖动时间线预览画面效果，如图4-45所示。

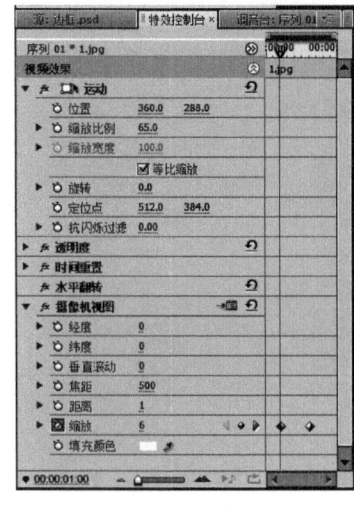

图4-44　　　　　　　　　　图4-45

20）在"效果"面板中，展开"视频特效"→"变换"文件夹，将其中的"羽化边缘"特效拖至"图片素材"轨道中的素材"2.jpg"上，如图4-46所示。

图 4-46

21）选择图片素材"2.jpg"，然后在其"特效控制台"面板中展开"羽化边缘"特效，设置羽化"数值"为80，使其产生一种立体效果，如图4-47所示。

图 4-47

22）在"效果"面板中，展开"视频特效"→"变换"文件夹，将其中的"水平保持"特效拖至"图片素材"轨道中的素材"4.jpg"上，如图4-48所示。

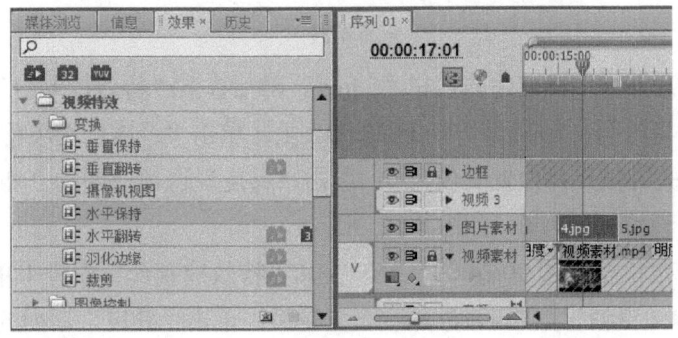

图 4-48

23）选择图片素材"4.jpg"，然后在其"特效控制台"面板中展开"水平保持"特效，在时间 00:00:15:00、00:00:16:10、00:00:18:00 和 00:00:19:00 处分别添加"偏移"选项四个关键帧，其值分别为 250、240、260 和 250，如图 4-49 所示。

24）设置完成后，拖动时间线预览画面效果，如图 4-50 所示。

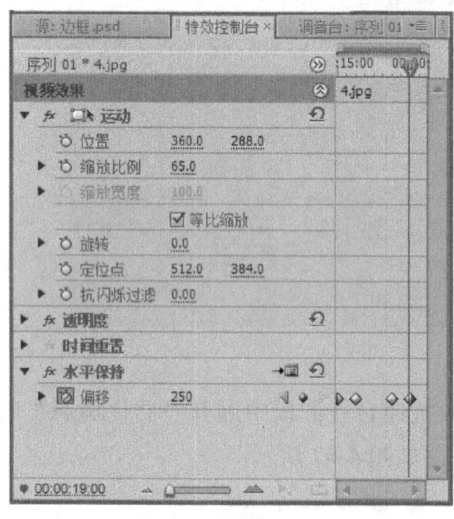
图 4-49

图 4-50

25）在"效果"面板中，展开"视频特效"→"变换"文件夹，将其中的"摄像机视图"特效拖至"图片素材"轨道中的素材"5.jpg"上，如图 4-51 所示。

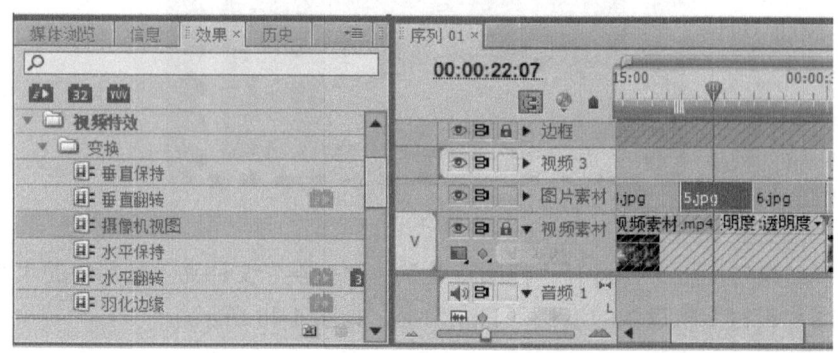
图 4-51

26）选择"图片素材"轨道中的素材"5.jpg"，然后在其"特效控制台"面板中展开"摄像机视图"特效，将时间线定位至"00:00:20:00"处，单击"经度"选项前面的"切换动画"按钮，添加一个关键帧，并设置其值为 0；单击"纬度"选项前面的"切换动画"按钮，添加一个关键帧，设置其值为 0，如图 4-52 所示。

27）将时间线定位至"00:00:24:00"处，在其"特效控制台"面板中单击"经度"选项后面的"添加/移除关键帧"按钮，添加一个关键帧；单击"纬度"后面的"添加/移除关键帧"按钮，添加一个关键帧，如图 4-53 所示。

图 4-52

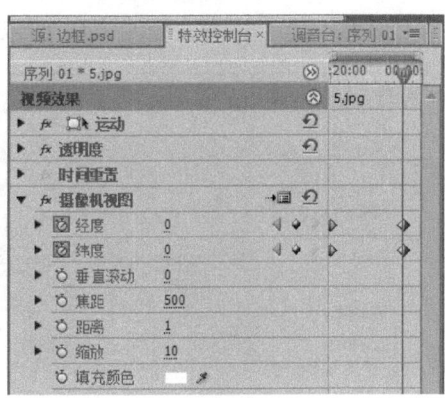

图 4-53

28）将时间线定位至"00:00:22:00"处，在其"特效控制台"面板中设置"经度"为200，"纬度"为200，如图 4-54 所示。

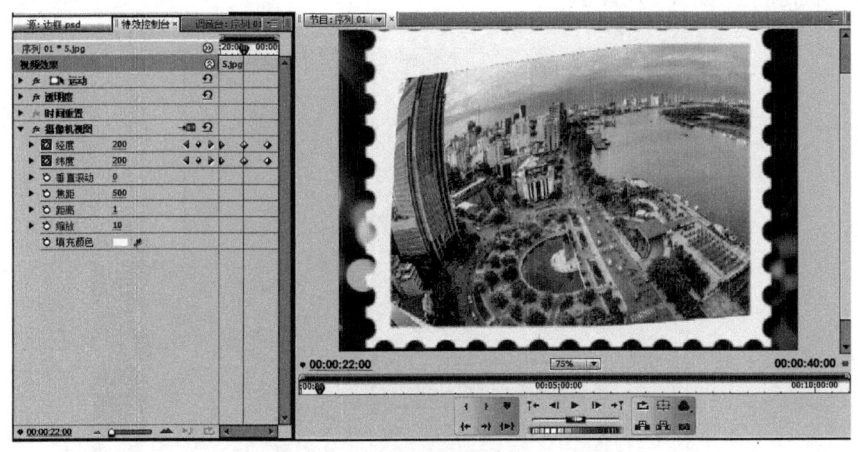

图 4-54

29）这样就制作了一个画面翻转的效果，如图 4-55 所示。

图 4-55

30）下面将素材图片"7.jpg"制作一个水中倒影效果。

31）首先在"图片素材"轨道上方添加一个新的轨道，用鼠标右键单击"图片素材"轨道，在弹出的快捷菜单中选择"添加轨道"命令，如图 4-56 所示。

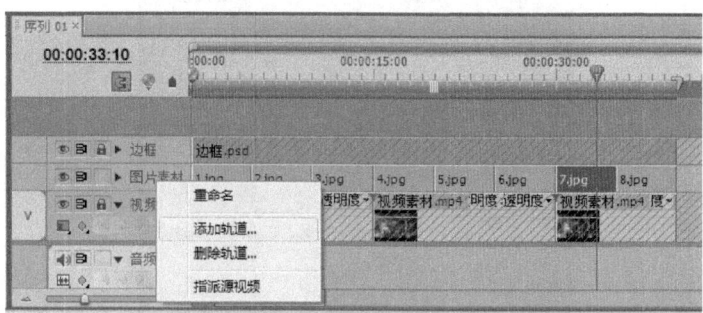

图 4-56

32）在弹出的"添加视音轨"对话框的"视频轨"选项区的"放置"下拉列表中选择"跟随图片素材"选项，单击"确定"按钮，此时发现在"图片素材"和"边框"轨道之间添加了"视频 3"轨道，如图 4-57 所示。

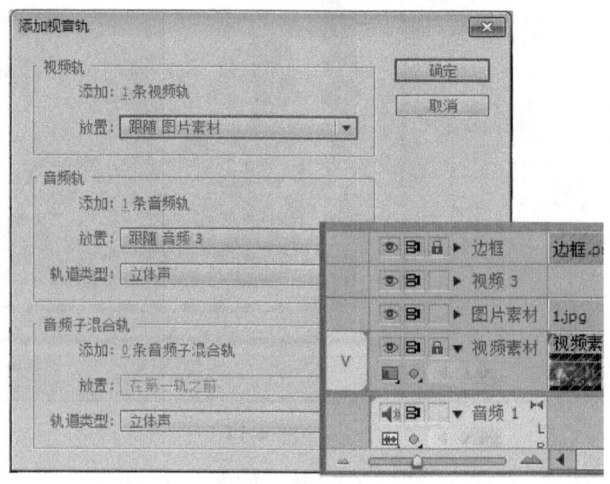

图 4-57

33）选择"图片素材"轨道中的图片素材"7.jpg"，然后按<Ctrl+C>组合键复制该素材。在"视频3"轨道的文字上单击，以便激活该轨道，如图4-58所示。

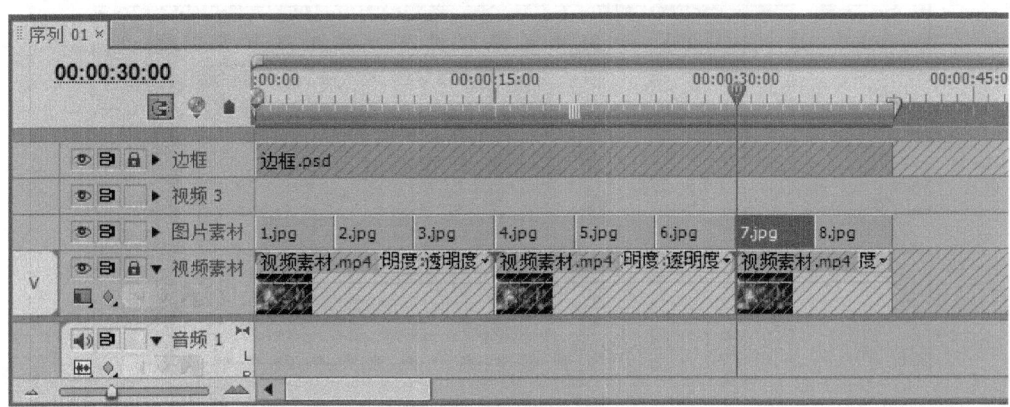

图 4-58

34）将时间线定位到素材"7.jpg"开始处（即"00:00:30:00"），然后按<Ctrl+V>组合键粘贴素材，如图4-59所示。

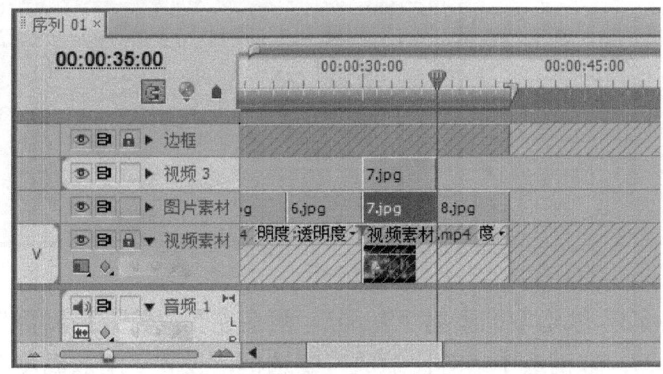

图 4-59

35）在"效果"面板中，展开"视频特效"→"变换"文件夹，将其中的"垂直翻转"特效拖至"视频3"轨道中的素材"7.jpg"上，如图4-60所示。

图 4-60

36）此时通过"节目"监视器面板可以看到画面已经被翻转，但并没有达到想要的效果，所以需要继续设置，如图 4-61 所示。

图 4-61

37）在"效果"面板中，展开"视频特效"→"变换"文件夹，将其中的"裁剪"特效拖至"视频 3"轨道中的素材"7.jpg"上，如图 4-62 所示。

图 4-62

38）选择"视频 3"轨道中的素材"7.jpg"，然后在其"特效控制台"面板中设置"位置"为（360，474.7），取消选中"等比缩放"复选框，设置"缩放高度"为 21、"缩放宽度"为 64、"透明度"为 45%，展开"裁剪"特效，设置"顶部"为 23%、"底部"为 13%，如图 4-63 所示。

图 4-63

39）这样就制作了一个水中倒影效果，拖动时间线预览效果，如图 4-64 所示。

图 4-64

3. 任务拓展

使用"变换特效"完成"城市景观"图片素材"3.jpg""6.jpg"和"8.jpg"的特效制作，制作完成后导出视频欣赏效果。

 任务 3　花卉植物

1. 任务概述

"调整"特效主要是一些色彩和亮度调节方面的效果，可以通过色阶或曲线等方式进行调整。"调整"特效共包含 9 种不同的效果，如图 4-65 所示。

2. 操作步骤

1）运行 Premiere Pro CS5，单击欢迎界面中的"新建项目"图标，如图 4-66 所示。

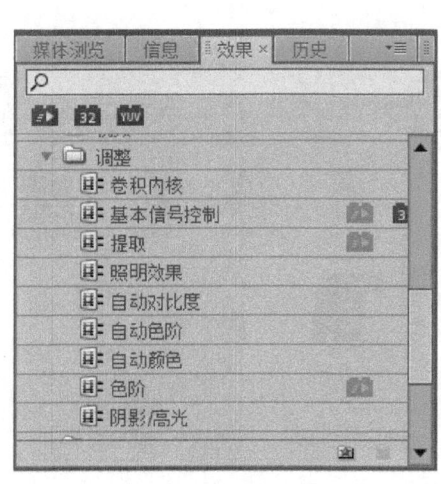

图 4-65

图 4-66

2）在弹出的"新建项目"对话框中选择"常规"选项卡，在对话框下方选择项目文件的存放路径，在"名称"文本框中输入"花卉植物"，项目设置完成后，单击"确定"按钮，如图 4-67 所示。

3）此时会弹出"新建序列"对话框，如图 4-68 所示。这里选择列表中的"DV-PAL"→"标准 48kHz"选项（这是标准的 PAL 制视频的项目设置），其他选项保持默认设置，最后单击"确定"按钮。

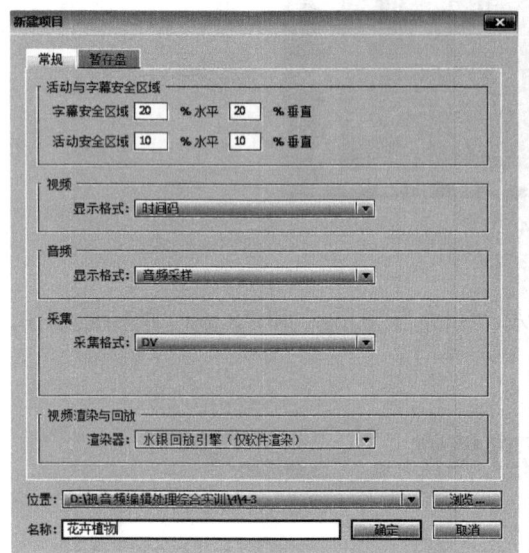 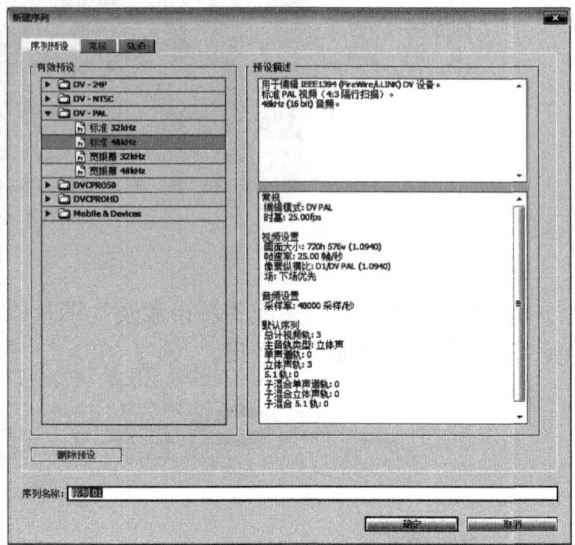

图 4-67　　　　　　　　　　　　　　　　图 4-68

4）在"项目"面板的空白处双击，在弹出的"导入"对话框中选择"花卉植物"文件夹，然后单击"导入文件夹"按钮，如图 4-69 所示。

5）继续在"项目"面板的空白处双击，在弹出的"导入"对话框中选择素材"边框.psd"，然后单击"打开"按钮，如图 4-70 所示。

图 4-69　　　　　　　　　　　　　　　　图 4-70

6）在弹出的"导入分层文件"对话框中，设置"导入为"为"合并所有图层"，然后单击"确定"按钮导入素材,如图4-71所示。

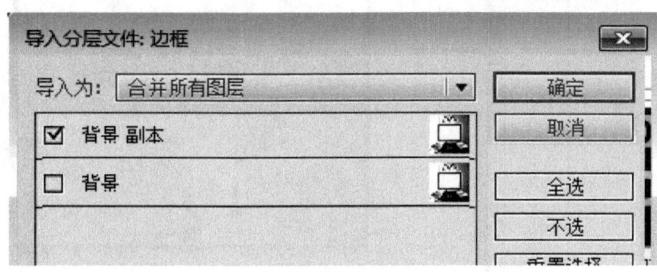

图4-71

7)在"项目"面板中选择"花卉植物"文件夹,将其拖到"序列"面板中的"视频1"轨道的开始处,如图4-72所示。

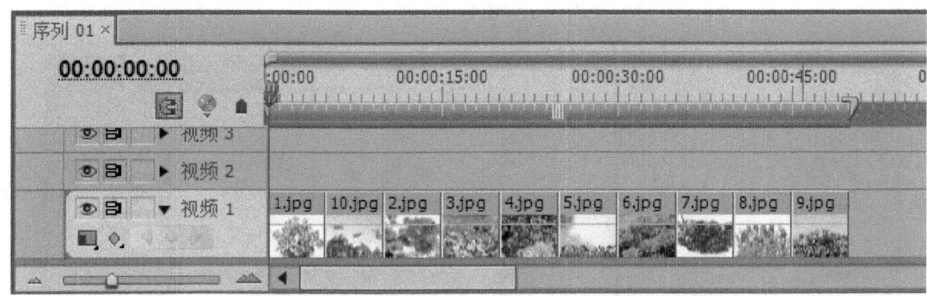

图4-72

8)在"项目"面板中选择素材"边框.psd",将其拖到"序列"面板中的"视频2"轨道开始处,并拖动素材"边框.psd"的出点使其与"视频1"轨道中的素材长度相同,如图4-73所示。

图4-73

9)选中"视频2"轨道的"边框.psd",然后在其"特效控制台"面板中展开"运动"选项区,设置"位置"为(360,268),设置"缩放比例"为23,如图4-74所示。

10)选择"视频1"轨道的"1.jpg",然后在其"特效控制台"面板中展开"运动"选项区,设置"位置"为(360,229),设置"缩放比例"为54,如图4-75所示。

图 4-74

图 4-75

11）接下来将图片素材"1.jpg"的特效参数复制给同轨道中的其他素材，然后拖动时间线预览设置后的图片效果。

12）在"效果"面板中，展开"视频特效"→"调整"文件夹，将其中的"照明效果"特效拖放至"视频 1"轨道中的"6.jpg"上，如图 4-76 所示。

图 4-76

13)展开"照明效果"特效选项区,设置"环境照明"为50,如图4-77所示。

图 4-77

14)单击"照明效果"特效前面的"切换效果开关"按钮 ,对比设置前后的效果,如图4-78所示。

图 4-78

15)在"效果"面板中,展开"视频特效"→"调整"文件夹,将其中的"基本信号控制"特效拖至"视频1"轨道中的"7.jpg"上,如图4-79所示。

图 4-79

16)选中"视频1"轨道中的"7.jpg"素材,然后在其"特效控制台"面板中展开"基本信号控制"选项区,分别在时间点 00:00:31:00 和 00:00:34:00 处为"色相"参数添加两个关键帧,并分别设置对应的值为 0°和 50°,如图4-80所示。

17）设置完成后，拖动时间线预览设置后的画面效果，如图4-81所示。

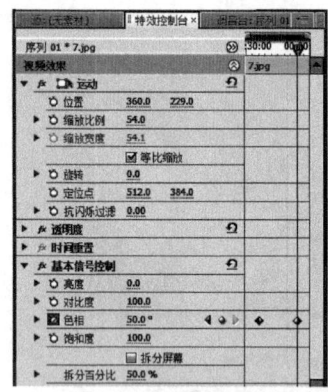

图4-80　　　　　　　　　　图4-81

18）在"效果"面板中，展开"视频特效"→"调整"文件夹，将其中的"卷积内核"特效拖至"视频1"轨道中的"1.jpg"上，如图4-82所示。

图4-82

19）选中"视频1"轨道中的"1.jpg"素材，然后在其"特效控制台"面板中展开"卷积内核"选项区，分别在时间点00:00:00:00和00:00:04:00处为"M11"参数添加两个关键帧，并分别设置对应的值为-4和0，如图4-83所示。

20）设置完成后，拖动时间线预览设置后的画面效果，如图4-84所示。

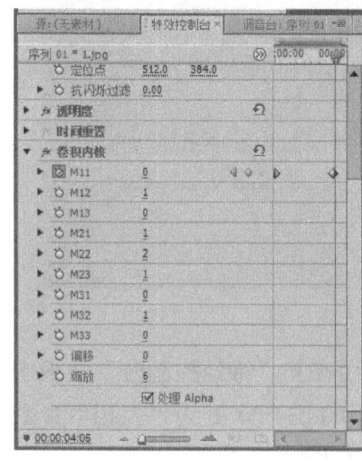

图4-83　　　　　　　　　　图4-84

21）在"效果"面板中，展开"视频特效"→"调整"文件夹，将其中的"色阶"特效拖至"视频1"轨道中的"8.jpg"上，如图4-85所示。

图4-85

22）选择"视频1"轨道中的"8.jpg"素材，然后在其"特效控制台"面板中展开"色阶"选项区，分别在时间点00:00:35:00和00:00:39:00处为第一个"（RGB）输入黑色阶"参数添加两个关键帧，并分别设置对应的值为0和100，如图4-86所示。

23）设置完成后，拖动时间线预览设置后的画面效果，如图4-87所示。

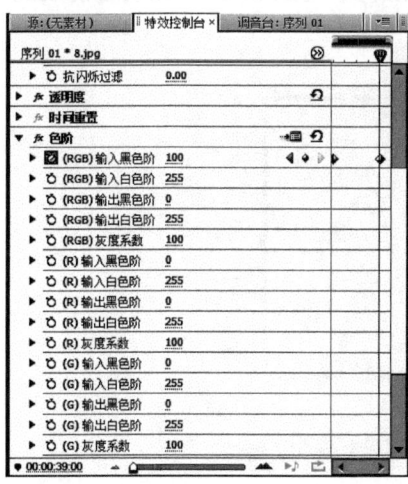

图4-86　　　　　　　　　　　图4-87

24）在"效果"面板中，展开"视频特效"→"调整"文件夹，将其中的"阴影/高光"特效拖至"视频1"轨道中的"3.jpg"上，如图4-88所示。

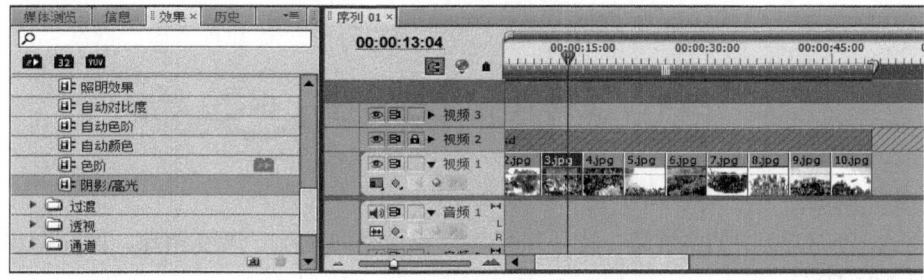

图4-88

25）选中"视频 1"轨道中的"3.jpg"素材，然后在其"特效控制台"面板中展开"阴影/高光"选项区，取消选中"自动数量"复选框，设置"阴影数量"为 100，如图 4-89 所示。

图 4-89

26）单击"阴影/高光"特效前面的"切换效果开关"按钮 ，对比设置前后的效果，如图 4-90 所示。

图 4-90

3. 任务拓展

使用"调整特效"完成"花卉植物"其余图片素材特效的制作，制作完成后导出视频欣赏效果。

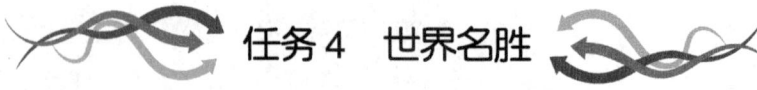

1. 任务概述

Premiere Pro CS5 中的"过渡"特效包括块溶解、径向擦除、渐变擦除、百叶窗和线性擦除，如图 4-91 所示。

学习单元 4　Premiere 视频特效

图 4-91

2. 操作步骤

1）运行 Premiere Pro CS5，单击欢迎界面中的"新建项目"图标，如图 4-92 所示。

2）在弹出的"新建项目"对话框中选择"常规"选项卡，在对话框下方选择项目文件的存放路径，在"名称"文本框中输入"世界名胜"，项目设置完成后，单击"确定"按钮，如图 4-93 所示。

图 4-92　　　　　　　　　　　　图 4-93

3）在弹出的"新建序列"对话框，选择列表中的"DV-PAL"→"标准 48kHz"选项（这是标准的 PAL 制视频的项目设置），其他选择保持默认设置，最后单击"确定"按钮，如图 4-94 所示。

4）在"项目"面板的空白处双击，在弹出的"导入"对话框中选择"世界名胜"文件夹，然后单击"导入文件夹"按钮，如图 4-95 所示。

99

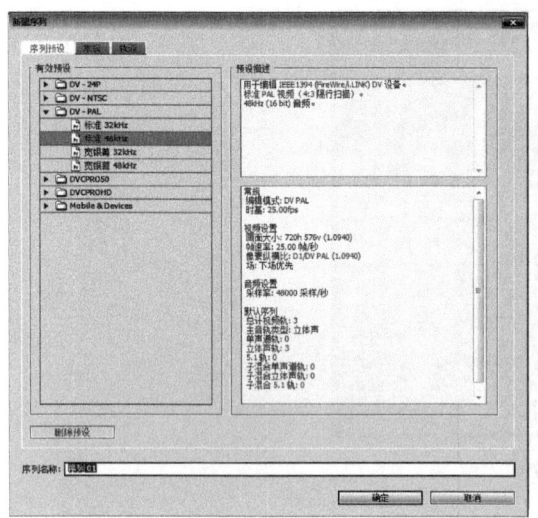
图 4-94

图 4-95

5）继续在"项目"面板的空白处双击，在弹出的"导入"对话框中选择素材"胶卷边框.psd"，然后单击"打开"按钮，如图 4-96 所示。

6）在弹出的"导入分层文件"对话框中，设置"导入为"为"合并所有图层"，然后单击"确定"按钮，如图 4-97 所示。

图 4-96

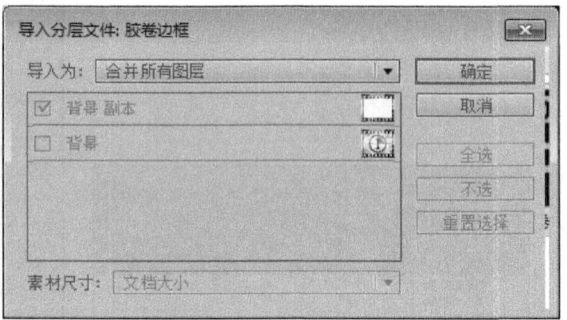
图 4-97

7）在"项目"面板中选择"世界名胜"文件夹，将其拖到"序列"面板中的"视频 1"轨道的开始处，如图 4-98 所示。

图 4-98

8）继续在"项目"面板中选中素材"边框.psd",将其拖到"序列"面板中的"视频2"轨道的开始处,并拖动素材"边框.psd"的结束点使其与"视频1"轨道中的素材长度相同,如图4-99所示。

图 4-99

9）选中"视频2"轨道的"边框.psd",然后在其"特效控制台"面板中展开"运动"选项区,设置"位置"为(360,288),取消选中"等比缩放"复选框,设置"缩放高度"为15、"缩放宽度"为17.2,如图4-100所示。

图 4-100

10）选中"视频1"轨道的"1.jpg",然后在其"特效控制台"面板中展开"运动"选项区,设置"位置"为(359,310),"缩放比例"为67,如图4-101所示。

图 4-101

101

11)使用同样的方法,调整图片素材 2.jpg～5.jpg 的特效参数值,并拖动时间线预览设置后的动画效果。

12)在"效果"面板中,展开"视频特效"→"过渡"文件夹,将其中的"块溶解"特效拖至"视频 1"轨道中的"1.jpg"上,如图 4-102 所示。

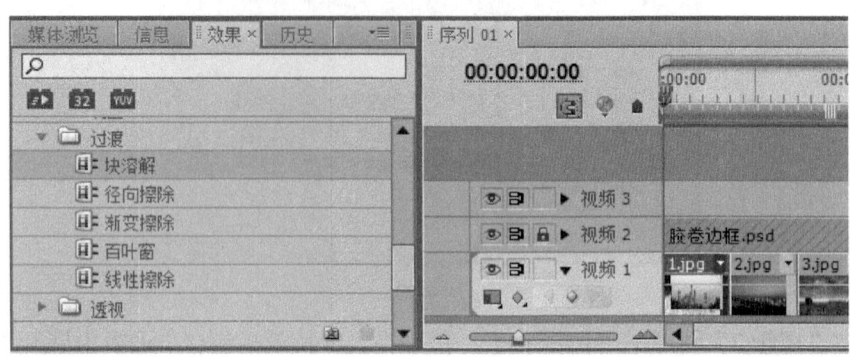

图 4-102

13)选中"视频 1"轨道中的"1.jpg"素材,然后在其"特效控制台"面板中展开"块溶解"选项区,设置"块宽度"为 100、"块高度"为 120、"羽化"为 60,选中"柔化边缘(最佳品质)"复选框,如图 4-103 所示。

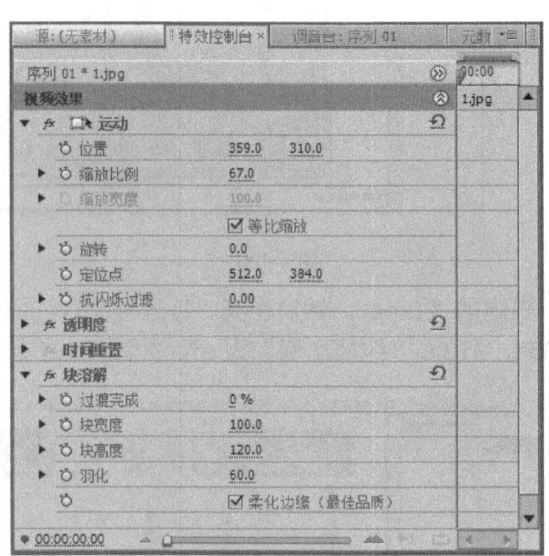

图 4-103

14)在"块溶解"选项区中,分别在时间点 00:00:00:00 和 00:00:04:00 处为"过渡完成"参数添加两个关键帧,并分别设置对应的值为 100%和 0%,如图 4-104 所示。

15)设置完成后,拖动时间线预览设置后的画面效果,如图 4-105 所示。

16)在"效果"面板中,展开"视频特效"→"过渡"文件夹,将其中的"径向擦除"特效拖至"视频 1"轨道中的"2.jpg"上,如图 4-106 所示。

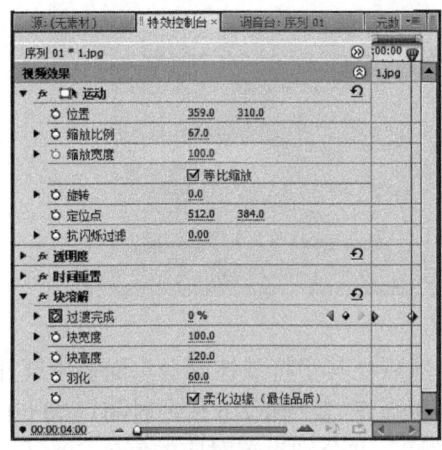
图 4-104

图 4-105

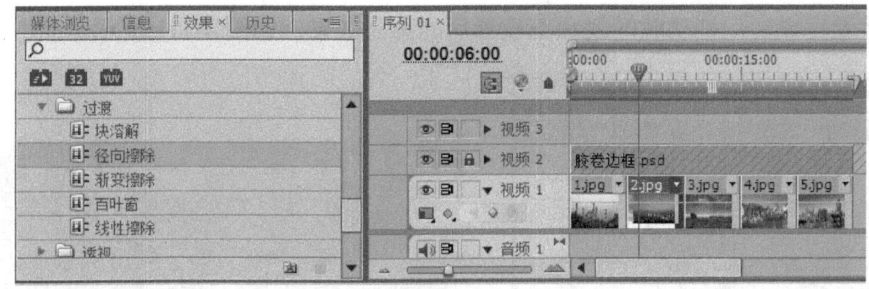
图 4-106

17）选择"视频 1"轨道中的"2.jpg"素材，然后在其"特效控制台"面板中展开"径向擦除"选项区，设置"起始角度"为 9°、"擦除中心"为（411.5，409.9）、"擦除"为"两者兼有"，设置"羽化"为 30，分别在时间点 00:00:05:00 和 00:00:09:00 处为"过渡完成"参数添加两个关键帧，并分别设置对应的值为 100%和 0%，如图 4-107 所示。

18）设置完成后，拖动时间线预览设置后的画面效果，如图 4-108 所示。

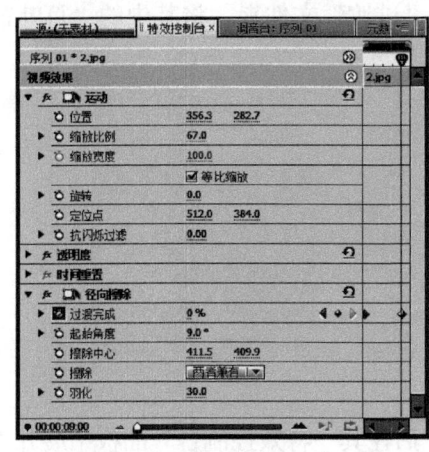
图 4-107

图 4-108

19）在"效果"面板中，展开"视频特效"→"过渡"文件夹，将其中的"渐变擦除"

特效拖至"视频1"轨道中的"3.jpg"上,如图4-109所示。

图4-109

20)选择"视频1"轨道中的"3.jpg"素材,然后在其"特效控制台"面板中展开"渐变擦除"选项区,设置"过渡柔和度"为80%,选中"反相渐变"复选框,分别在时间点00:00:10:00和00:0014:00处为"过渡完成"参数添加两个关键帧,并分别设置对应的值为50%和0%,如图4-110所示。

21)设置完成后,拖动时间线预览设置后的画面效果,如图4-111所示。

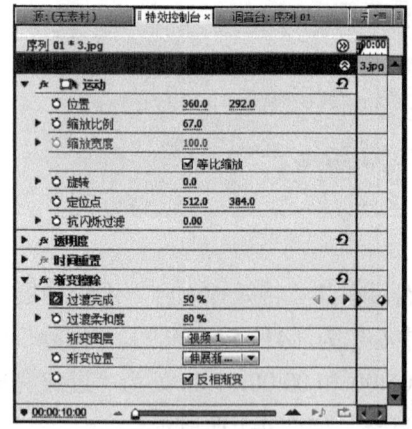

图4-110　　　　　　　　　图4-111

22)在"效果"面板中,展开"视频特效"→"过渡"文件夹,将其中的"百叶窗"特效拖至"视频1"轨道中的"4.jpg"上,如图4-112所示。

图4-112

23)选择"视频1"轨道中的"4.jpg"素材,然后在其"特效控制台"面板中展开"百叶窗"选项区,设置"宽度"为70、"羽化"为20,分别在时间点00:00:15:00和00:00:19:00处为"过渡完成"参数添加两个关键帧,并分别设置对应的值为100%和0%,如图4-113所示。

104

24）设置完成后，拖动时间线预览设置后的画面效果，如图4-114所示。

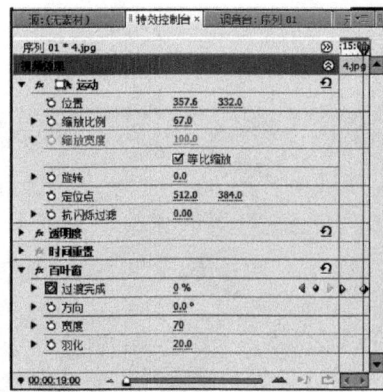

图4-113　　　　　　　　　　　　图4-114

25）在"效果"面板中，展开"视频特效"→"过渡"文件夹，将其中的"线性擦除"特效拖至"视频1"轨道中的"5.jpg"上，如图4-115所示。

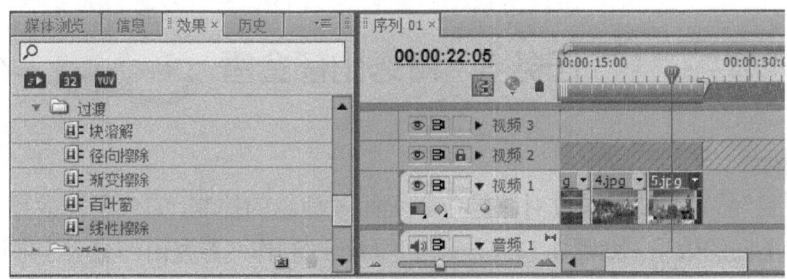

图4-115

26）选择"视频1"轨道中的"5.jpg"素材，然后在其"特效控制台"面板中展开"线性擦除"选项区，设置"擦除角度"为127°、"羽化"为200，分别在时间点00:00:20:00和00:00:23:00处为"过渡完成"参数添加两个关键帧，并分别设置对应的值为100%和0%，如图4-116所示。

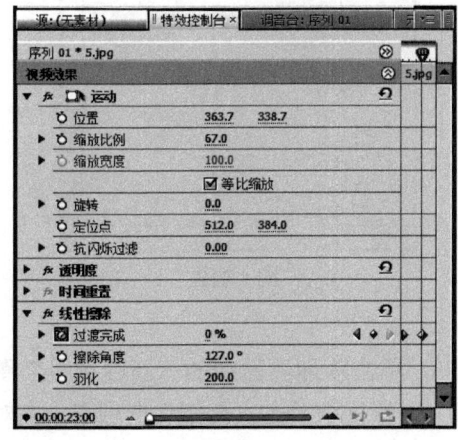

图4-116

27）设置完成后，拖动时间线预览设置后的画面效果，如图 4-117 所示。
3. 任务拓展

使用"过渡特效"制作如图 4-118 所示的画面效果。

图 4-117

图 4-118

任务 5　青秀山郁金香

1. 任务概述

"图像控制"特效主要是通过对图像色彩等相关信息的控制，完成所需效果。"图像控制"特效包含 5 种不同的效果，如图 4-119 所示。下面通过制作"青秀山郁金香"来详细介绍"图像控制"特效的使用。

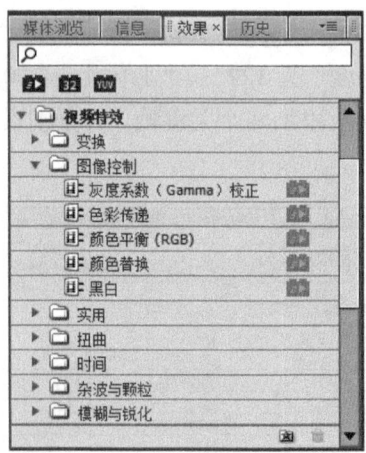

图 4-119

2. 操作步骤

1）运行 Premiere Pro CS5，单击欢迎界面中的"新建项目"图标，如图 4-120 所示。

2）在弹出的"新建项目"对话框中单击"常规"选项卡，在对话框下方选择项目文件的存放路径，在"名称"文本框中输入"青秀山郁金香"，项目设置完成后，单击"确定"按钮，如图 4-121 所示。

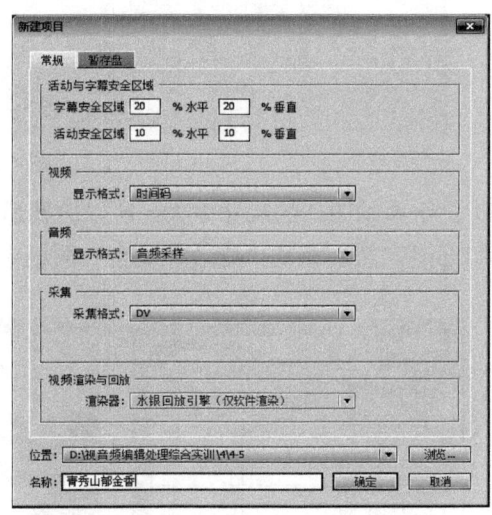

图 4-120　　　　　　　　　　　　　　　　图 4-121

3）此时会弹出"新建序列"对话框，如图 4-122 所示。这里选择列表中的"DV-PAL"→"标准 48kHz"选项（这是标准的 PAL 制视频的项目设置），其他选项保持默认设置，最后单击"确定"按钮。

4）在"项目"面板的空白处双击，在弹出的"导入"对话框中选择"青秀山郁金香"文件夹，然后单击"导入文件夹"按钮，如图 4-123 所示。这样就可以将"青秀山郁金香"文件夹中的所有图片导入"项目"面板中。

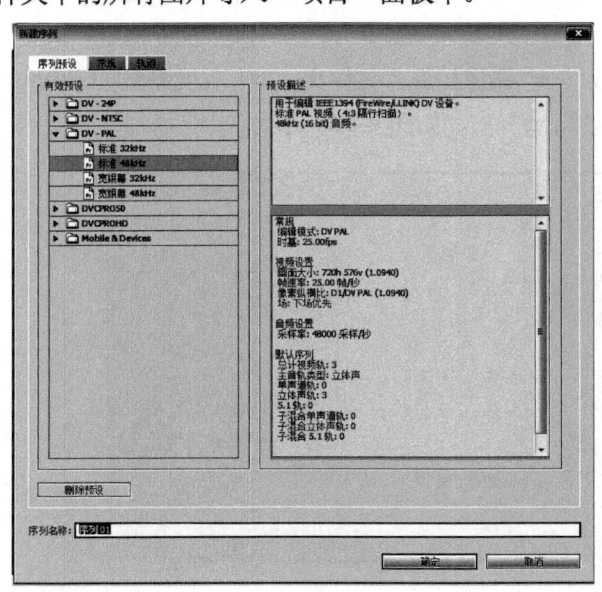

图 4-122　　　　　　　　　　　　　　　　图 4-123

5）在"项目"面板中选中"青秀山郁金香"文件夹，将其拖至"视频 1"轨道的开始处，如图 4-124 所示。

图 4-124

6）由于原始图片的尺寸太大，所以需要适当缩小其比例。选择"视频 1"轨道中的图片素材"1.jpg"，然后在其"特效控制台"面板中设置"缩放比例"为 77，如图 4-125 所示。

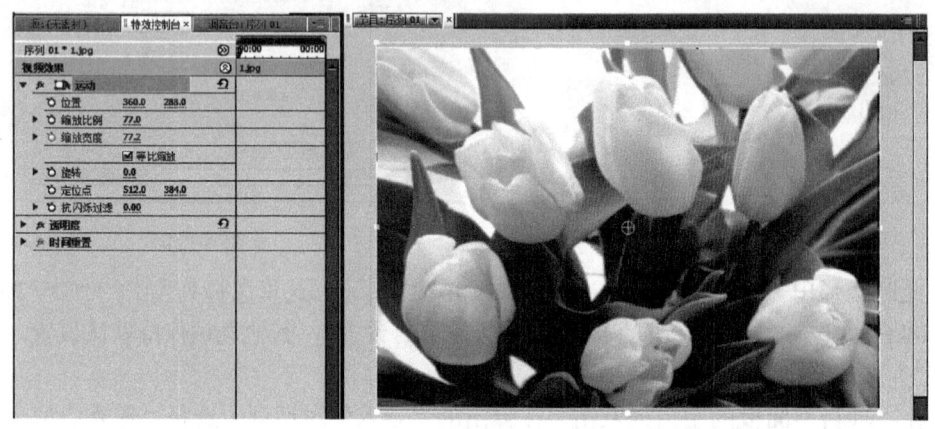

图 4-125

7）由于其他图片素材的大小跟素材"1.jpg"是一样的，所以可以将素材"1.jpg"的特效参数复制给同轨道中的其他图片素材。

8）在"效果"面板中，展开"视频特效"→"图像控制"文件夹，将"灰度系数（Gamma）校正"特效拖至"视频 1"轨道中的素材"1.jpg"上，如图 4-126 所示。

图 4-126

9）选择"视频 1"轨道中的素材"1.jpg"，然后在其"特效控制台"面板中展开"灰度系数"特效，设置"灰度系数"为 23，如图 4-127 所示。

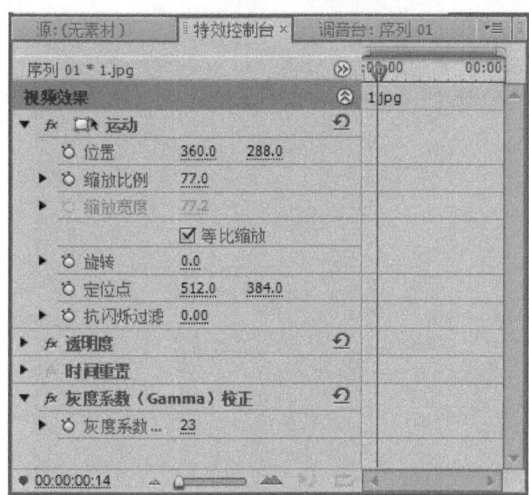

图 4-127

10）单击"灰度系数"特效前面的"切换效果开关"按钮，对比设置前后的效果，如图 4-128 所示。

图 4-128

11）在"效果"面板中，展开"视频特效"→"图像控制"文件夹，将"色彩传递"特效拖至"视频 1"轨道中的素材"2.jpg"上，如图 4-129 所示。

图 4-129

12）选择"视频 1"轨道中的素材"2.jpg"，然后在其"特效控制台"面板中展开"色彩传递"特效，设置"相似性"为 30、"颜色"为 #6F8504，如图 4-130 所示。

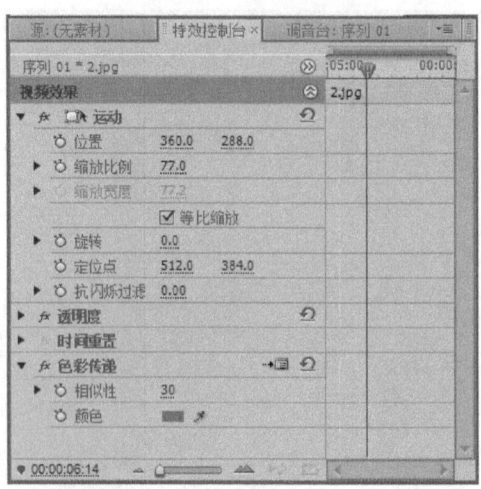

图 4-130

13）单击"色彩传递"特效前面的"切换效果开关"按钮 ，对比设置前后的效果，如图 4-131 所示。

图 4-131

14）在"效果"面板中，展开"视频特效"→"图像控制"文件夹，将其中的"颜色替换"特效拖至"视频 1"轨道中的素材"3.jpg"上，如图 4-132 所示。

图 4-132

15）选择"视频 1"轨道中的素材"3.jpg"，然后在其"特效控制台"面板中展开"颜色替换"特效，将时间线定位至"00:00:11:00"处，分别单击"目标颜色"和"替换颜色"选项前面的"切换动画"按钮 ，各添加一个关键帧，颜色保持默认不变，如图4-133所示。

图 4-133

16）继续将时间线定位至"00:00:13:00"处，分别单击"目标颜色"和"替换颜色"选项，添加一个关键帧。单击"目标颜色"后面的"颜色吸管"工具 ，此时鼠标指针变为吸管形状，将鼠标移至"节目"监视器面板中的红色花朵上，选取目标颜色，单击后即可将花朵颜色替换为蓝色，调整"相似性"为33，用蓝色完全替换红色，如图4-134所示。

图 4-134

17）单击"颜色替换"特效前面的"切换效果开关"按钮 ，对比设置前后的效果，如图4-135所示。

111

图 4-135

18）在"效果"面板中，展开"视频特效"→"图像控制"文件夹，将"颜色平衡（RGB）"特效拖至"视频 1"轨道中的素材"4.jpg"上，如图 4-136 所示。

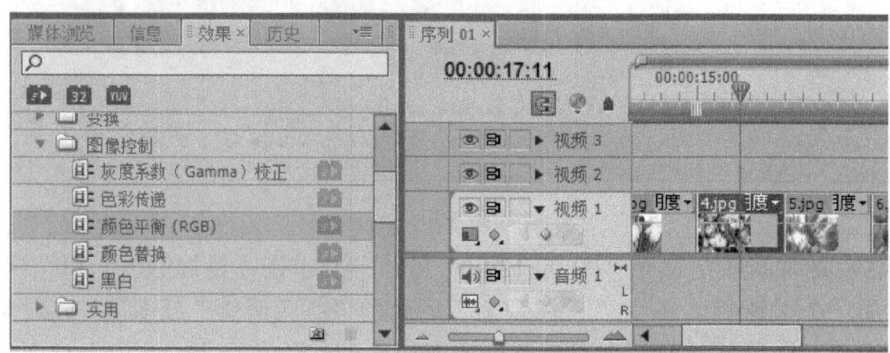

图 4-136

19）选择"视频 1"轨道中的素材"4.jpg"，然后在其"特效控制台"面板中展开"颜色平衡（RGB）"特效，设置"红色"为 110、"绿色"为 100、"蓝色"为 130，如图 4-137 所示。

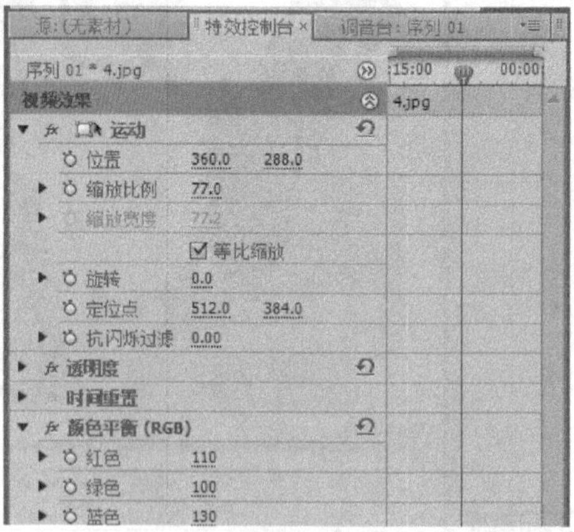

图 4-137

20）单击"颜色平衡（RGB）"特效前面的"切换效果开关"按钮，对比设置前后的效果，如图 4-138 所示。

图 4-138

21) 在"效果"面板中,展开"视频特效"→"图像控制"文件夹,将"黑白"特效拖至"视频1"轨道中的素材"5.jpg"上,如图 4-139 所示。

图 4-139

22) 这时,通过"节目"监视器预览效果,彩色的画面变为黑白颜色,如图 4-140 所示。

图 4-140

23) 在"效果"面板中,展开"视频特效"→"图像控制"文件夹,将"颜色平衡(RGB)"特效拖至"视频1"轨道中的素材"6.jpg"上,如图 4-141 所示。

24) 选择"视频1"轨道中的素材"6.jpg",然后在其"特效控制台"面板中展开"颜色平衡(RGB)"特效,设置"红色"为84、"绿色"为50、"蓝色"为200,如图 4-142 所示。

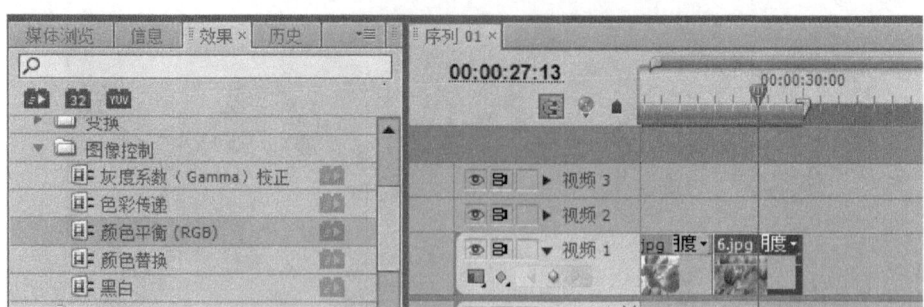

图 4-141

25）设置完成后可以发现图片变成了一幅夕阳下的郁金香图，如图 4-143 所示。

图 4-142　　　　　　　　　图 4-143

3. 任务拓展

利用本实例中用到的图像控制效果来制作如图 4-144 所示的变色效果。

图 4-144

学习单元 5　Premiere 运动效果

 单元情境

在制作视频时，适当添加一些运动效果，可以增强和丰富影视节目的效果。下面将详细介绍给素材添加运动效果的方法。

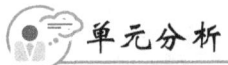 **单元分析**

本单元主要学习以下内容：
1. 了解运动效果的概念
2. 掌握添加运动效果的方法

 **任务设计**

本单元设置了以下三个任务：
1. 秋意正浓
2. 天地之间
3. 动感相册

 **完成任务**

 任务 1　秋意正浓

《秋意正浓》采用关键帧动画技术，为带有 Alpha 通道的"枫叶"图片设置运动关键帧，实现"枫叶"的移动、旋转和缩放等动画效果，如图 5-1 所示。

图 5-1

1. 制作背景

1）运行 Premiere Pro CS5，创建名为"秋意正浓"的项目，将序列命名为"秋天"。

2）在"时间线"窗口中，将"视频 1"轨道重命名为"秋天"，将"视频 2"和"视频 3"轨道分别重命名为"枫叶 1""枫叶 2"，将"音频 1"轨道重命名为"秋日的私语"。

3）导入所有素材。

4）定位时间指示器到 00：00：00：00 位置，拖动"秋天背景.jpg"至"秋天"轨道，与时间指示器左对齐。单击轨道中的"秋天背景"素材，打开"素材速度/持续时间"对话框，设置"持续时间"为 00：00：10：00（10s）。

5）选择"窗口"→"特效控制台"命令，打开"特效控制台"面板，单击"运动"特效的折叠按钮，展开参数列表，设置"缩放"为"80％"，如图 5-2 所示。

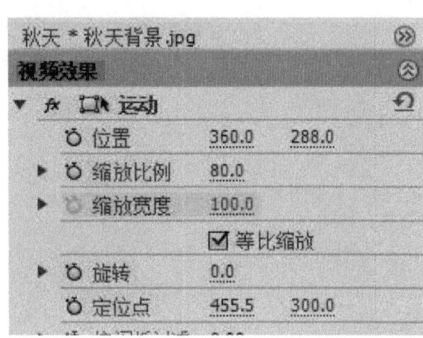 

图 5-2

2. 制作落叶动画

1）将"项目"窗口中的"枫叶"素材拖到"枫叶 1"轨道上。打开"素材速度/持续时间"对话框，设置"持续时间"为 00：00：10：00（10 s）。打开"特效控制台"面板，设置"缩放"为"75％"。

2）打开"效果"窗口，选择"视频特效"→"透视"→"投影"，将其拖到"枫叶 1"轨道的"枫叶"素材上。

3）单击"枫叶 1"轨道上的"枫叶"素材，在"特效控制台"面板中设置视频特效"投影"选项区的"距离"为"10"、"柔和度"为"25"，如图 5-3 所示。

图 5-3

4）将时间指示器定位至 00∶00∶00∶00 位置。选中素材"枫叶",单击 运动,在"节目监视器"窗口中可以看到素材"枫叶"的矩形调整框,拖动调整框中间的定位点图标,可以拖动素材到不同位置。单击"位置"参数的关键帧记录器,分别在 00∶00∶00∶00、00∶00∶00∶23、00∶00∶01∶22、00∶00∶02∶18、00∶00∶04∶16 位置调整素材到不同位置,制作出枫叶自上而下飘落的动画效果,如图 5-4 所示。

图 5-4

5）当把光标移动到矩形调整框的角点附近,光标变为 形状时,可以调整素材的旋转角度。单击"旋转"参数的关键帧记录器,分别在 00∶00∶00∶00、00∶00∶01∶22、00∶00∶04∶16 位置,调整"枫叶"素材的旋转角度分别为 0°、180° 和 0°,制作出枫叶飘落时旋转的动画效果,如图 5-5 所示。

图 5-5

3. 复制落叶动画

1）在"时间线"窗口中,选中已经添加了动画效果的"枫叶"素材,按住<Alt>键,将素材拖至"枫叶 2"轨道,复制落叶动画。此时,两片枫叶重叠。

2）选择"枫叶 2"轨道中的"枫叶",打开"特效控制"面板,调整"运动"特效的"位置"和"旋转"参数在各个不同位置上的关键帧值。

4. 添加背景音乐

1）将时间指示器定位在 00∶00∶00∶00 位置。拖动"项目"窗口中的"秋日的私语.mp3"到"秋日的私语"轨道,与时间指示器左对齐。打开"素材速度/持续时间"对话框,设置"持续时间"为 00∶00∶00∶10(10 s)。

2）将时间指示器定位到 00∶00∶00∶00 位置,按空格键,在"节目监视器"中预览效果。选择菜单"文件"→"存储"命令,保存项目"秋意正浓.prproj"。

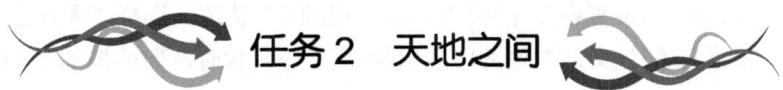

任务2 天地之间

1）启动 Premiere Pro CS5,弹出"欢迎使用 Adobe Premiere Pro"界面,单击"新建项目"

按钮 ![Pr], 弹出"新建项目"对话框,选择保存文件的路径,在"名称"文本框中输入"天地之间",如图 5-6 所示。单击"确定"按钮,弹出"新建序列"对话框,在左侧的列表中展开"DV-PAL"选项,选择"标准 48 kHz"模式,如图 5-7 所示,单击"确定"按钮。

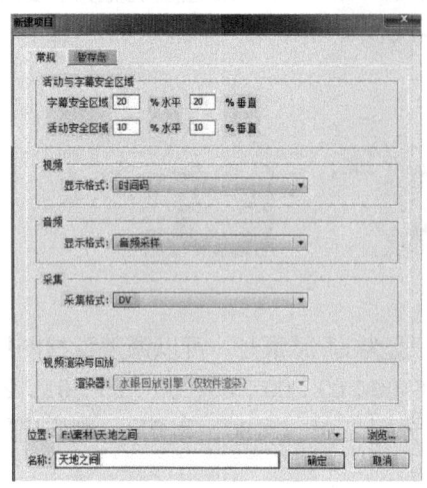
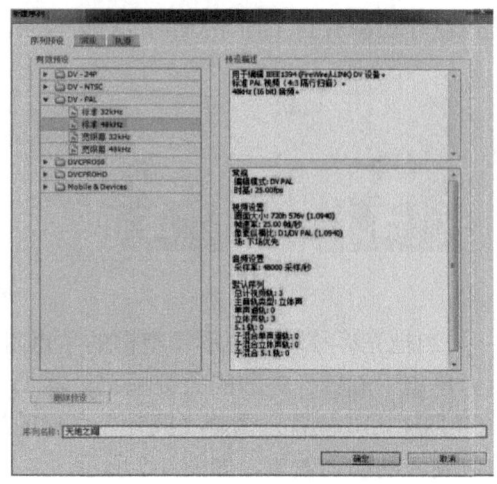

图 5-6　　　　　　　　　　　　　　图 5-7

2)选择"文件"→"导入"命令,弹出"导入"对话框,选择"天地之间"和"背景"文件,单击"打开"按钮,导入视频、图片文件,如图 5-8 所示。导入后的文件出现在"项目"面板中,如图 5-9 所示。

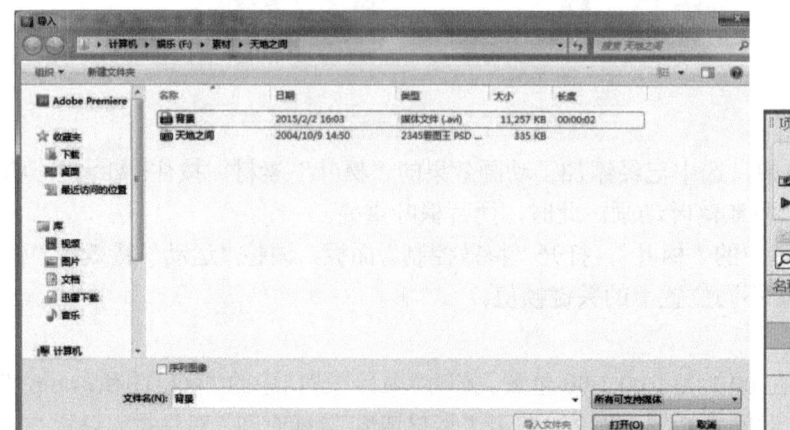
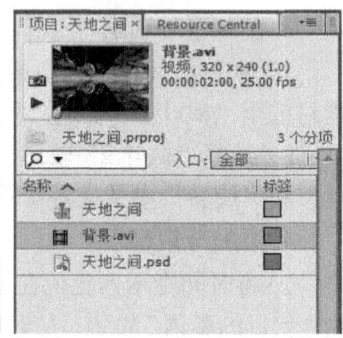

图 5-8　　　　　　　　　　　　　　图 5-9

3)在"项目"面板中选择"背景"和"天地之间"文件并将其拖到"时间线"窗口中的"视频 1"和"视频 2"轨道中,如图 5-10 所示。

4)将时间指示器放置在 2s 的位置,在"视频 2"轨道上选择"天地之间"文件,将鼠标指针放在"天地之间"文件的尾部,当鼠标指针呈 ↔ 状时,向前拖动鼠标到 2s 的位置上,如图 5-11 所示。

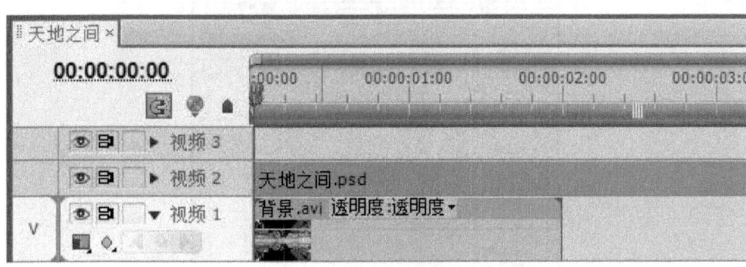

图 5-10

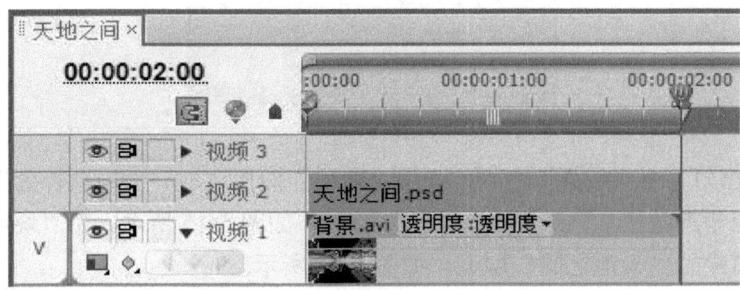

图 5-11

5)在"特效控制台"面板中选择"天地之间""背景",在"运动"选项区中将"缩放比例"设置为 245%,如图 5-12 所示。

6)将时间指示器放置在 0s 的位置,在"特效控制台"面板中选择"天地之间",将"透明度"设置为 0%,如图 5-13 所示。

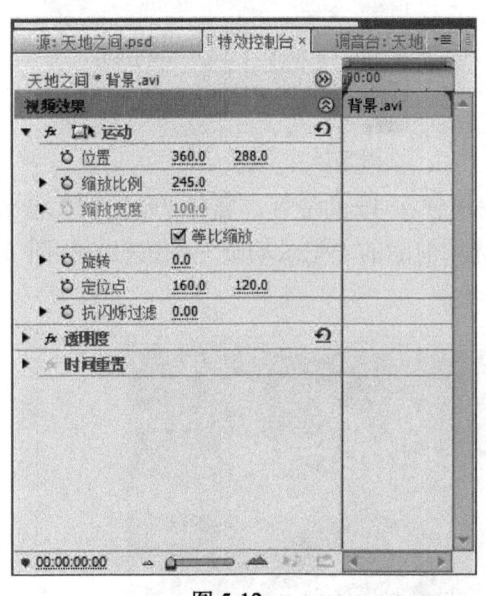

图 5-12

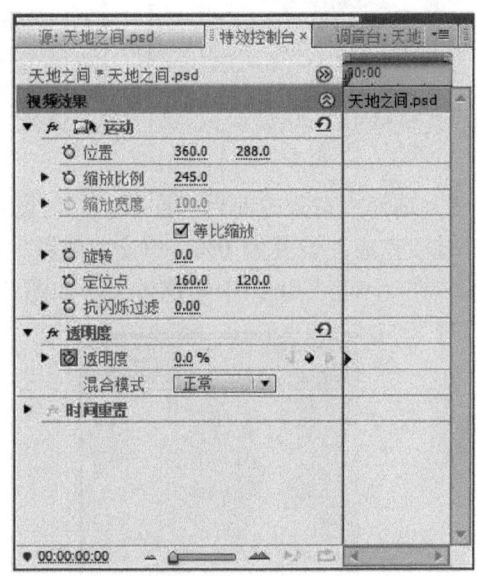

图 5-13

7)将时间指示器放置在 1s 的位置,在"特效控制台"面板中选择"天地之间",将"透明度"设置为 100%,如图 5-14 所示。

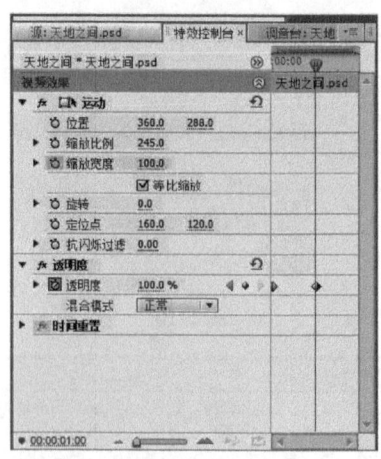

图 5-14

8）选择"窗口"→"效果"命令，弹出"效果"面板，展开"视频特效"，单击"过渡"文件夹前面的三角形按钮，选择"块溶解"特效，如图 5-15 所示。将"块溶解"特效拖到"时间线"窗口中的"天地之间"层上，如图 5-16 所示。

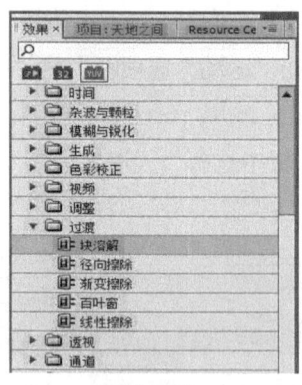
图 5-15

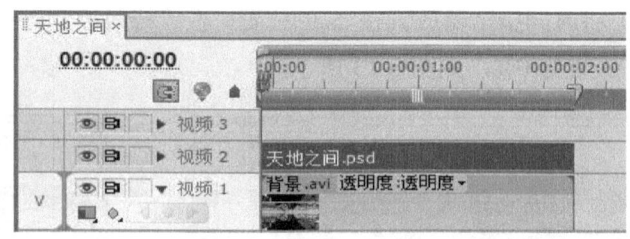
图 5-16

9）选择"特效控制台"面板，将时间指示器放置在 1s 的位置，展开"块溶解"特效，将"过渡完成"设置为 0%，单击"过渡完成"选项前面的"记录动画"按钮，如图 5-17 所示。在"节目"窗口中预览效果，如图 5-18 所示。

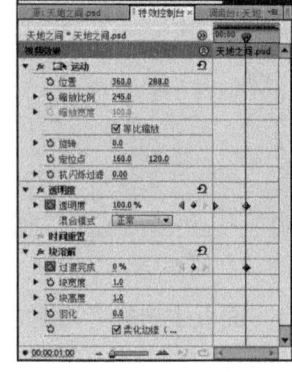
图 5-17

图 5-18

10）将时间指示器放置在 2s 的位置，将"过渡完成"设置为 100%，如图 5-19 所示。天地之间制作完成，如图 5-20 所示。

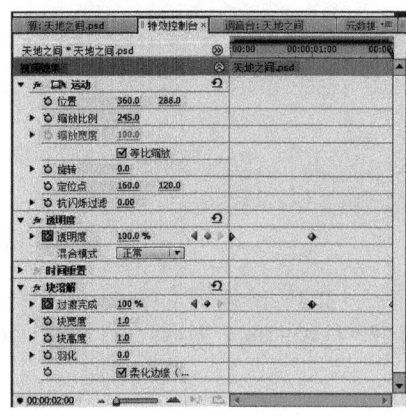

图 5-19

图 5-20

任务 3　动感相册

1）运行 Premiere Pro CS6，创建名为"动感相册"的项目，选择"DV-PAL Standard 48kHz"编辑模式，如图 5-21 所示。

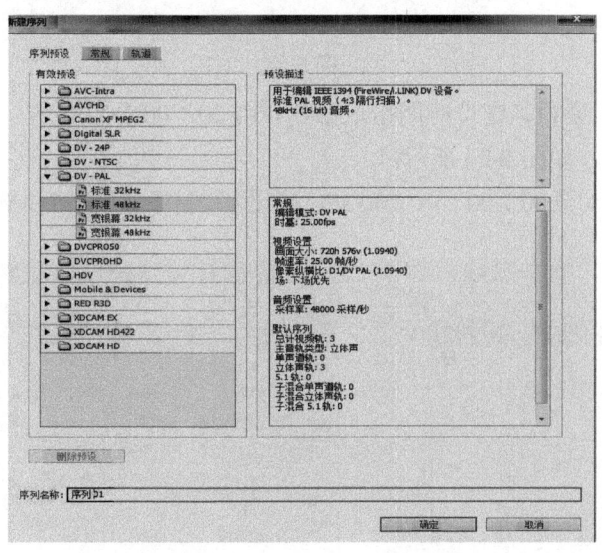

图 5-21

2）导入素材文件夹下的所有素材。

3）定位时间指示器到 00∶00∶00∶00 位置，拖动"背景.jpg"至视频 1 轨道，单击轨道中的"背景.jpg"素材，打开"素材速度/持续时间"对话框，设置"持续时间"为 00∶00∶11∶00（11s），如图 5-22 所示。

图 5-22

4）定位时间指示器到 00：00：00：00 位置，拖动"1.jpg"至视频 2 轨道，单击轨道中的"1.jpg"素材，打开"素材速度/持续时间"对话框，设置"持续时间"为 00：00：03：00（3s），如图 5-23 所示。

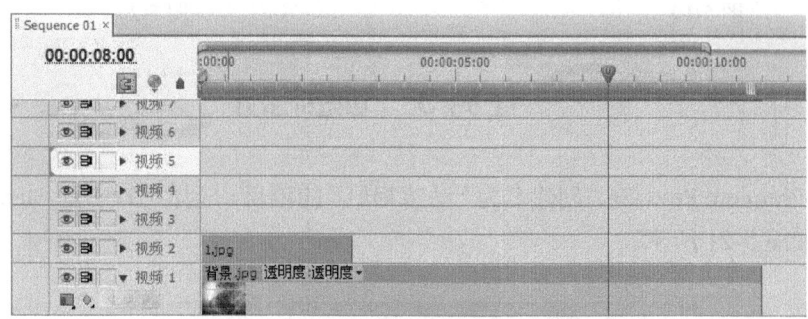

图 5-23

5）单击"1.jpg"素材，定位时间指示器到 00：00：00：00 位置，为其添加位置、缩放比例、透明度关键帧，如图 5-24 所示。

6）将时间滑块拖动至 00：00：01：00 处，在此为素材添加第二个关键帧，如图 5-25 所示。

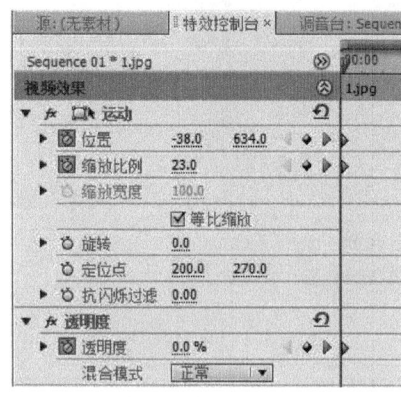 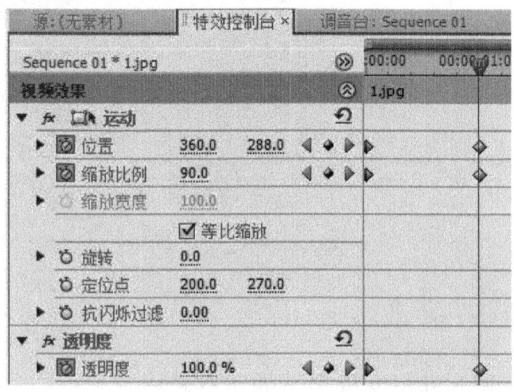

图 5-24　　　　　　　　　　　图 5-25

7）将时间滑块拖动至 00：00：02：00 处，在此为素材添加第三个关键帧，如图 5-26 所示。

学习单元 5　Premiere 运动效果

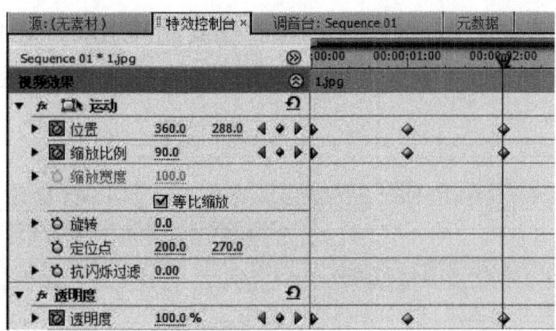

图 5-26

8）将时间滑块拖动至 00：00：03：00 处，在此为素材添加第四个关键帧，如图 5-27 所示。

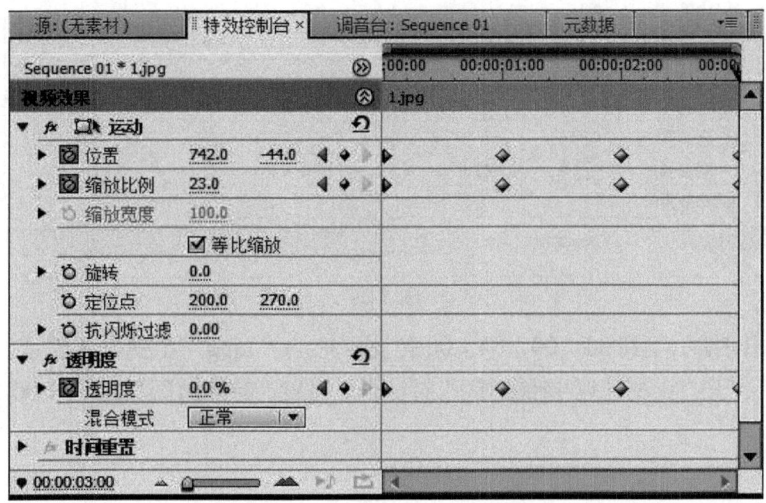

图 5-27

9）定位时间指示器到 00：00：02：00 位置，拖动"2.jpg"至视频 3 轨道，单击轨道中的"2.jpg"素材，打开"素材速度/持续时间"对话框，设置"持续时间"为 00：00：03：00（3s），如图 5-28 所示。

图 5-28

123

10）单击"1.jpg"素材，按〈Ctrl+C〉组合键复制其运动、透明度关键帧，将时间滑块拖动至 00：00：02：00 处，单击"2.jpg"素材，按〈Ctrl+V〉组合键粘贴至"2.jpg"，如图 5-29 所示。

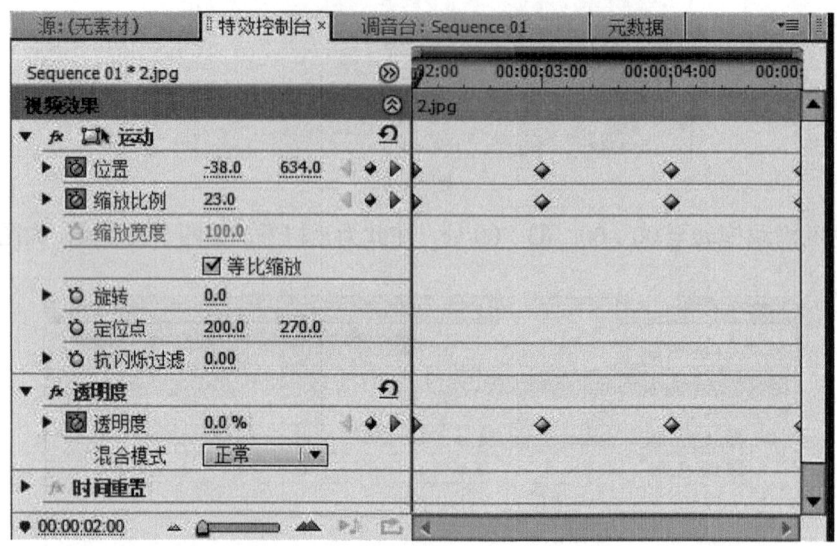

图 5-29

11）定位时间指示器到 00：00：04：00 位置，拖动"3.jpg"至视频 4 轨道，单击轨道中的"3.jpg"素材，打开"素材速度/持续时间"对话框，设置"持续时间"为 00：00：03：00（3s），如图 5-30 所示。

图 5-30

12）单击"2.jpg"素材，按〈Ctrl+C〉组合键复制其运动、透明度关键帧，将时间滑块拖动至 00：00：04：00 处，单击"3.jpg"素材，按〈Ctrl+V〉组合键粘贴至"3.jpg"，如图 5-31 所示。

13）定位时间指示器到 00：00：06：00 位置，拖动"4.jpg"至视频 5 轨道，单击轨道中的"4.jpg"素材，打开"素材速度/持续时间"对话框，设置"持续时间"为 00：00：03：00（3s），如图 5-32 所示。

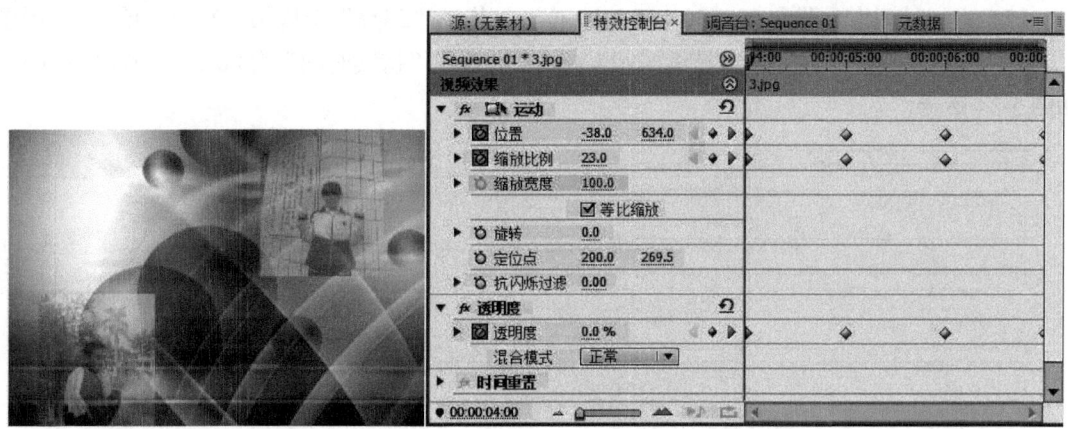

图 5-31

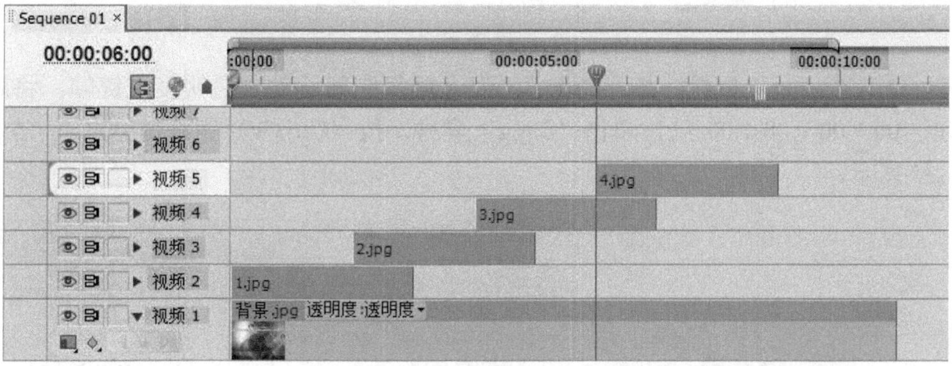

图 5-32

14) 单击"3.jpg"素材,按〈Ctrl+C〉组合键复制其运动、透明度关键帧,将时间滑块拖动至 00:00:06:00 处,单击"4.jpg"素材,按〈Ctrl+V〉组合键粘贴至"4.jpg",如图 5-33 所示。

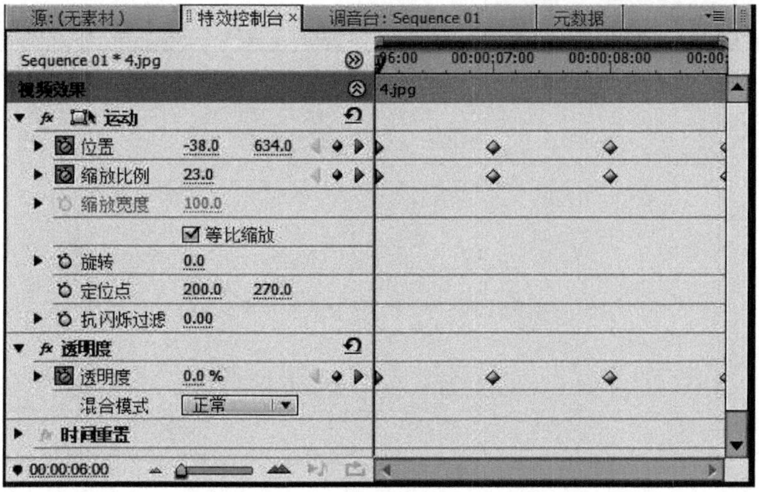

图 5-33

15）定位时间指示器到00∶00∶08∶00位置，拖动"5.jpg"至视频6轨道，单击轨道中的"5.jpg"素材，打开"素材速度/持续时间"对话框，设置"持续时间"为00∶00∶03∶00（3s），如图5-34所示。

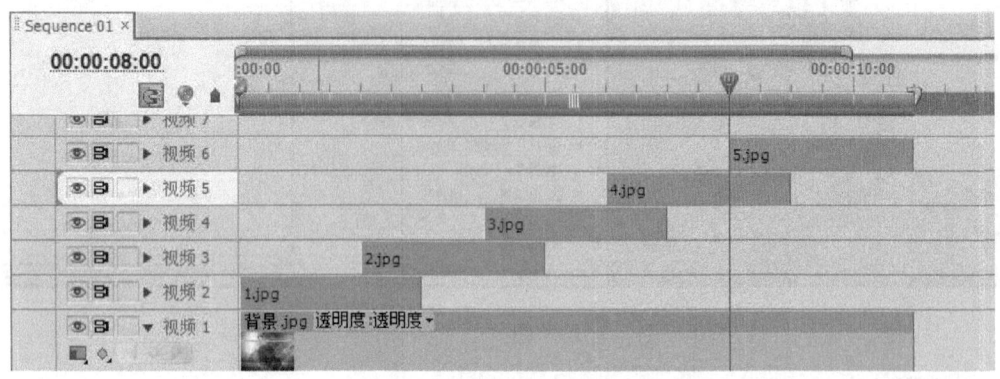

图5-34

16）单击"4.jpg"素材，按〈Ctrl+C〉组合键复制其运动、透明度关键帧，将时间滑块拖动至00∶00∶08∶00处，单击"5.jpg"素材，按〈Ctrl+V〉组合键粘贴至"5.jpg"，如图5-35所示。

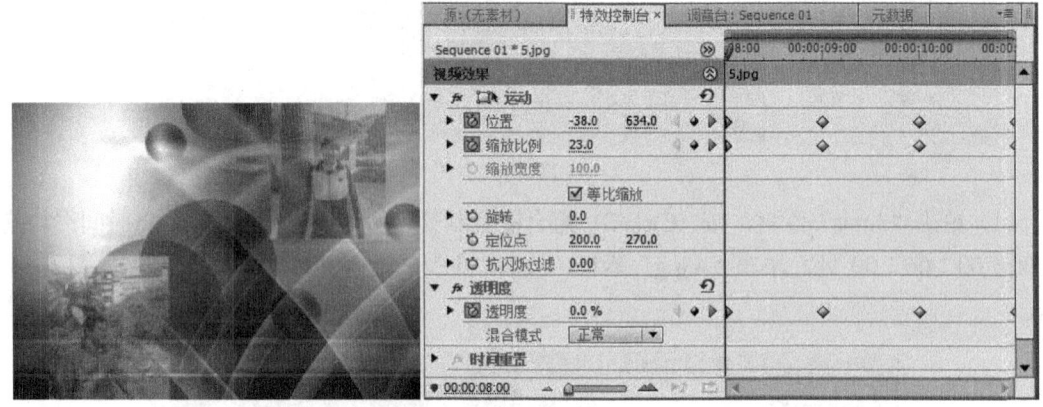

图5-35

17）保存文件。

学习单元 6　Premiere 字幕制作

 单元情境

　　字幕是剧本构成的基本元素，是表现时代背景、刻画人物、叙述故事情节等不可缺少的表现手段，可以对画面起到解释和说明的作用。漂亮的字幕可以使影片更具吸引力和感染力，Premiere 具有高质量的字幕功能。

 **单元分析**

　　在学习字幕制作的过程中，需要掌握以下内容：
　　1. 学会字幕窗口各工具栏的使用，学会制作简单的字幕效果
　　2. 学会制作字幕特效

 任务设计

　　本单元设置了以下几个任务：
　　1. 科技在线
　　2. 穿靴子的猫
　　3. 动感文字
　　4. 制作逐字显现效果

完成任务

　任务 1　科技在线　

1. 任务概述

　　使用"字幕"命令编辑文字，使用"运动"选项改变文字的位置、缩放、角度和透明度，使用"渐变"命令制作文字的倾斜效果，使用"斜面 Alpha"和"RGB 曲线"命令添加文字金属效果，科技在线效果如图 6-1 所示。

2. 操作步骤

　　1）启动 Premiere Pro CS5，弹出"欢迎使用 Adobe

图 6-1

Premiere Pro"界面,单击"新建项目"按钮 ![Pr],弹出"新建项目"对话框,选择保存文件路径,在"名称"文本框中输入"科技在线",如图 6-2 所示。单击"确定"按钮,弹出"新建序列"对话框,在左侧的列表中展开"DV-PAL"选项,选中"标准 48kHz"模式,单击"确定"按钮,如图 6-3 所示。

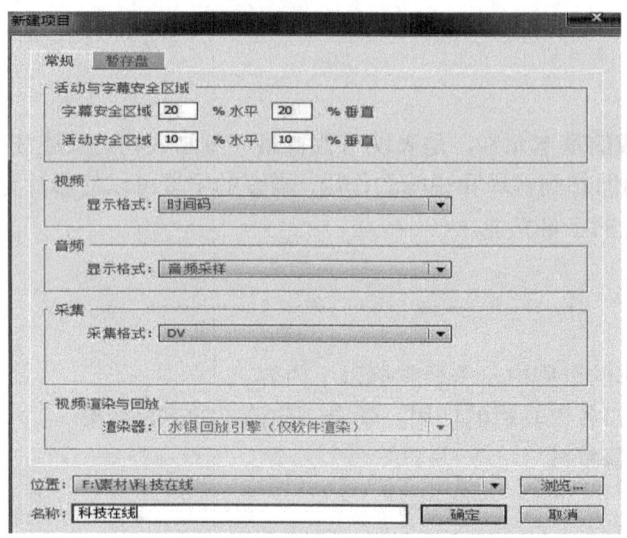

图 6-2

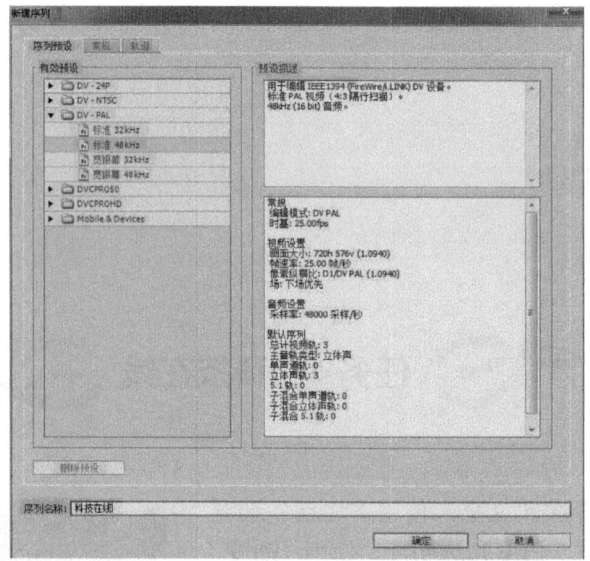

图 6-3

2)选择"文件"→"导入"命令,弹出"导入"对话框,选择素材中的 01"文件,单击"打开"按钮,导入视频文件,如图 6-4 所示。导入后的文件出现在"项目"面板中,如图 6-5 所示。

3)在"项目"面板中选中"01"文件并将其拖到"时间线"窗口中的"视频 1"轨道中,

如图 6-6 所示。将时间指示器放置在 5s 的位置，在"视频 1"轨道上选中"01"文件，将鼠标指针放在"01"文件的尾部，当鼠标指针呈↔状时，向前拖动鼠标到 5s 的位置上。

图 6-4

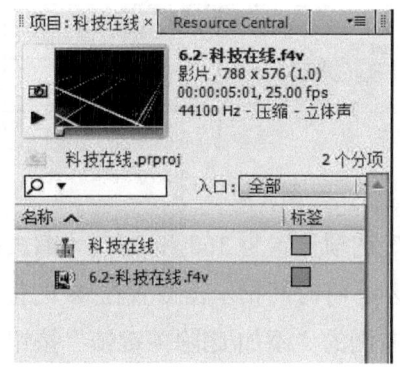

图 6-5

图 6-6

4）选择"文件"→新建"字幕"命令，弹出"新建字幕"对话框，设置如图 6-7 所示。单击"确定"按钮，弹出字幕编辑面板，单击"输入"工具 T，在字幕工作区输入"科技在线"，其他设置如图 6-8 所示。关闭字幕编辑面板，新建的字幕文件自动保存到"项目"窗口中。

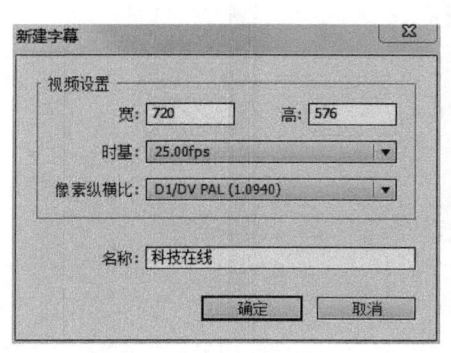

图 6-7

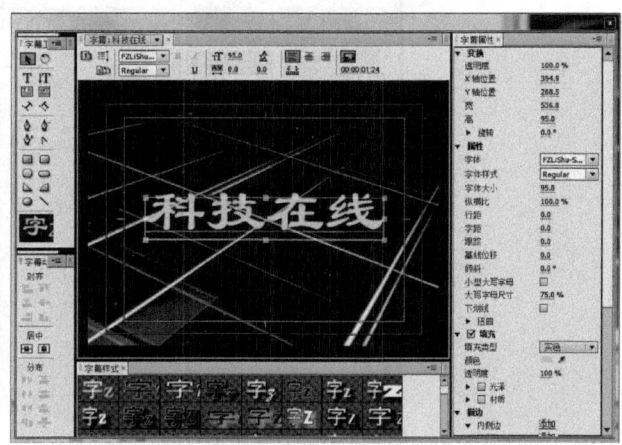

图 6-8

5）在"项目"面板中选中"科技在线"文件并将其拖到"视频2"轨道中，如图6-9所示。选择"特效控制台"面板，将时间指示器放置在0s的位置，在"运动"选项区中将"位置"选项设置为545和-70、"缩放比例"选项设置为20、"旋转"选项设为30，单击"位置""缩放比例"和"旋转"选项前面的"记录动画"按钮，如图6-10所示。

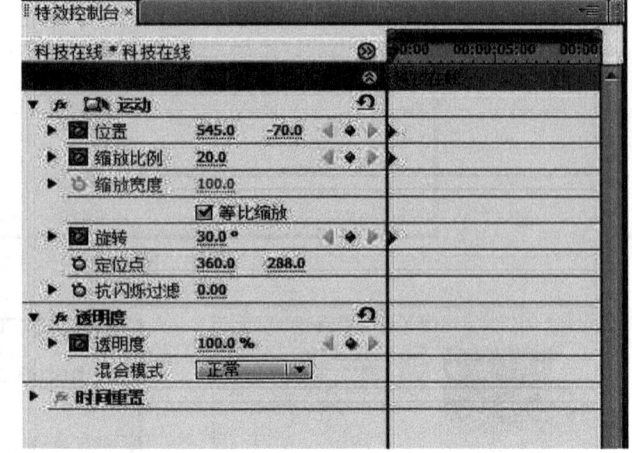

图6-9　　　　　　　　　　　　　图6-10

6）将时间指示器放置在1s的位置，将"位置"选项设置为360和287、"缩放比例"选项设置为100、"旋转"选项设为0，如图6-11所示。将时间指示器放置在4s的位置，单击"位置""缩放比例""旋转"和"透明度"选项右侧的"添加/删除关键帧"按钮，添加关键帧，如图6-12所示。将时间指示器放置在5s的位置，将"透明度"选项设置为0，如图6-13所示。

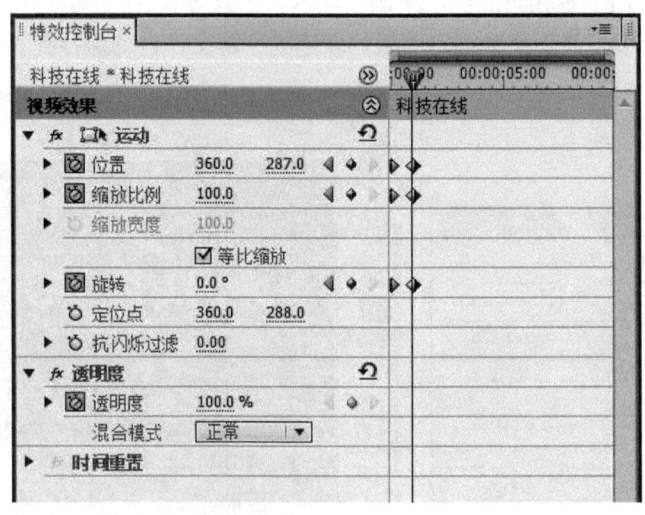

图6-11

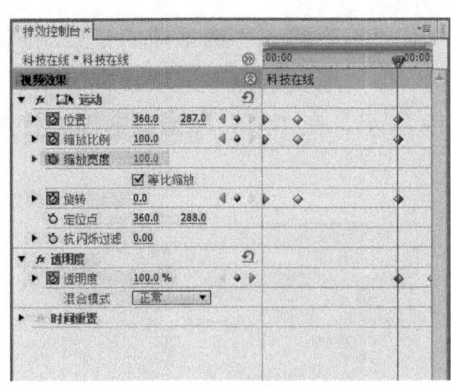
图 6-12

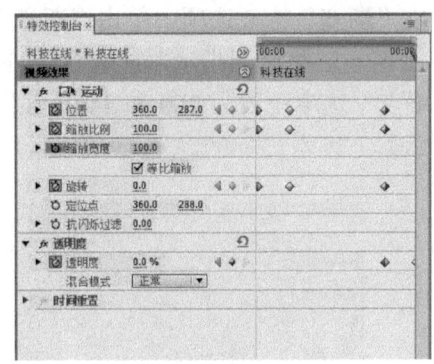
图 6-13

7）选择"窗口"→"效果"命令，弹出"效果"面板，展开"视频特效"分类选项，单击"生成"文件夹前面的三角形按钮▶将其展开，选择"渐变"特效，如图 6-14 所示。将"渐变"特效拖到"时间线"窗口中的"科技在线"层上，如图 6-15 所示。

图 6-14

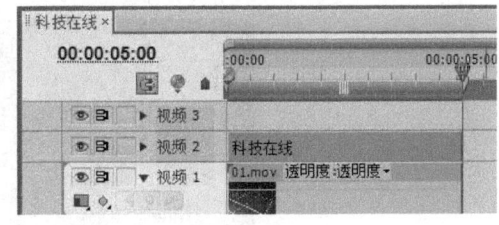
图 6-15

8）选择"特效控制台"面板，将时间指示器放置在 1s 的位置，展开"渐变"特效，将"起始颜色"设置为橘黄色（其 R、G、B 的值分别为 255、156、0），"结束颜色"设置为红色（其 R、G、B 的值分别为 255、0、0），其他参数设置如图 6-16 所示。在"节目"窗口中预览效果，如图 6-17 所示。

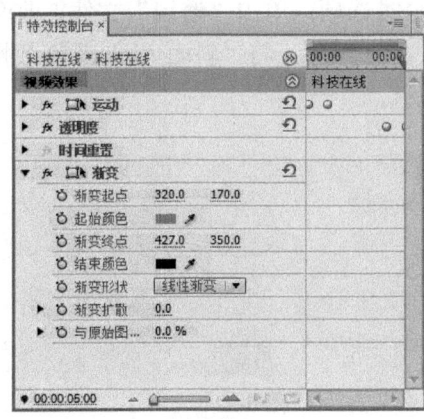
图 6-16

图 6-17

9）在"渐变"特效选项中单击"渐变起点"和"渐变终点"选项前的记录动画按钮，如图 6-18 所示。将时间指示器放置在 4s 的位置，将"渐变起点"选项设置为 450 和 134、"渐变终点"选项设置为 260 和 346，如图 6-19 所示。在"节目"窗口中预览效果，如图 6-20 所示。

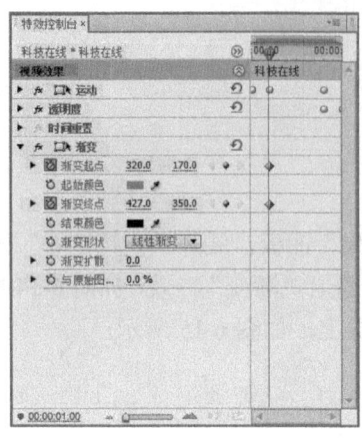
图 6-18

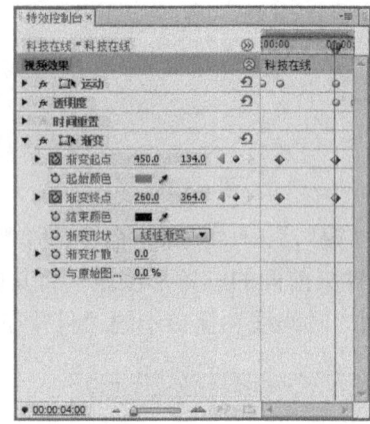
图 6-19

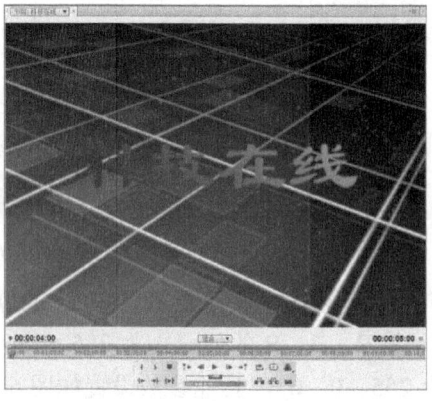
图 6-20

10）选择"效果"面板，展开"视频特效"分类选项，单击"透视"文件夹前面的三角按钮将其展开，选中"斜面 Alpha"特效，如图 6-21 所示。将"斜面 Alpha"特效拖到"时间线"窗口中的"科技在线"层上，如图 6-22 所示。

图 6-21

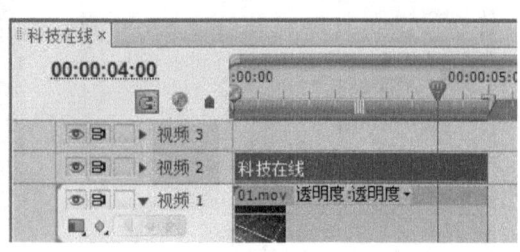
图 6-22

11）选择"特效控制台"面板，展开"斜面 Alpha"特效并进行参数设置，如图 6-23 所示。在"节目"窗口中预览效果，如图 6-24 所示。

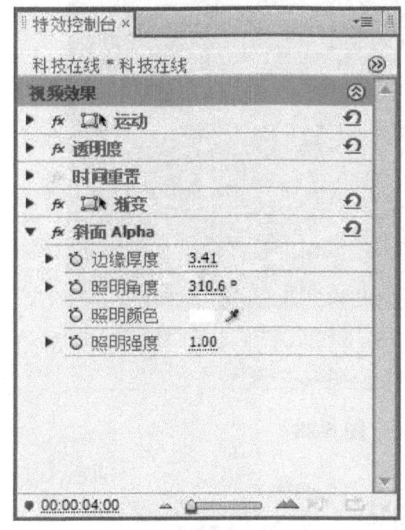 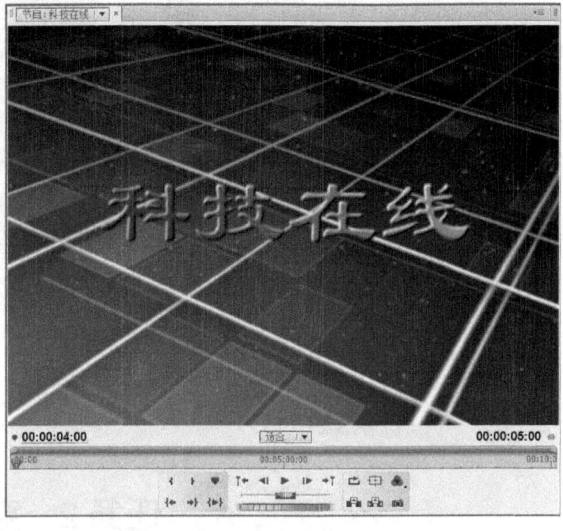

图 6-23　　　　　　　　　　　　　　图 6-24

12）选择"效果"面板，展开"视频特效"选项，单击"色彩校正"文件夹前面的三角形按钮▶将其展开，选中"RGB 曲线"特效，如图 6-25 所示。将"RGB 曲线"特效拖到"时间线"窗口中的"科技在线"层上，如图 6-26 所示。

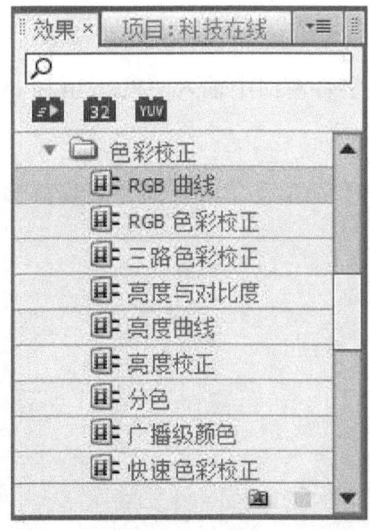 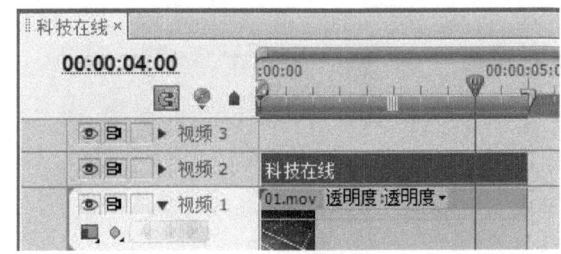

图 6-25　　　　　　　　　　　　　　图 6-26

13）选择"特效控制台"面板，展开"RGB 曲线"特效并进行参数设置，如图 6-27 所示。在"节目"窗口中预览效果，如图 6-28 所示。

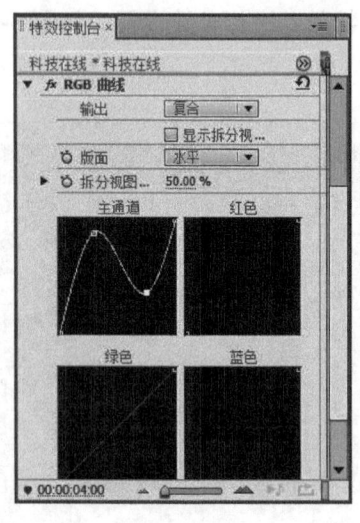
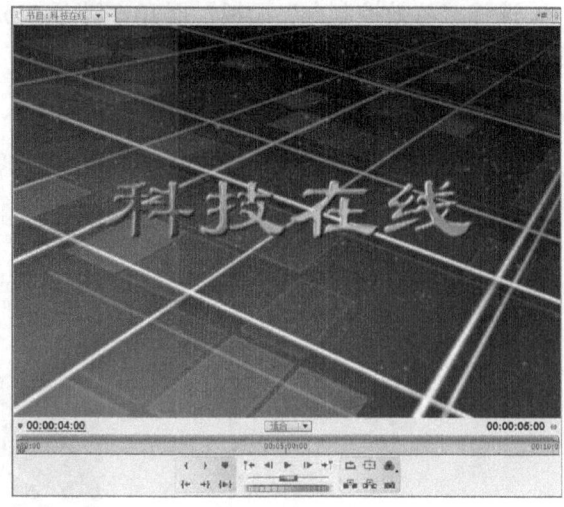

图 6-27　　　　　　　　　　　　　　　图 6-28

任务 2　穿靴子的猫

本任务将以《穿靴子的猫》为例，详细介绍电影中片头、片尾字幕的制作方法。

1. 创建字幕

确定字幕出现的起点时刻，定位时间码在 00：00：05：00 处，新建字幕文件并命名为"Puss in Boots"，如图 6-29 所示。

2. 输入文字

在左侧字幕工具面板中选择"文字工具"，并在字幕窗口中输入"Push In Boots"，如图 6-30 所示。

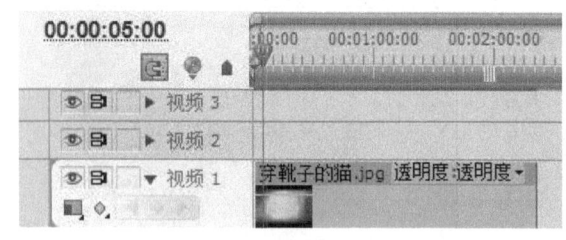

图 6-29　　　　　　　　　　　　　　　图 6-30

3. 设置基本字幕参数

选择文本，单击"横向居中"按钮，如图 6-31 所示。根据画面比例构成，调整文字的字体、字号和字间距，使其增添一点活泼的变化，如图 6-32 所示。为了使字

幕显示为金属效果,还需重点调整字幕属性面板中的填充、描边和阴影三项。

图 6-31　　　　　　　　　　　　　　　　图 6-32

4. 设置字幕效果

展开"填充",设置"填充类型"为"径向渐变",并调整渐变颜色为从明黄到暗棕色的变化;展开"描边",单击"外描边"属性右边的"添加"按钮创建一个外描边。设置"描边类型"为"线性渐变",并设置渐变颜色为从棕色到橙黄色的变化;展开"投影",设置"颜色"为暗棕色、"不透明度"为"79%""距离"为"0.2""大小"为"0"、"投影扩散"为"0.4",如图6-33所示。

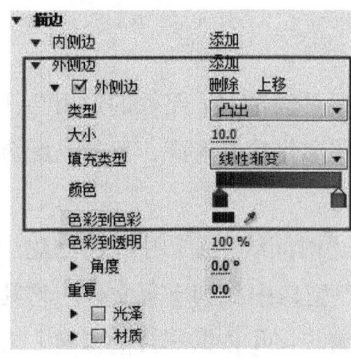 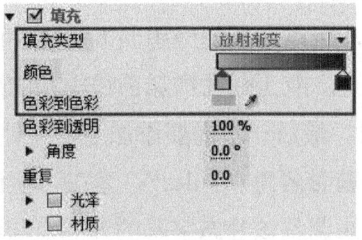 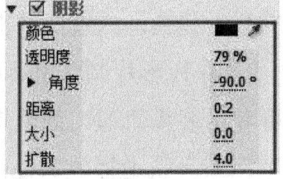

图 6-33

5. 微调字幕

参照步骤2~4,将"The Three Diablos"字幕添加上,并对字体大小、字间距、渐变颜色进行适当的调整,效果如图6-34所示。

6. 通过复制的方式新建字幕

制作《穿靴子的猫》子篇章3的字幕。打开"Puss in Boots"字幕文件,进入字幕编辑窗口,单击舞台左上角的复制字幕文件按钮 [T],可以基于当前字幕新建一个字幕文件,会自动保存在"项目"窗口中,如图6-35所示。

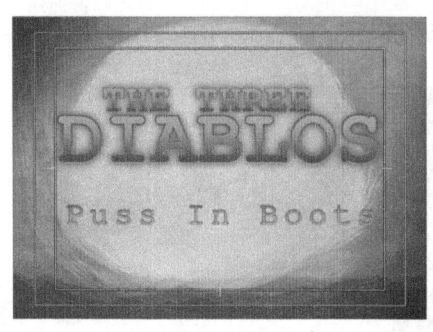
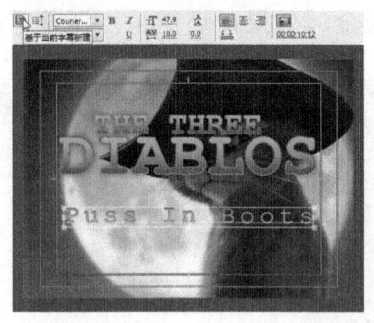

图 6-34　　　　　　　　　　　　图 6-35

7．添加路径文字

单击"字幕工具" ，为当前文本添加路径，结合钢笔工具组编辑路径曲线的形状。输入文字后，完成字幕效果，如图 6-36 所示。

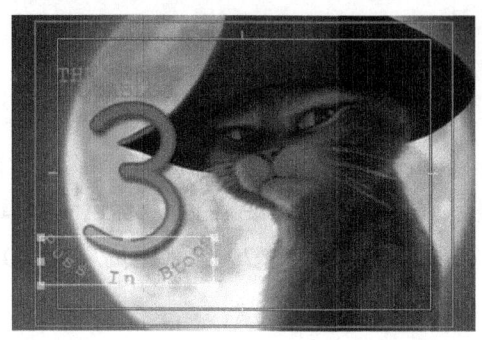

图 6-36

技巧提示：

1）字幕文本的位置不要超出安全框。在使用路径字幕时需注意的是，路径的使用会在一定程度上降低字幕的易读性，所以路径的应用要多从文字的图形化功能考虑，目的是配合画面的视觉效果，或增加冲击力，或为画面增加曲线柔和的感觉。

2）在为影片制作字幕时，最后一步需要添加字幕文件到"时间线"窗口中：①创建一个字幕专用视频轨道，为轨道重命名为"Titles"；②在"项目"窗口中找到字幕文件，将其拖到"Titles"轨道播放头处；③调整该静态字幕的开始点与结束点；④依据影片的需要，为字幕添加淡入、淡出的效果。

8．创建横向运动字幕

制作《穿靴子的猫》片尾右进左出的演职人员介绍字幕。选择"字幕"→"新建字幕"→"默认游动字幕"命令，可以创建一个横向运动字幕，如图 6-37 所示。

9．制作字幕效果

单击"垂直文本框工具" ，在舞台中拖动出文本显示区域，并输入演职人员名单。可以给字幕添加半透明的黑色矩形作为背景，提高字幕文字的识别度，如图 6-38 所示。

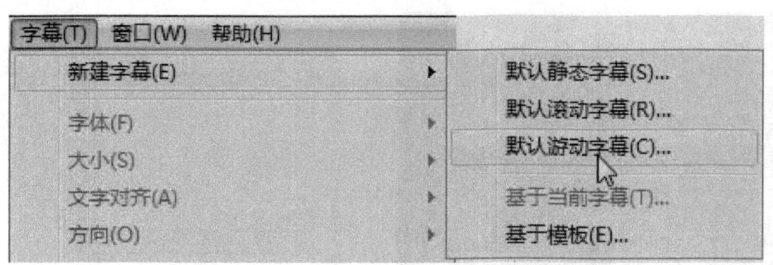

图 6-37

图 6-38

10. 设置字幕运动

选中文字，单击"滚动/游动"按钮，在弹出的"滚动/游动选项"对话框中选中"左游动单选按钮"，选中"开始于屏幕外"和"结束于屏幕外"复选框，如图 6-39 所示。单击"确定"按钮，该字幕文件作为一段影片动画保存在"项目"窗口中，使用方法同普通视频素材，添加到"时间线"窗口后，画面显示如图 6-40 所示。

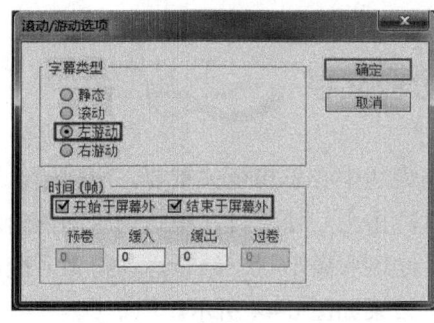

图 6-39　　　　　　　　　　　图 6-40

11. 设置垂直运动字幕

制作由下至上的滚动字幕的方法和制作游动字幕的原理相同，准备好高于一屏的字幕文本，如图 6-41 所示。单击"滚动/游动"按钮，在弹出的"滚动/游动"对话框中选中"滚动"单选按钮，选中"开始于屏幕外"和"结束于屏幕外"复选框，如图 6-42 所示。

图 6-41

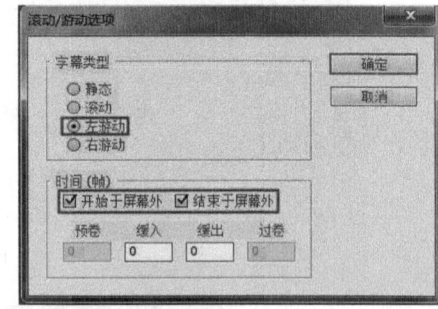
图 6-42

12. 添加字幕到时间线

将字幕文件添加到"时间线"窗口后,画面显示如图 6-43 所示。这样便完成了给《穿靴子的猫》添加故事背景介绍。

图 6-43

 任务 3 动感文字

片头文字的制作与表现,对于烘托片头画面与表达中心思想至关重要,可以结合运动特效在屏幕中闪烁发光、跳跃翻转,产生较强的视觉冲击力,使节目在极短的时间内给观众留下深刻的印象。本例利用"字幕"窗口制作字幕、绘制彩条形状,结合运动特效,配以节奏感强的背景音乐,制作动感十足的片头文字动画,效果如图 6-44 所示。

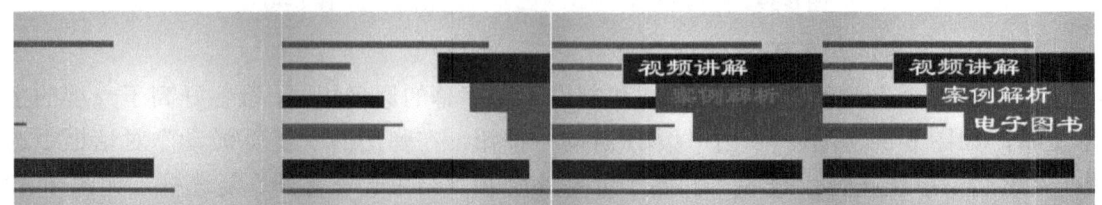
图 6-44 《动感文字》效果

1. 制作背景

1）运行 Premiere Pro CS6，创建项目"动感文字"，选择"DV-PAL Standard 48kHz"编辑模式。

2）导入"动感音乐.mp3"素材。

3）选择菜单"文件"→"新建"→"黑场"命令，创建"黑场视频"素材，重命名为"背景"。

4）将时间指示器定位到 00：00：00：00 位置，拖动"背景"素材至"视频 1"轨道，与时间指示器左对齐，设置素材"持续时间"为 00：00：12：00（12s）。

5）打开"效果"窗口，拖动特效"视频特效"→生成→"渐变"到"视频 1"轨道的"背景"素材上。打开"特效控制台"面板，设置"渐变"特效参数中的"起始颜色"为白色（255，255，255），"结束颜色"为浅灰色（185，185，185）如图 6-45 所示。

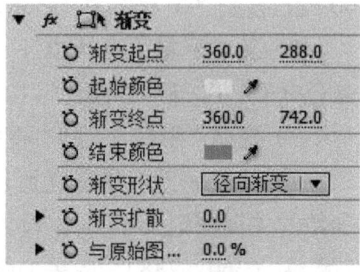

图 6-45 "渐变"特效参数

2. 制作移动彩条

1）选择菜单"字幕"→"新建字幕"→"默认静态字幕"命令，打开"新建字幕"对话框，在"名称"文本框中输入"形状 1"，如图 6-46 所示。单击"确定"按钮，打开"字幕"窗口。

2）选择 ▢ 工具，在"字幕工作区"绘制矩形，在"字幕属性"面板中设置"填充"颜色为紫色（128，32，125），如图 6-47 所示。

3）按照上述方法，制作其余的矩形，其中有两个矩形"填充"颜色设置为深紫色（32，0，31），效果如图 6-48 所示。单击右上角的 ▢ 按钮，关闭"字幕"窗口。

4）将时间指示器定位到 00：00：00：00 处，拖动字幕素材"形状 1"至"视频 2"轨道，与时间指示器左对齐，设置素材"持续时间"为 00：00：12：00（12s）。

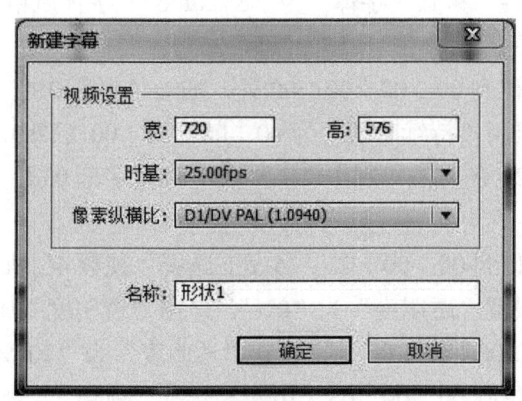

图 6-46 "新建字幕"文本框

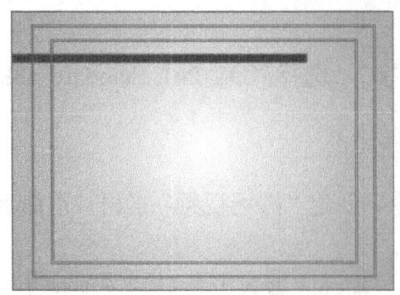
图6-47 绘制矩形

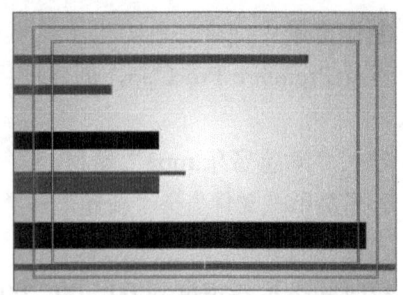
图6-48 "形状1"效果图

5)打开"特效控制台"面板,单击"位置"参数的关键帧记录器 ⊙ ,在00:00:00:00处,设置"位置"为(-368,288),在00:00:01:00处,设置"位置"为(360,288)。

6)新建字幕"形状2",在"字幕"窗口中绘制三个矩形,分别设置"填充"颜色为深紫色(32,0,31)、紫色(128,32,125)、灰色(60,60,60),如图6-49所示。

7)拖动"形状2"到"视频3"轨道,设置素材"持续时间"为00:00:12:00(12s)。

8)将时间指示器定位到00:00:01:15处,在"特效控制台"面板中,单击"位置"参数的关键帧记录器 ⊙ ,设置"位置"为(1086,288);在00:00:02:15处,设置"位置"为(360,288),效果如图6-50所示。

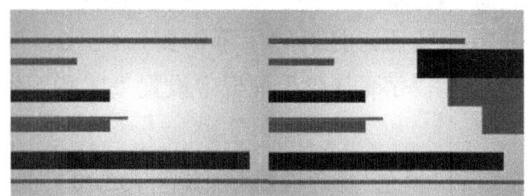
图6-49 绘制"形状2"

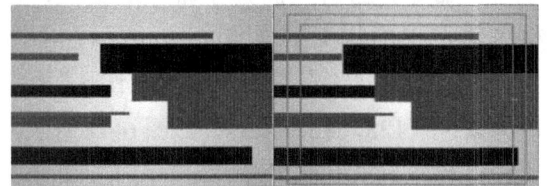
图6-50 "形状2"的运动效果图

3. 制作透明文字动画

1)新建字幕"字幕01"。在"字幕"窗口中选择 T 工具,在"字幕工作区"输入文字"视频讲解"。设置"属性"参数"字体"为"STHupo""字体风格"为"Regular""字体大小"为"45%""填充颜色"为白色(255,255,255)。

2)将时间指示器定位到00:00:00:00处,拖动"字幕01"至"视频4"轨道,与时间指示器左对齐,设置素材"持续时间"为00:00:12:00(12s)。

3)依照步骤1)和2)的方法,制作"字幕02"和"字幕03",并拖至"视频5"和"视频6"轨道。

4)将时间指示器定位到00:00:02:15处,选择"视频4"轨道上的"字幕01",打开"特效控制台"面板,设置"透明度"为"0%"。单击"透明度"属性的关键帧记录器 ⊙ ,将时间指示器定位到00:00:03:05处,设置"透明度"为"100%"。

5)将时间指示器定位到00:00:03:10处,选择"视频5"轨道上的"字幕02",单击"透明度"特效的关键帧记录器 ⊙ ,设置"透明度"为"0%"。将时间指示器定位至00:00:04:00处,设置"透明度"为"100%"。

6）将时间指示器定位到 00：00：04：05 处，单击"视频 6"轨道上的"字幕 03"，单击"透明度"特效的关键帧记录器 ，设置"透明度"为"0%"。将时间指示器定位到 00：00：04：20 处，设置"透明度"为"100%"。

4．添加背景音乐

1）将时间指示器定位到 00：00：00：00 处，拖动素材"动感音乐.mp3"至"音频 1"轨道，与时间指示器左对齐。

2）在"节目监视器"窗口中预览序列，保存项目"动感文字.prproj"，导出视频"动感文字.flv"。

任务 4　制作逐字显现效果

本实例通过制作字幕以及黑场素材，并为这些素材添加视频特效，从而实现逐字显现效果。

1）新建项目，在"新建序列"对话框中单击"常规"选项卡，在该选项卡中设置如图 6-51 所示的序列参数。

2）导入 LASO.jpg 文件，在"项目"面板中的显示效果，如图 6-52 所示。

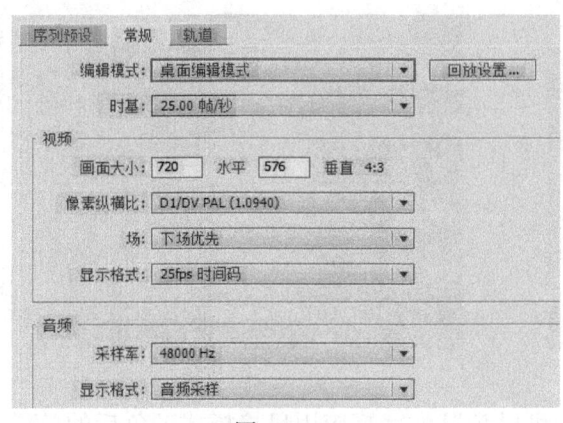

图 6-51

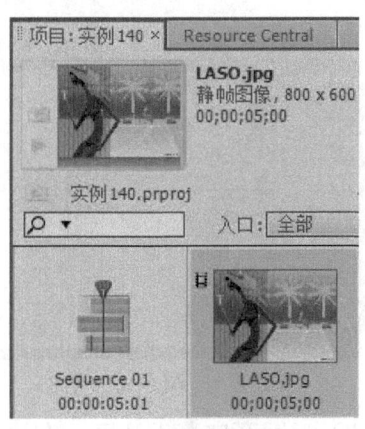

图 6-52

3）将导入"项目"面板中的素材插入到"时间线"面板中，完成效果如图 6-53 所示。

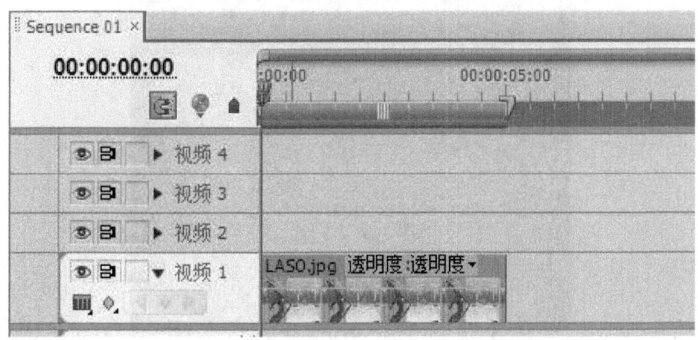

图 6-53

4)选择"字幕"→"新建字幕"→"默认静态字幕"命令,在弹出的"新建字幕"对话框中设置如图 6-54 所示的参数。

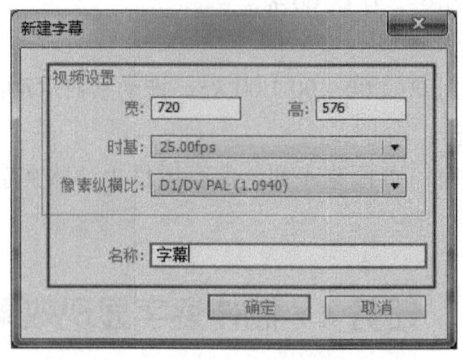

图 6-54

5)选择"字幕工具"面板中的"垂直文字工具",在字幕设计区的右侧输入文字"夏日风情",并设置其"字体"参数,效果如图 6-55 所示。

6)选择输入的文本,在"字幕样式"面板中为文本仅应用样式颜色,如图 6-56 所示。

图 6-55

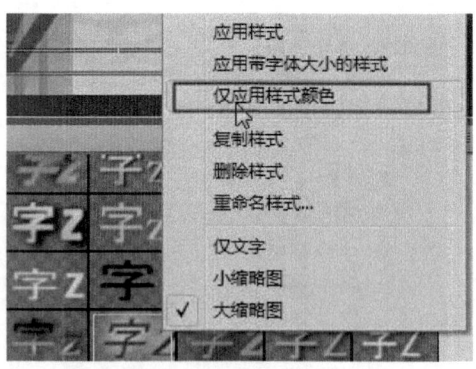

图 6-56

7)返回至字幕设计区,在该面板中可以预览为字幕应用风格样式颜色后的效果,如图 6-57 所示。

图 6-57

8）在设计区选中文本，在"字幕属性"面板中设置如图6-58所示的"跟踪"参数。

9）关闭"字幕设计器"窗口，将"项目"面板中的"字幕"素材插入"时间线"面板中，如图6-59所示。

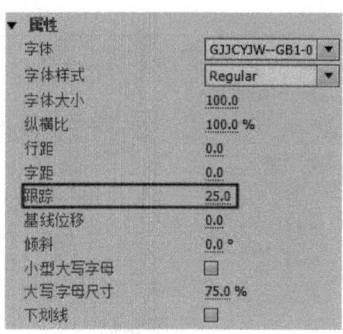

图6-58　　　　　　　　　　　图6-59

10）在"项目"面板的工具栏中单击"新建分项"按钮，在弹出的下拉列表中选择"黑场"，如图6-60所示。

11）在弹出的"新建黑场视频"对话框中设置如图6-61所示的参数。

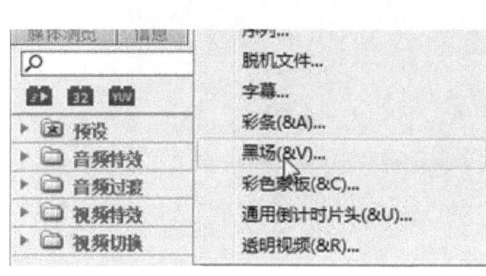 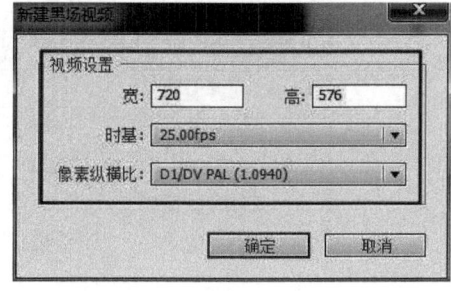

图6-60　　　　　　　　　　　图6-61

12）关闭"新建黑场视频"对话框后，该黑场将自动保存在"项目"面板中，如图6-62所示。

13）将"项目"面板中的"黑场"素材插入"时间线"面板中，如图6-63所示。

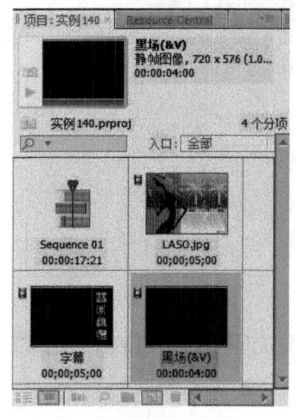 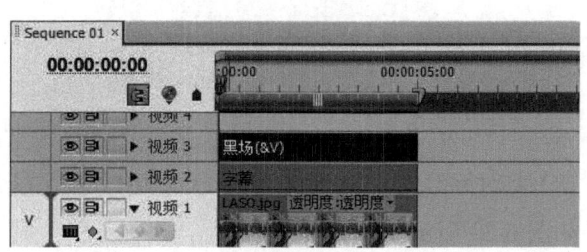

图6-62　　　　　　　　　　　图6-63

143

14）在"特效控制台"面板中设置如图 6-64 所示的"缩放比例"参数。

15）打开"特效控制"面板，在素材的起始位置为素材添加第一个"位置"参数关键帧，如图 6-65 所示。

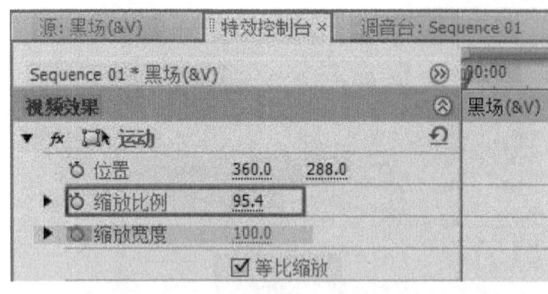

图 6-64

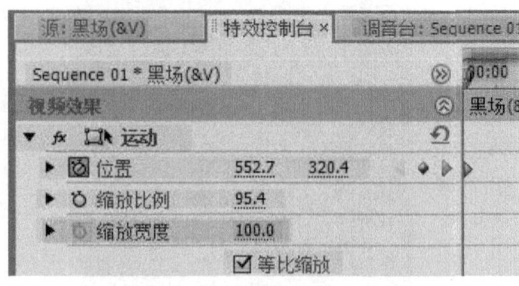

图 6-65

16）将时间线滑块拖至 00：00：01：12 处，在此处为素材添加第二个"位置"参数关键帧，如图 6-66 所示。

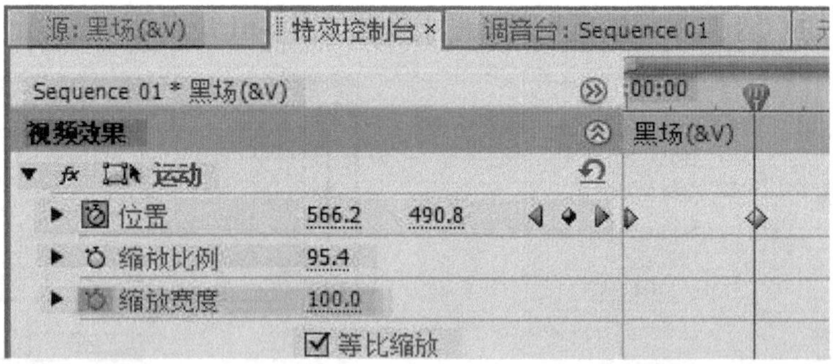

图 6-66

17）将时间线滑块拖至 00：00：02：22 处，在此处为素材添加第 3 个"位置"参数关键帧，如图 6-67 所示。

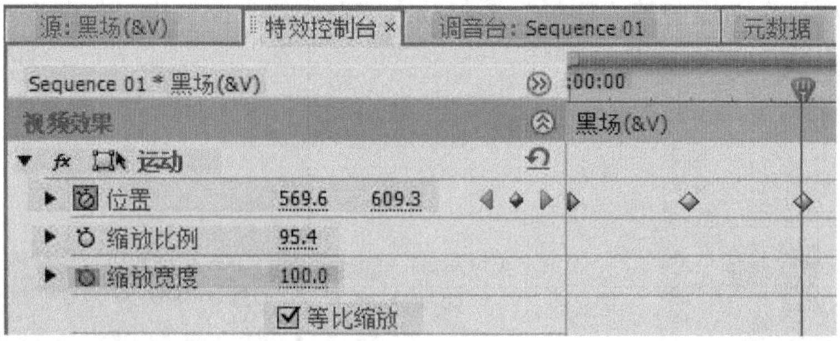

图 6-67

18）将时间线滑块拖至 00：00：04：01 处，在此处为素材添加第 4 个"位置"参数关键帧，如图 6-68 所示。

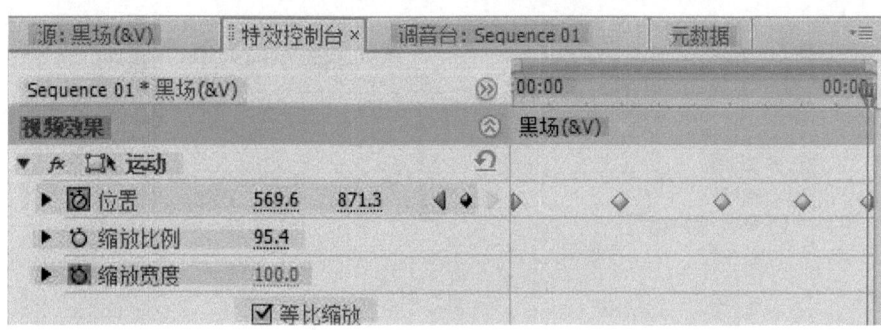

图 6-68

19）将时间线滑块拖至 00：00：04：24 处，在此处为素材添加第 5 个"位置"参数关键帧，如图 6-69 所示。

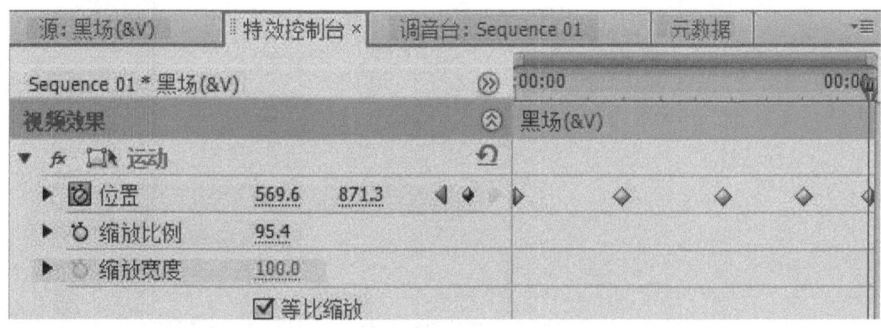

图 6-69

20）在"效果"面板中展开"键控"视频特效选项，将如图 6-70 所示的"轨道遮罩键"视频特效添加给"字幕"素材。

21）在"特效控制台"面板中可以预览"轨道遮罩键"视频特效的默认参数，如图 6-71 所示。

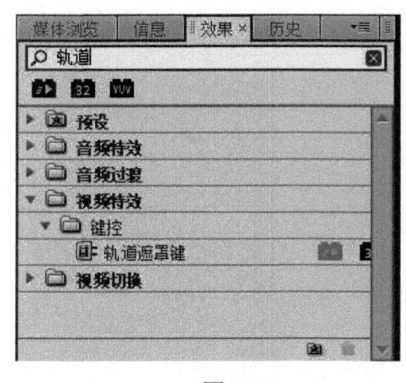

图 6-70

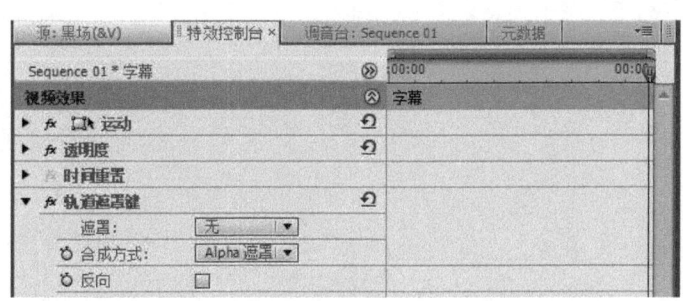

图 6-71

22）在"特效控制台"面板中设置如图 6-72 所示的视频特效参数，最后将编辑的项目保存。

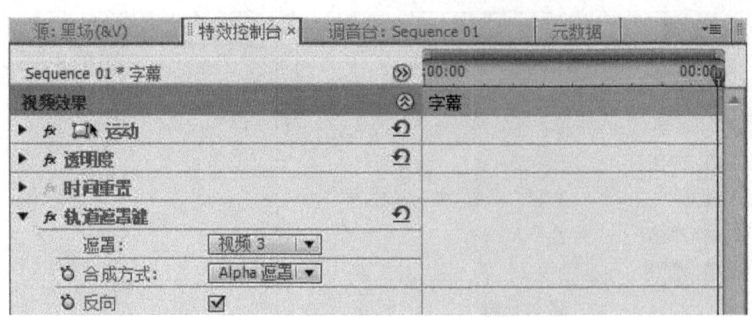

图 6-72

熟悉字幕的制作，学会字幕的相关特效，能制作出更具观赏性的视频。要学会字幕与视频或图片素材的相互搭配的特效。

学习单元 7　Premiere 音效制作

 单元情境

　　声音的处理在后期合成中尤为重要，好的视频动画需要画面和声音同步配合才能够取得好的效果。有的动画视频虽然很简单，但声音运用得恰到好处，往往能够营造一种非常强烈的气氛。
　　在 Premiere 中，对声音的处理主要集中在音量增减、声道设置和特效运用上。因为 Premiere 是一个剪辑软件，所以声音的制作能力相对较弱，适合在已有声音上添加特效再处理。

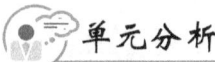 **单元分析**

本单元的学习内容如下：
1．掌握 Premiere CS5 中声音的录制方式
2．掌握 Premiere CS5 中声音的各种调整方法

 任务设计

本单元设置了以下三个任务：
1．录制声音
2．声音的变调与变速
3．为音频加特效

 完成任务

　任务 1　录制声音　

　　1）新建项目文件并命名，单击"确定"按钮，如图 7-1 和图 7-2 所示。
　　2）修改音频硬件参数。选择"编辑"→"首选项"，选择"音频硬件"，如图 7-3 所示。单击"ASIO"设置按钮，选中"内置式麦克风"和"录制播放"复选框，单击"确定"按钮。如图 7-4 所示。
　　3）切换到调音台控制面板，如图 7-5 所示。单击"激活录制轨"按钮，激活录制轨道，如图 7-6 所示。

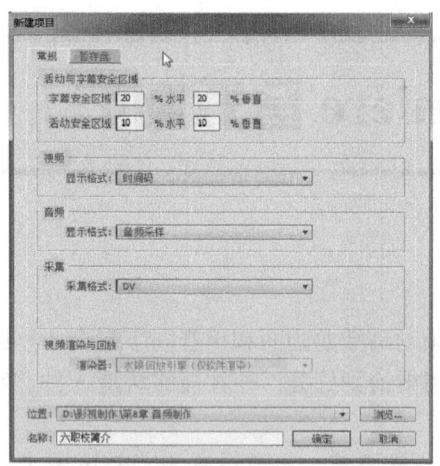

图 7-1

图 7-2

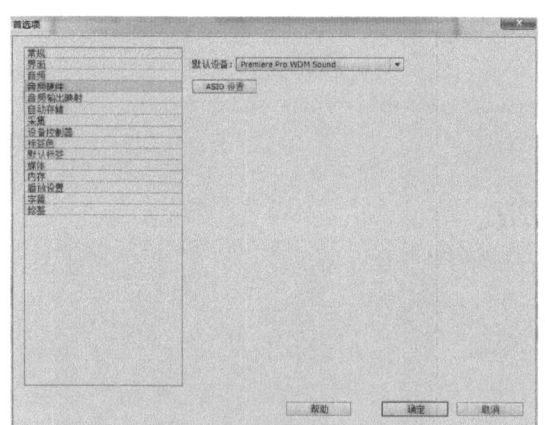

图 7-3

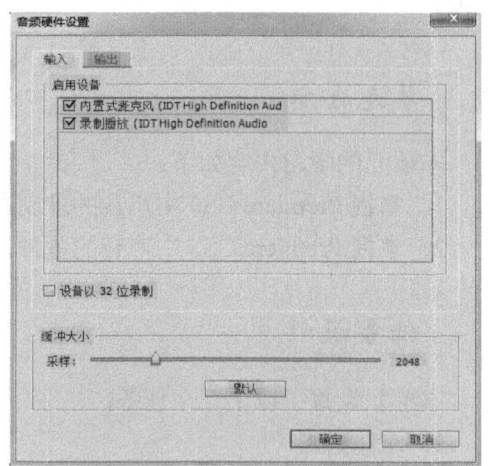

图 7-4

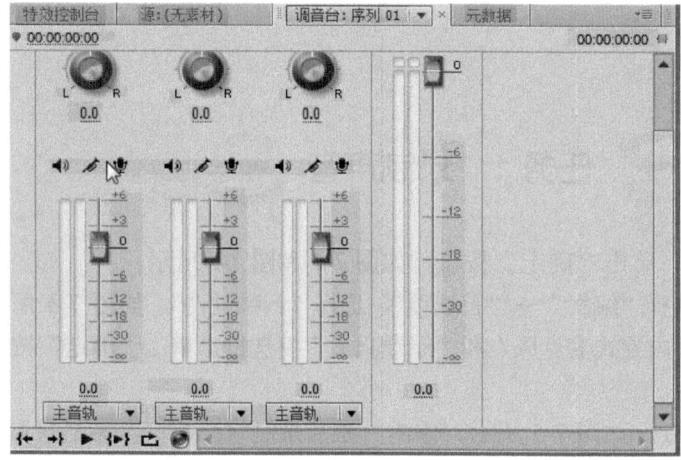

图 7-5

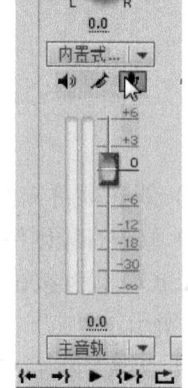

图 7-6

4)单击"录制"按钮,此时按钮处于闪烁状态,单击空格键开始录音,再次单击空格键录音停止,如图 7-7 所示。

图 7-7

5)单击空格键,开始录制,录制完成再次单击空格键,时间线和素材窗口将会生成刚才录音的音频文件,如图 7-8 和图 7-9 所示。

图 7-8

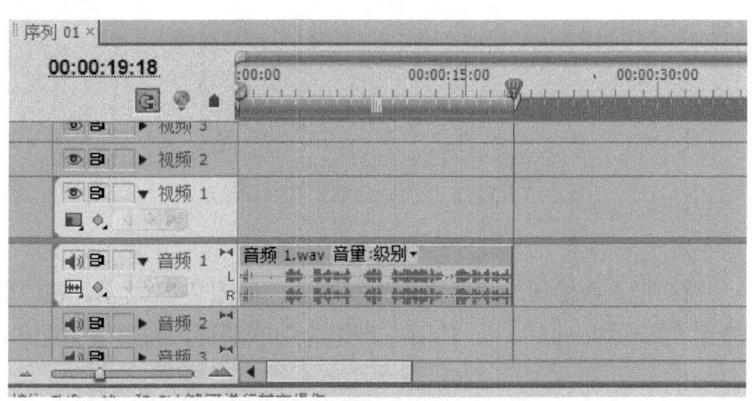

图 7-9

6)按〈F5〉键打开采集面板,单击"设置"选项可以设置音频的存储位置,如图 7-10 所示。

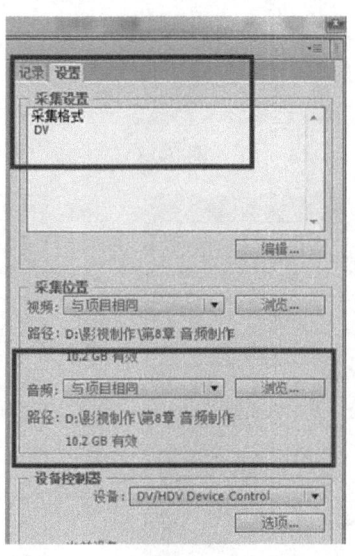

图 7-10

7)设置完成后,到保存路径文件夹中查找录音文件。

任务2 声音的变调与变速

1) 新建项目文件并导入素材"致橡树.mp3",运行软件,如图7-11和图7-12所示。

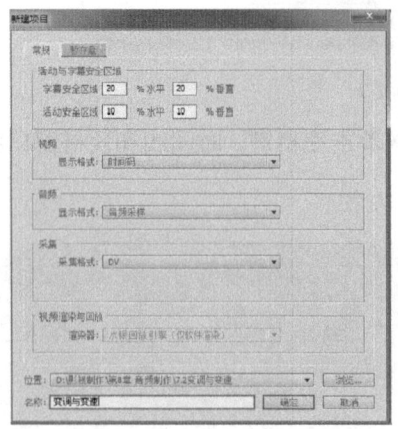

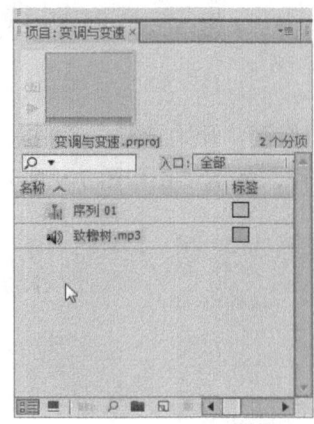

图7-11　　　　　　　　　　　　图7-12

2) 把"致橡树.mp3"拖到时间线上,如图7-13所示。在"效果"窗口中将"平衡"特效添加到"致橡树.mp3"上,监听左声道为诗歌朗诵,右声道为配乐,如图7-14和图7-15所示。

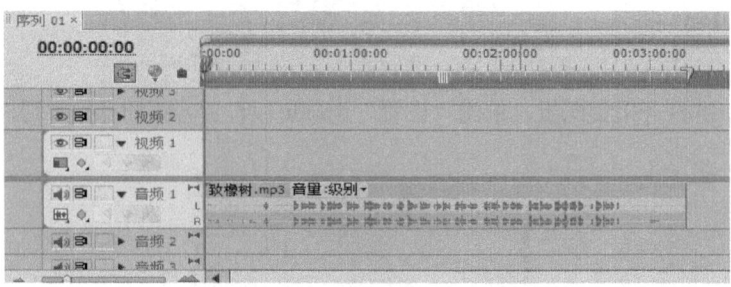

图7-13

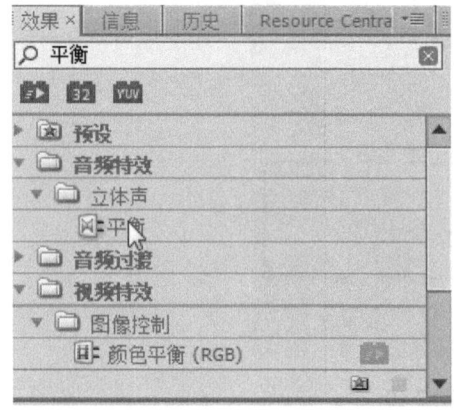

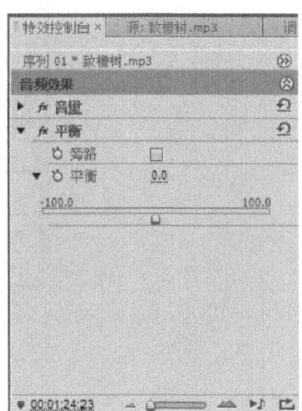

图7-14　　　　　　　　　　　　图7-15

3）在"效果"窗口中选择"PitchShifter"特效，在效果控制窗中展开音调变换特效和其他的自定义设置，如图 7-16 所示。

4）将 Pitch 的旋钮向右旋转至 5，并选中"Formant Preserve"复选框，如图 7-17 所示。

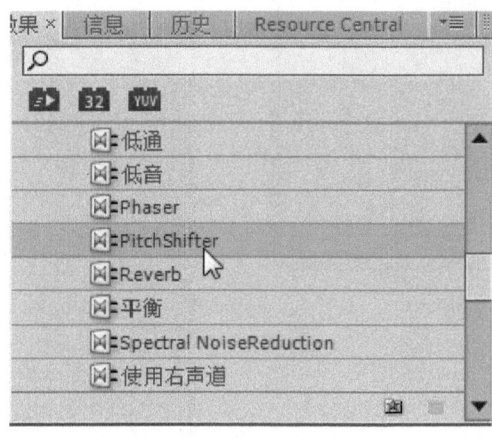

图 7-16　　　　　　　　　　　　　　图 7-17

5）音调变化特效的主要设置有两个，Pitch 可以调节音调的高低，Format Preserve 则用来控制类似卡通声音效果和振鸣效果。可以将 Picth 旋转至 5，并取消选中"Format Preserve"复选框，这时解说变得类似卡通效果，如图 7-18 所示。

6）选择时间上的音频，单击鼠标右键，在弹出的快捷菜单中选择"速度/持续时间"命令。将"速度/持续时间"设置为 85%，音频速度会变慢，同时音调变低，解说变得缓慢和低沉，如图 7-19 所示。

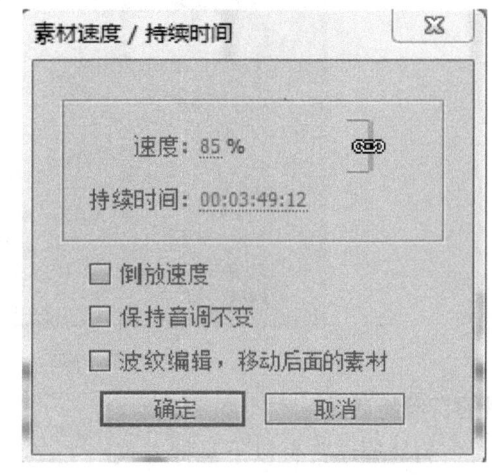

图 7-18　　　　　　　　　　　　　　图 7-19

7）如果将"速度"改成 120，则解说语速变快，声音变"尖"。

8）为了使音频改变速度时仍保持原有的音调，在"素材速度/持续时间"对话框中选中"保持音调不变"复选框，如图 7-20 所示。

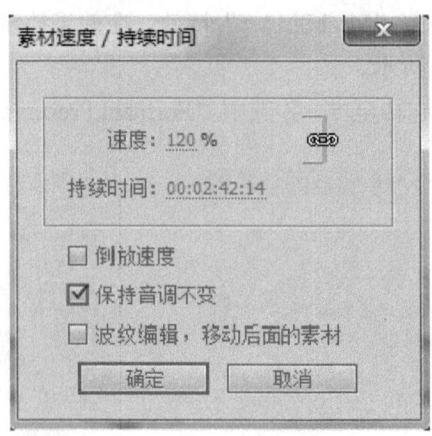

图 7-20

9）预览设置后的效果并导出。

 任务 3　为音频加特效

1）新建项目文件并导入素材运行软件，如图 7-21 所示。

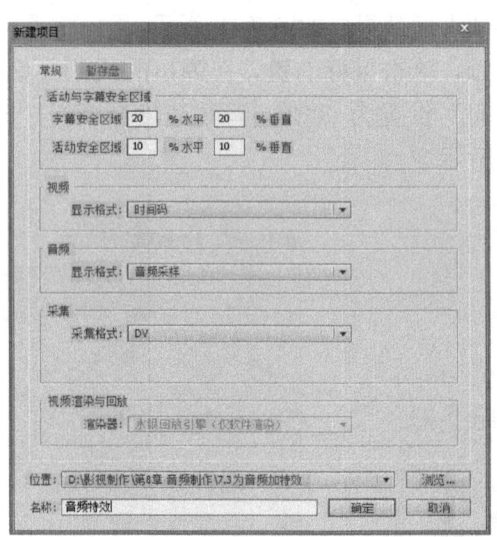

图 7-21

2）常用的音频特效。

对音量大小的处理通常有以下三种方式：

①旋钮：百分比，增减分贝。

②均衡：可以通过音质均衡器对素材的频率进行音量的提升或衰减。

③Reverb（混响）：它能够让声音听起来像是从一个中等房间或者大房间中发出来一样。

3）导入素材"西江月.mp3"，如图7-22所示。把"西江月.mp3"素材添加到时间线上，如图7-23所示。

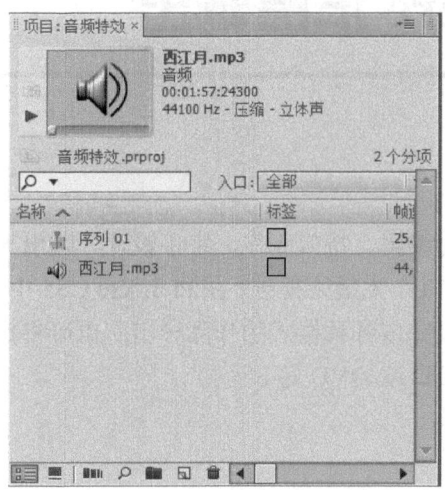

图 7-22

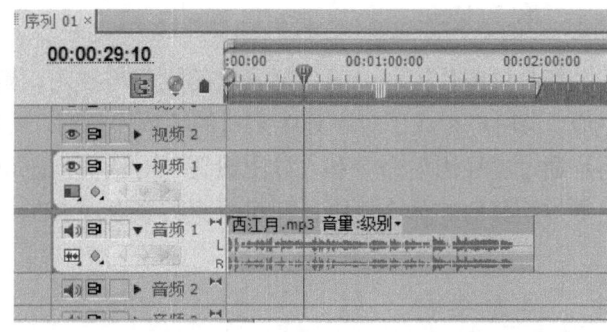

图 7-23

4）添加"Reverb"特效，如图7-24所示。打开特效控制窗口，窗口中有"自定义设置"和"个别参数"选项，其中包括延时、衰减和扩散等。该特效用来模拟一个房间的声学环境，使之产生混响的效果，如图7-25所示。

图 7-24

图 7-25

5）设置完成后导出视频。

学习单元 8　Premiere 作品输出

单元情境

影片的制作流程一般包括素材的收集与导入、素材编辑、特效制作、字幕设计、输出与生成。当用户完成了对序列中素材的各项操作时，就可以产生最终视频。在 Premiere CS5 中，用户通过"导出"命令和"导出设置"对话框，既可以完成各种格式的作品导出，也可将作品导出至其他媒体介质中，还可以直接录制成 CD、VCD 或 DVD 等。

单元分析

通过本单元的学习，要掌握以下内容：
1. 在 Premiere CS5 中根据不同需求输出不同的格式
2. Premiere CS5 的输出设置

任务设计

本单元设置了以下三个任务：
1. 输出图片
2. 输出音频
3. 输出影片

完成任务

任务 1　输出图片

1）新建项目，在"新建项目"对话框的"名称"文本框中输入"南宁六职校欢迎您"，如图 8-1 所示。

2）新建字幕，添加字幕，输入文字"南宁六职校欢迎您"，如图 8-2 所示。输出单帧图片，选择"文件"→"导出"→"媒体"命令，如图 8-3 所示。

3）弹出导出设置界面，在"格式"下拉列表中选择"Windows 位图 tmap"，如图 8-4 所示。

4）在"预设"下拉列表中选择"PAL 位图"，如图 8-5 所示。

5）指定保存路径，导出图片，如图 8-6 所示。

学习单元 8　Premiere 作品输出

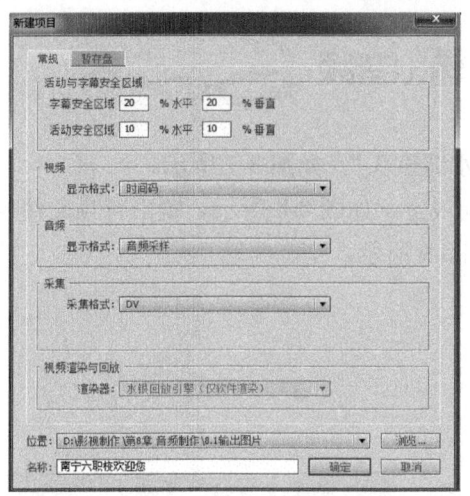

图 8-1

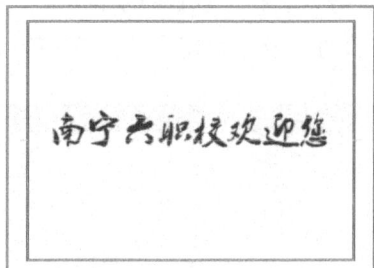

图 8-2

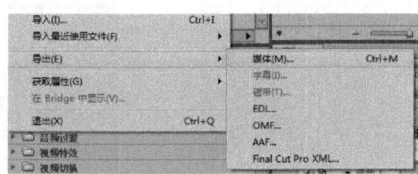

图 8-3

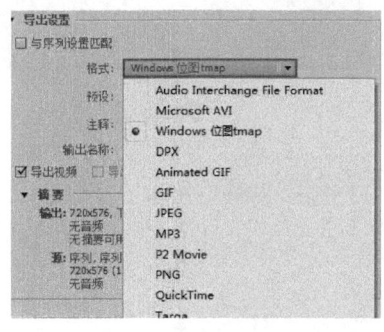

图 8-4

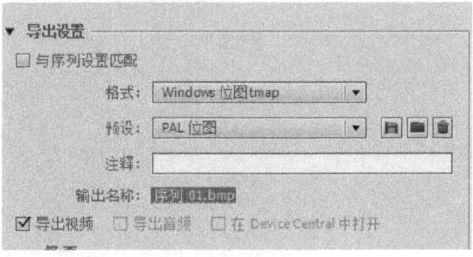

图 8-5

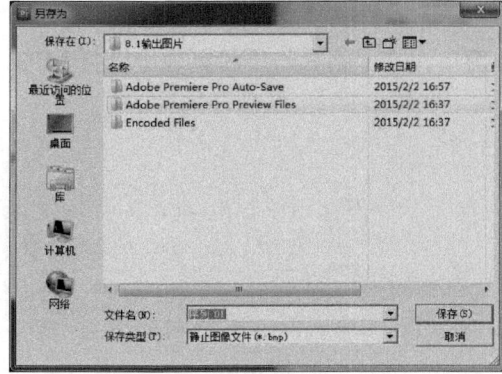

图 8-6

155

任务 2 输出音频

1）新建项目，在"名称"文本框中输入"水调歌头"，如图 8-7 所示。

2）导入素材"水调歌头.wma"，并拖到时间线上，如图 8-8 所示。输出音频文件 mp3，选择"文件"→"导出"→"媒体"命令，如图 8-9 所示。

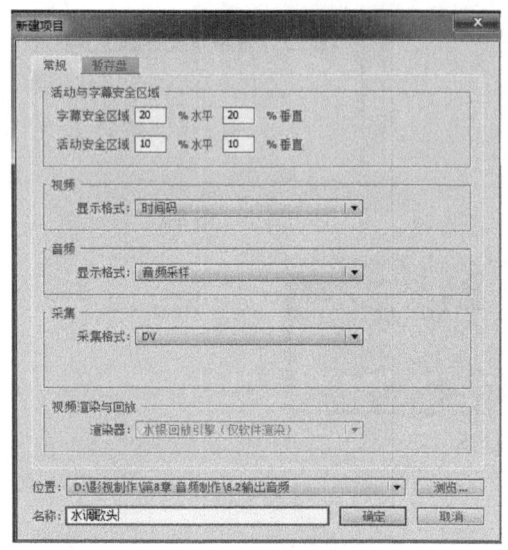

图 8-7

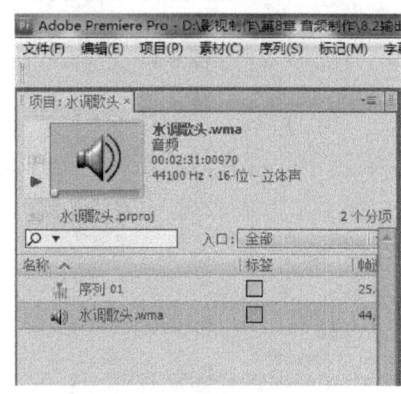

图 8-8

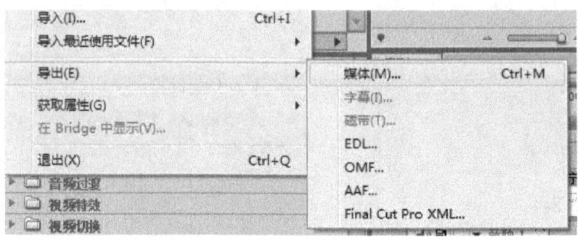

图 8-9

3）弹出"导出设置"窗口，在"格式"下拉列表中选择 MP3，如图 8-10 所示。

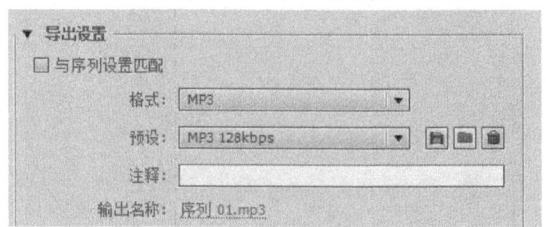

图 8-10

4）指定保存路径，导出音频。

任务3 输出影片

1)新建项目,命名为"甜心"。导入素材图片1.jpg~8.jpg,如图8-11所示。将素材拖到时间线上,每张图片持续时间2s,给每张图片之间添加"交叉叠化"特效,如图8-12所示。

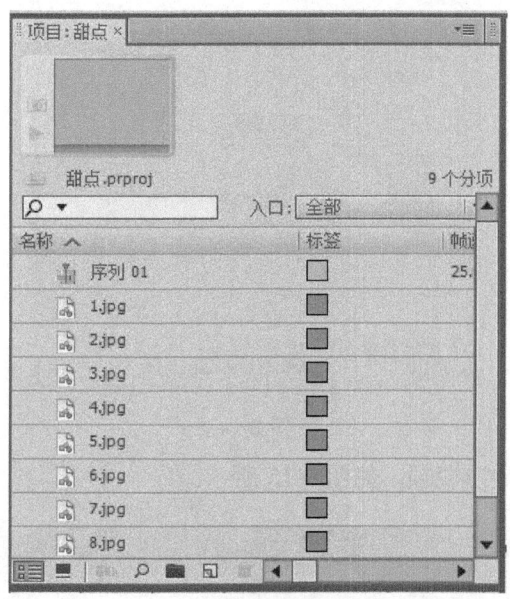

图8-11

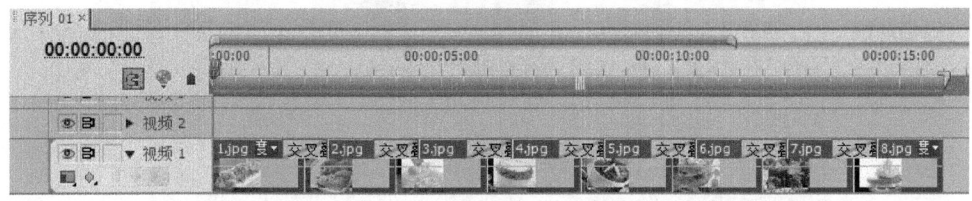

图8-12

2)输出影片,选择"文件"→"导出"→"媒体"命令。

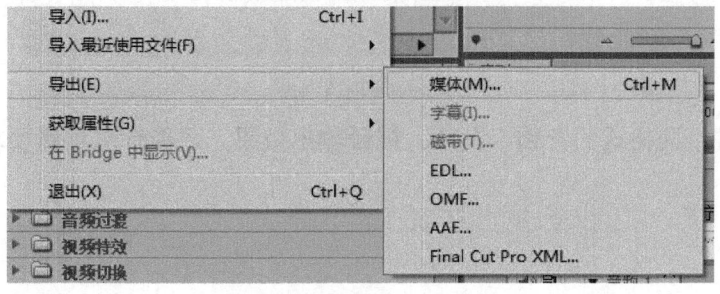

图8-13

3)弹出"导出设置"窗口,在"格式"下拉列表中选择FLV|F4V格式,如图8-14所示。

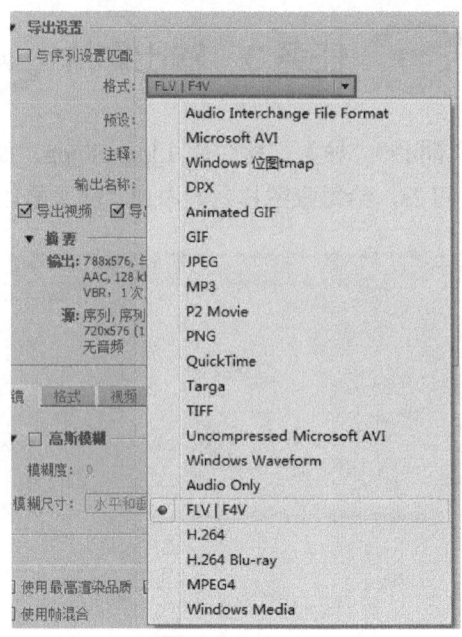

图 8-14

4）指定保存路径，导出视频，如图 8-15 所示。

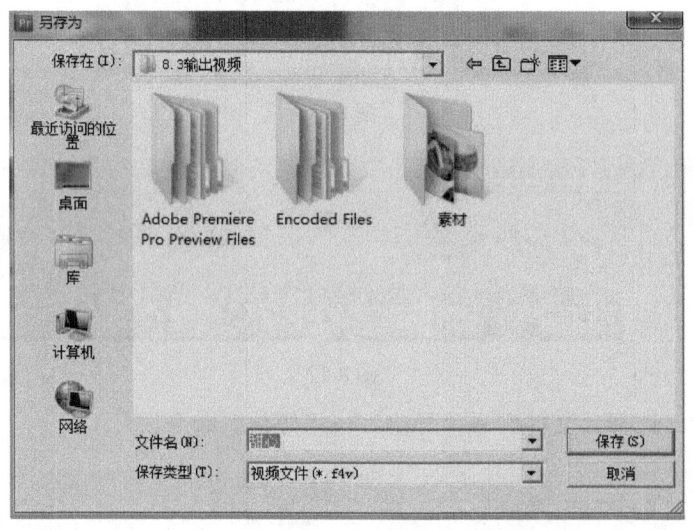

图 8-15

要掌握各种不同格式的音频、图片、视频输出效果，才能针对项目要求，进行相应的导出。

学习单元 9　　Premiere 制作青春纪念册

单元情境

即将毕业的同学，在学校留下了美好的时光，为了留下永久的回忆，想把两年来的活动照片、视频制作成电子相册。

单元分析

主要完成以下内容：①创建新项目；②导入图片、视频素材；③将素材添加到时间轴；④添加视频转场效果；⑤添加文字描述；⑥视频输出。

任务设计

本单元主要完成以下任务：
1. 制作相册的片头
2. 制作相册的主题部分
3. "秋游"序列与片尾
4. 合成序列
5. 成果分享

完成任务

 任务 1　制作相册的片头

1) 创建新项目，取名为"电子相册"，如图 9-1 所示。新建序列，选择"DV-PAL"→"标准 48kHz"，如图 9-2 所示。序列取名为"片头"。

2) 导入素材，将本单元电子相册中的素材（见图 9-3）全部导入项目窗口，如图 9-4 所示。

3) 将图片"背景.jpg"放到"视频 1"轨道，持续时间为 20s，如图 9-5 所示。选中"背景.jpg"，切换到"特效"控制台，单击"运动"属性左边的小三角形，分别在第 1 帧、最后一帧给"位置"和"缩放比例"添加关键帧，参数如图 9-6 和图 9-7 所示。

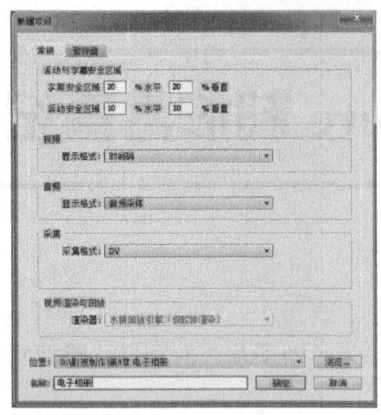

图 9-1　　　　　　　　　　　图 9-2

背景　　合照　　军训　　秋游　　修饰　　杂

图 9-3

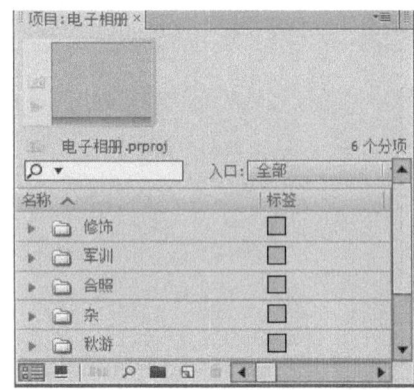

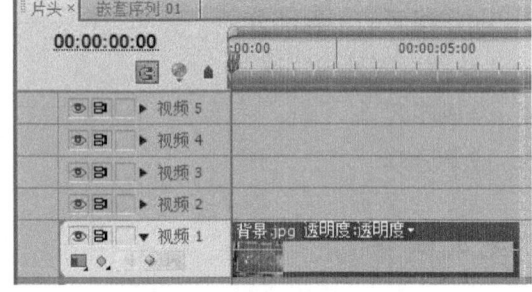

图 9-4　　　　　　　　　　　图 9-5

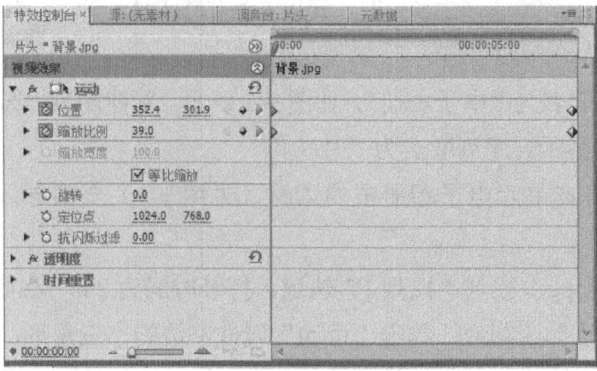

图 9-6

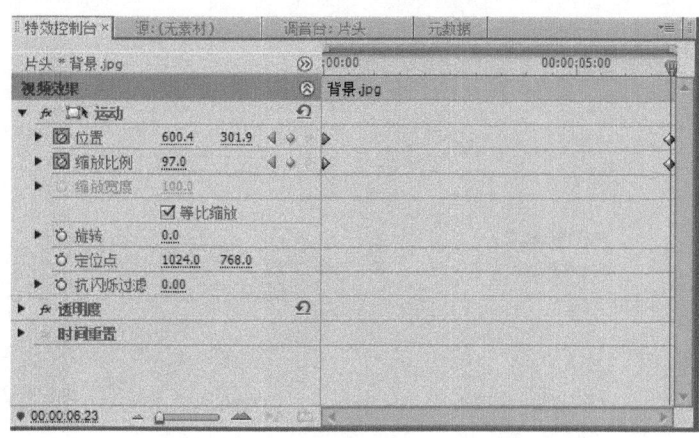

图 9-7

4）将"背景 2.jpg"放置在"视频 1"轨道的"背景.jpg"后，设置"速度/持续时间"为 13s，并添加切换特效"交叉叠化"，如图 9-8 所示。

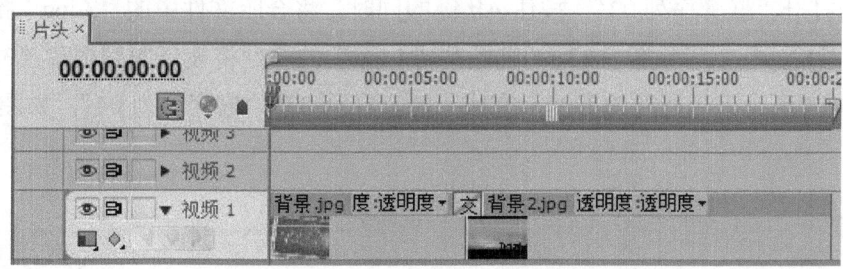

图 9-8

5）给图片添加相框。将修饰素材中的"框-1.psd"和合照素材中的"4.jpg"添加到"视频 3"轨道和"视频 4"轨道，调整图片缩放比例，实现图片边框效果，如图 9-9 所示。

图 9-9

6）框选"框-1.psd""4.jpg"，单击鼠标右键，在弹出的快捷菜单中选择"嵌套"选项（如图 9-10 所示），自动生成"嵌套序列 01"。双击"嵌套序列 01"序列，效果如图 9-11 所示。

161

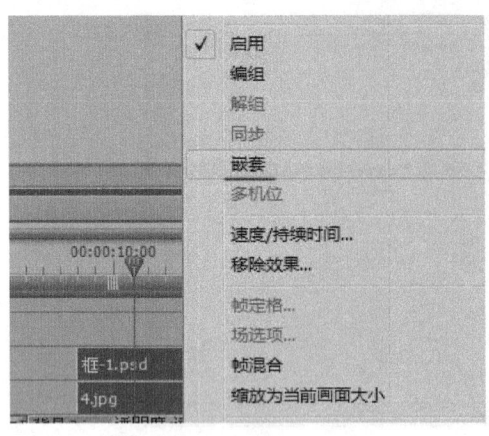
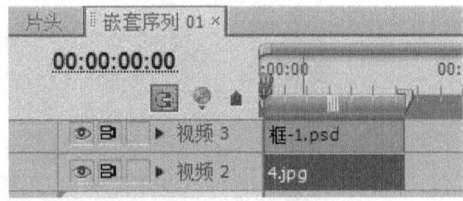

图 9-10　　　　　　　　　　　图 9-11

7）单击项目面板中的"嵌套序列 01"，按<Ctrl+C>复制，按<Ctrl+V>粘贴三次，复制三个相同的序列，并分别重命名为"嵌套序列 02""嵌套序列 03""嵌套序列 04"，如图 9-12 所示。双击打开"嵌套序列 02"，按住 Alt 键的同时，将合照文件中的"3.jpg"拖到"视频 2"轨道的"4.jpg"上（见图 9-13），则图片"4.jpg"的属性将被复制到图片"3.jpg"中，效果如图 9-14 所示。用同样的方法，完成"嵌套序列 03""嵌套序列 04"，如图 9-15 和图 9-16 所示。

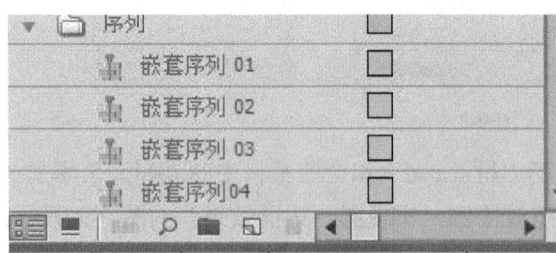
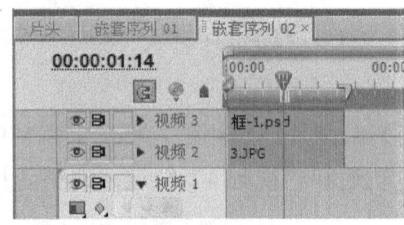

图 9-12　　　　　　　　　　　图 9-13

图 9-14

图 9-15

图 9-16

8）将"嵌套序列 01""嵌套序列 02""嵌套序列 03""嵌套序列 04"分别拖至片头序列的 7s15 处的"视频 3"轨道、"视频 4"轨道、"视频 5"轨道、"视频 6"轨道，并调整它们持续的时间为 1s15，如图 9-17 所示。

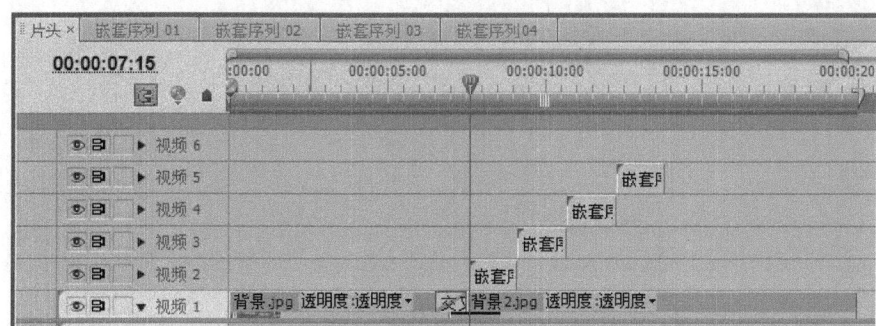

图 9-17

9）新建字幕并命名为"13 计应 4 班"（见图 9-18），"属性"及"参数设置"如图 9-19 所示。

图 9-18 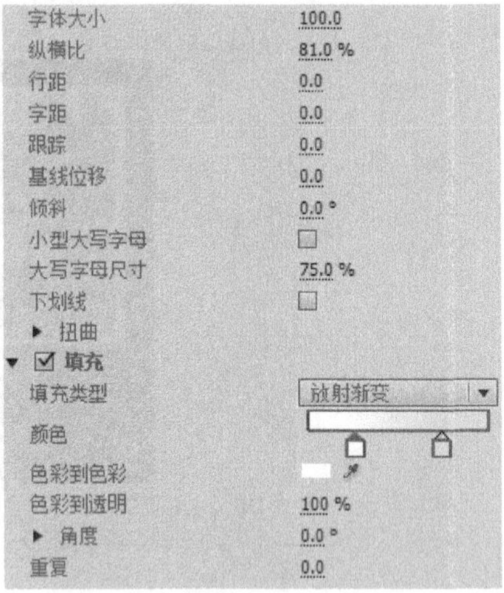　　　　　　　　　图 9-19

10）将"13计应4班"字幕添加到"视频5"轨道"嵌套序列04"后面，持续时间设置为3s，效果如图9-20所示。选中字幕，修改"运动"属性中的"缩放比例"参数，设置开始"缩放比例"为0，并添加关键帧，设置结束位置的"缩放比例"为110，实现放大效果，如图9-21所示。

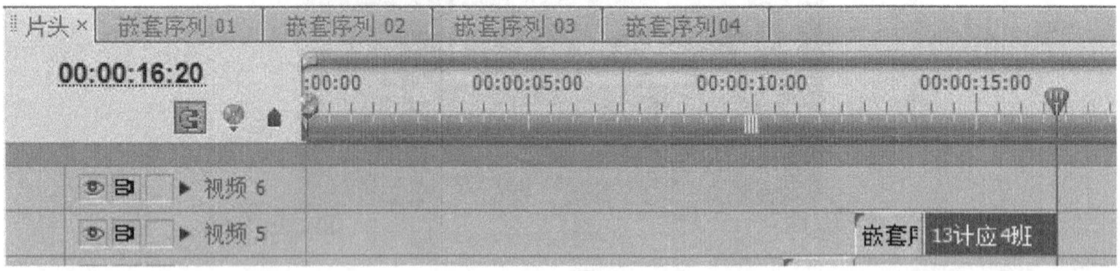

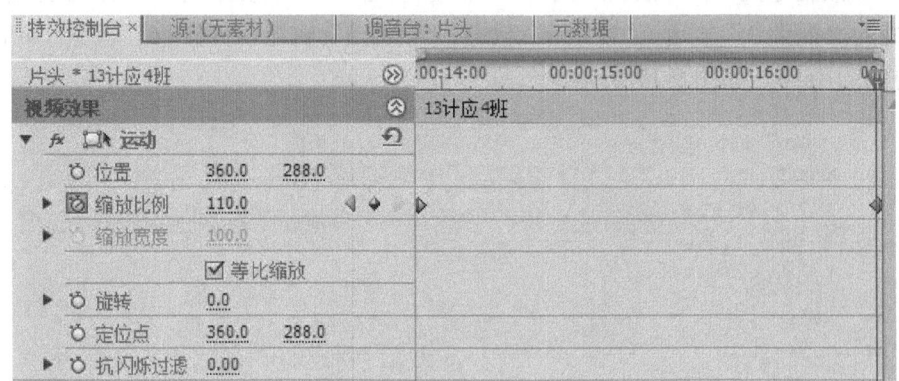

图 9-20

图 9-21

11）双击打开"13计应4班"字幕，单击"基于当前字幕新建"按钮，弹出"新建字幕"对话框，在"名称"文本框中输入"标题"，如图9-22所示。将"13计应4班"改成"青春纪念册"，此操作能够保持与之前字幕相同的属性，如图9-23所示。

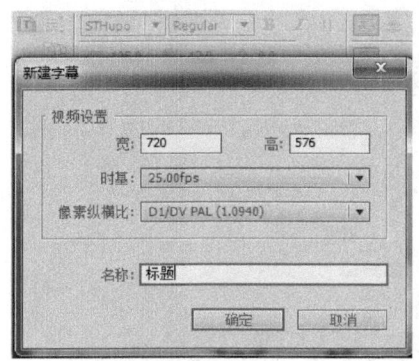

图 9-22

图 9-23

12)将"标题"字幕添加到"13 计应 4 班"字幕后,持续时间 3s04,如图 9-24 所示。在开始的位置,"透明度"属性设置为 0%;在 19s 处,"透明度"设置为 100%,实现文字慢慢出现的效果,如图 9-25 所示。

13)将修饰素材中的"转光.mov"添加到"视频 6"轨道,"速度/持续时间"为 4s18,并调整大小,如图 9-26 所示。片头时间线如图 9-27 所示。

图 9-24

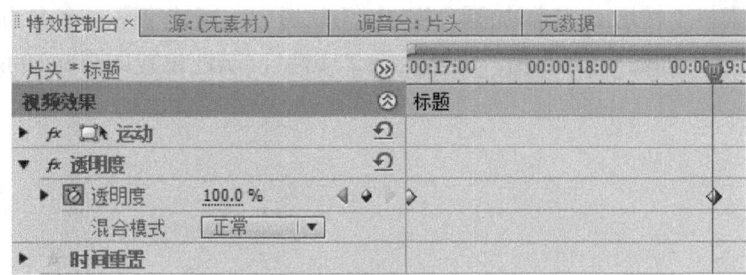

图 9-25

图 9-26

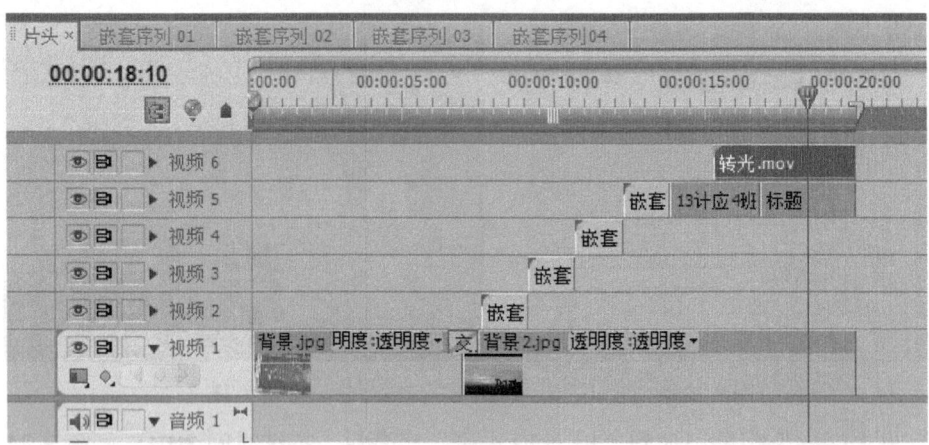

图 9-27

任务 2　制作相册的主题部分

1）新建序列，选择"DV-PAL"→"标准 48kHz，序列命名为"军训"，如图 9-28 所示。

图 9-28

2）将修饰素材"转场.avi"添加到"视频 1"轨道中。新建字幕，命名为"2013 军训"，在字幕中添加文字，如图 9-29 所示。调整文字"属性"，属性设置如图 9-30 所示。

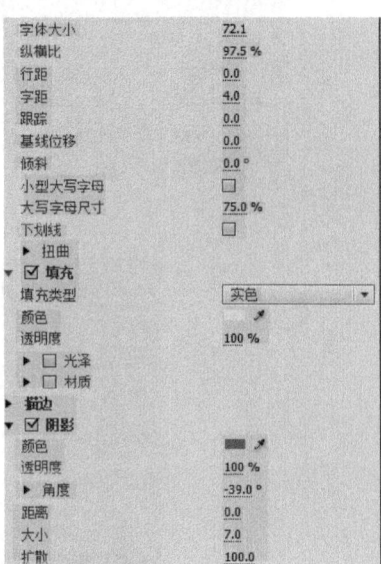

图 9-29　　　　　　　　　图 9-30

3）将"2013.08.25 军训"字幕添加到"视频 2"轨道中,"速度/持续时间"为 3s,并添加"黑场过渡"特效。添加修饰特效"黄花.avi"到"视频 1"轨道中,将多余的进行"裁剪",效果如图 9-31 所示。将裁剪后的进行删除,时间线如图 9-32 所示。

图 9-31

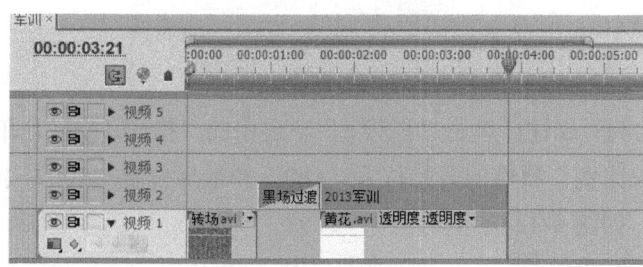

图 9-32

4）RGB 差异键的应用。选择视频特效中的"RGB 差异键",如图 9-33 所示。将特效添加到"黄花.avi"中,并调整"参数",如图 9-34 所示。实现效果如图 9-35 所示。

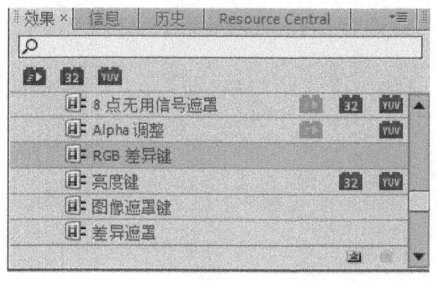

图 9-33

图 9-34

图 9-35

5）添加修饰素材中的"格子 1.jpg"到时间线视频轨道"黄花.avi"后面，设置"速度/持续时间"为12s，如图9-36所示。

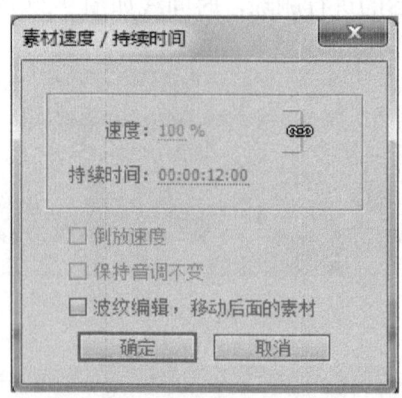

图9-36

6）设置"缩放比例"属性。单击"视频1"轨道中的"格子1.jpg"，单击"运动"左边的小三角形，给"缩放比例"属性的开始位置（160）和最后位置（100）添加关键帧，实现图片慢慢缩小的效果，如图9-37所示。

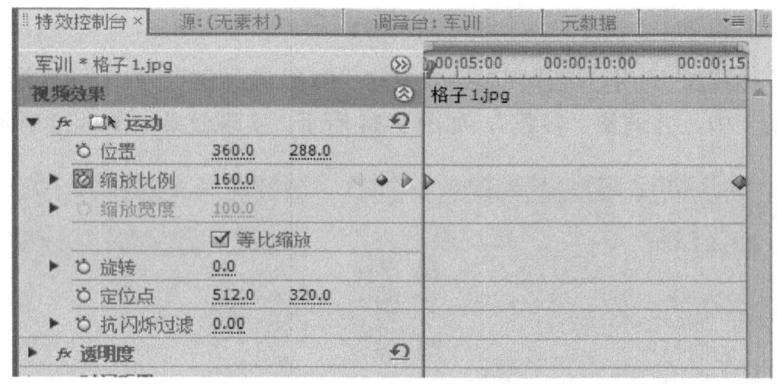

图9-37

7）框选军训图片中的1（9）.jpg～1（14）.jpg（见图9-38），将其添加到"视频3"轨道中，调整每张图片的"速度/持续时间"为2s，并在每张图片之间添加"交叉叠化"特效，如图9-39所示。效果图如图9-40所示。

8）彩色蒙版的运用。新建"彩色蒙版"，制作图片边框。在项目窗口空白处鼠标右键选择"新建分项"选项，在弹出的快捷菜单中选择"彩色蒙版"命令，如图9-41所示。在弹出的"新建彩色蒙版"对话框中法进行参数设置，如图9-42所示。颜色拾取为#ffffff白色（R:255，G:255，B:255），取名为"白色1920*1280"，单击"确定"按钮，如图9-43所示。将"彩色蒙版"拖动到时间线轨道2上，如图9-44所示。调整彩色蒙版的"缩放比例"为36，效果如图9-45所示。

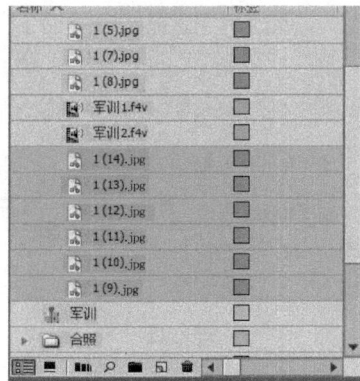

图 9-38

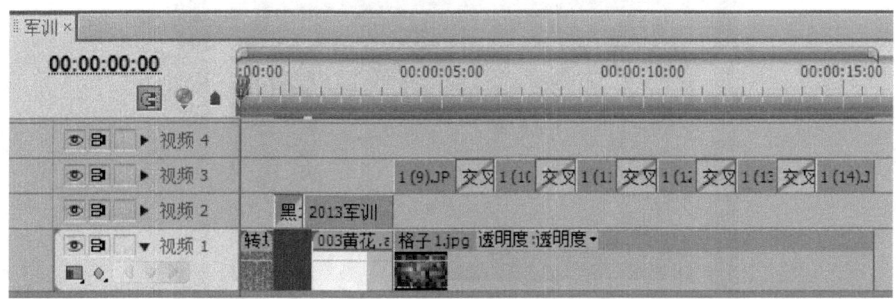

图 9-39

图 9-40

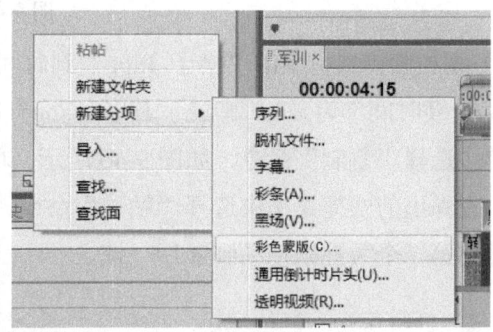

图 9-41

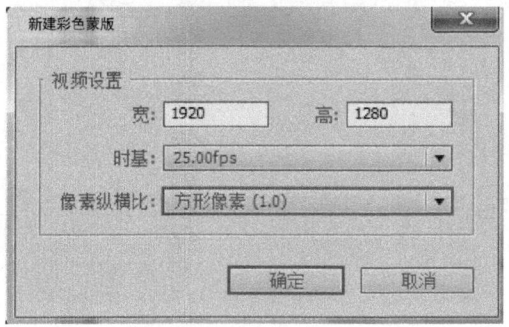

图 9-42

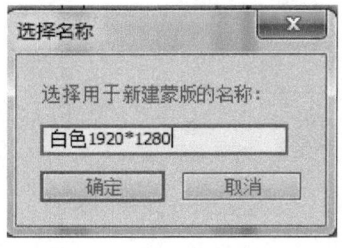

图 9-43

图 9-44

图 9-45

9）添加修饰素材中的"格子3.jpg"到时间线"视频1"轨道"格子1.jpg"后面，设置"速度/持续时间"为12s，单击"格子1.jpg"，在特效控制台上单击鼠标右键，在弹出的快捷菜单中选择"复制"命令，如图9-46所示。单击"格子3.jpg"，在特效控制台上单击鼠标右键，在弹出的快捷菜单中选择"粘贴"命令，如图9-47所示。粘贴后的效果如图9-48所示，并将第二个关键帧拖动到最后一帧。

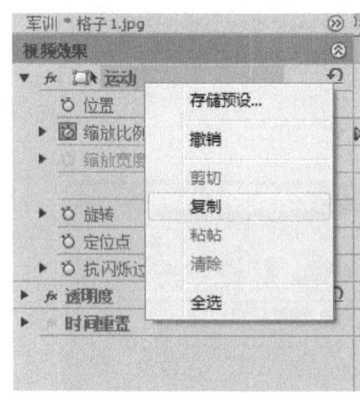

图 9-46

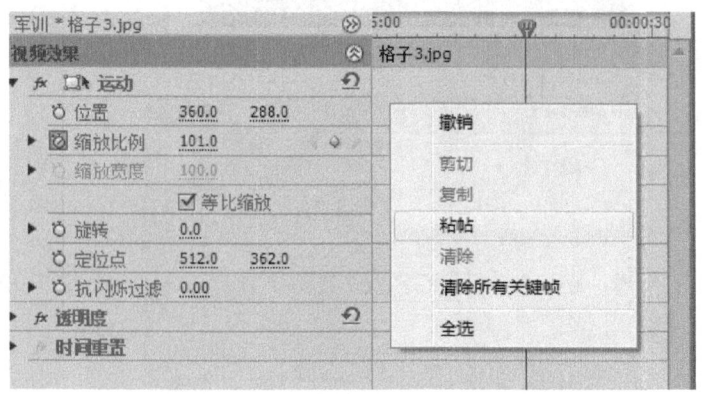

图 9-47

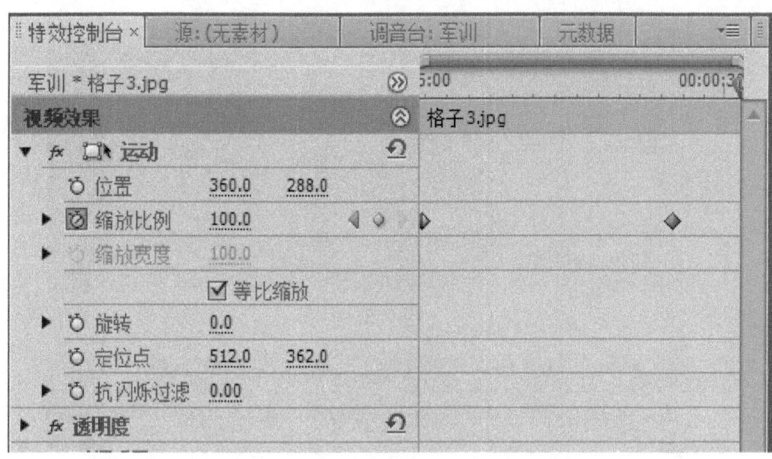

图 9-48

10)根据片头步骤 5)步骤 7)的方法,制作序列"军训嵌套 7"到"军训嵌套 11",如图 9-49~图 9-53 所示。

11)将序列"军训嵌套 7"~"军训嵌套 11"添加到视频轨道 2 中,并调整"速度/持续时间"为 3s,在"军训嵌套 10"与"军训嵌套 11"之间添加"附加叠化"特效,如图 9-54 所示。

12)基本 3D 特效。选择"视频特效"→"透视"→"基本 3D"特效,添加到"军训嵌套 8",调整"旋转"参数,让图片实现水平旋转 360°,如图 9-55 所示。效果如图 9-56 所示。将其特效同样添加到"军训嵌套 9",调整"倾斜"参数,让图片实现垂直翻转 360°,如图 9-57 所示,效果如图 9-58 所示。

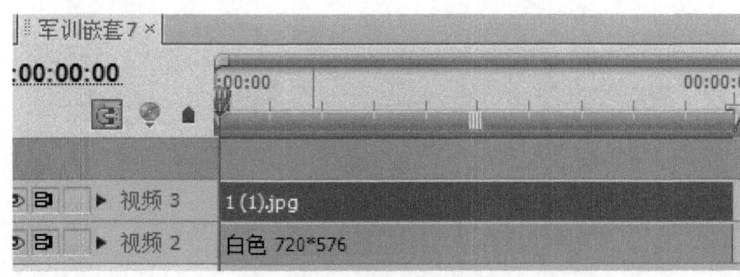

图 9-49

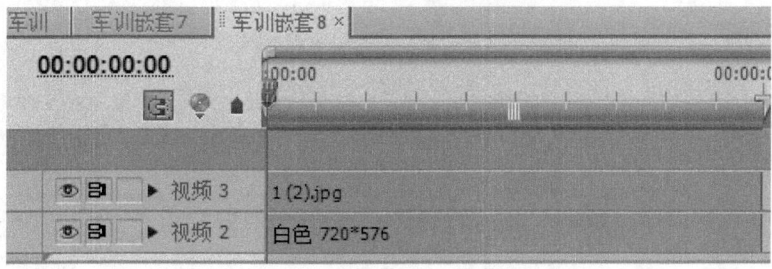

图 9-50

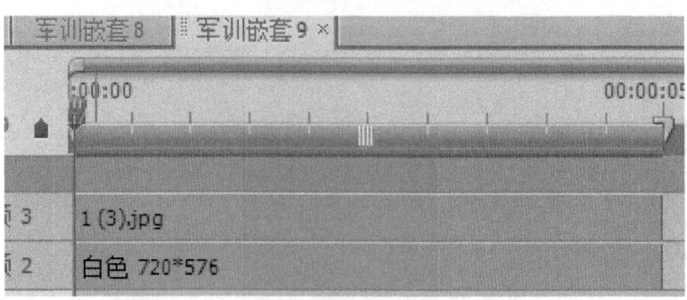

图 9-51

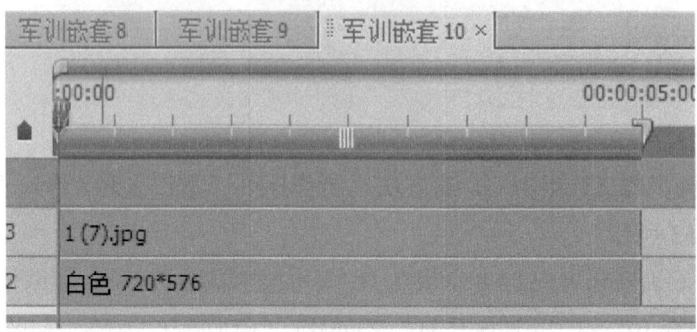

图 9-52

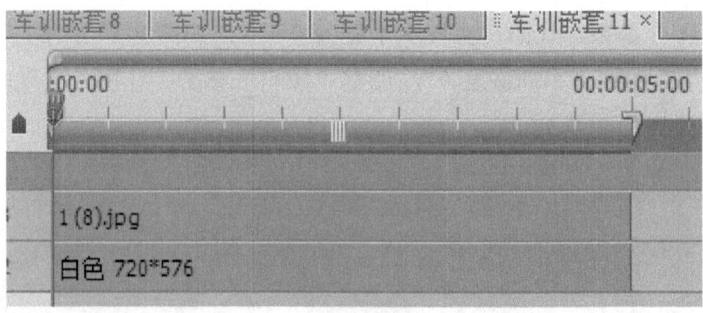

图 9-53

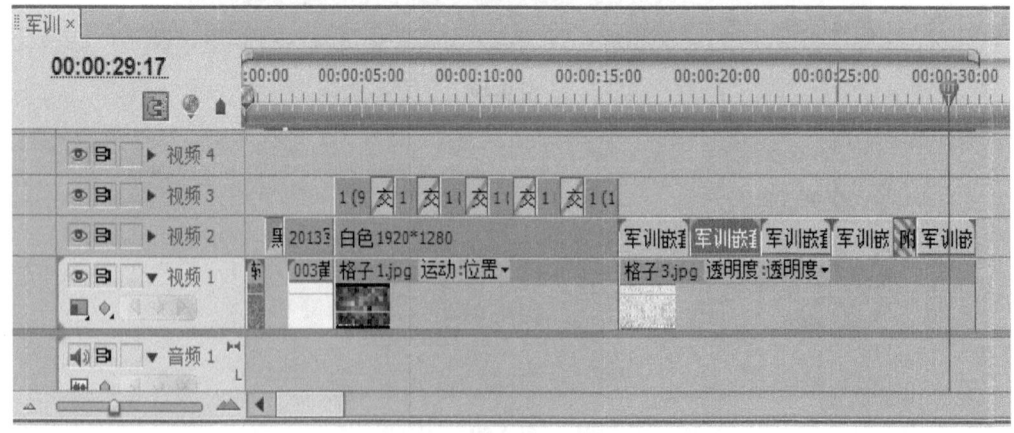

图 9-54

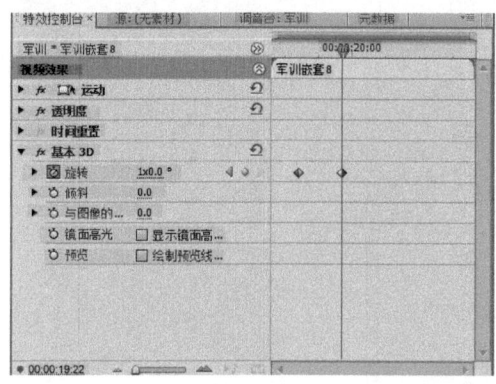

图 9-55 图 9-56

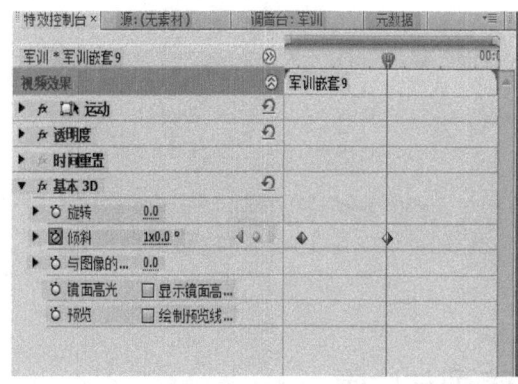

图 9-57 图 9-58

13）视频的切割与速度调整。将军训素材中的"军训 1.f4v"拖至"视频 1"轨道的"格子 3.jpg"后，将时间线定位到 40s18 和 1 分 33s 处，用"剪刀工具"进行剪切，如图 9-59 所示。效果如图 9-60 所示。选择第 1、3 段，调整"速度"为 200%，实现快播效果，如图 9-61 所示。用同样的方法，实现"军训 2.f4v"的部分慢放视频效果。军训序列时间线截图如图 9-62 所示。

图 9-59

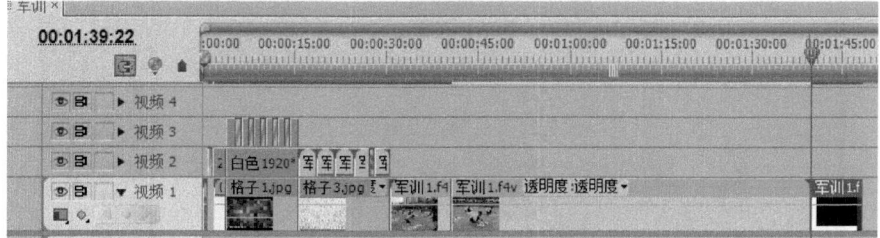

图 9-60

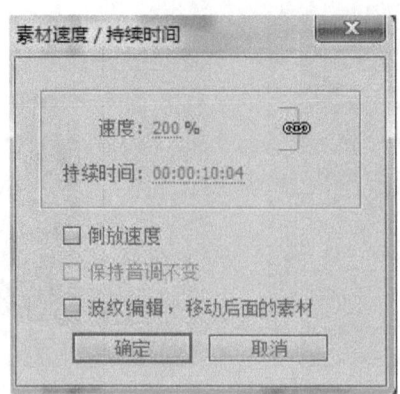

图 9-61

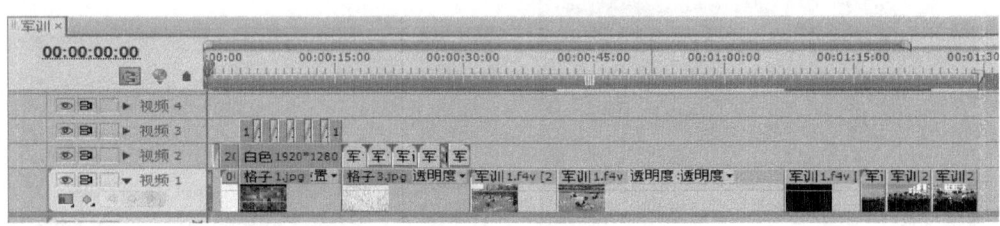

图 9-62

 任务 3　秋游序列与片尾

"秋游"序列与片尾的制作方法同 9.2 节的方法相似。"秋游"序列效果如图 9-63 所示。片尾序列效果如图 9-64 所示。

图 9-63

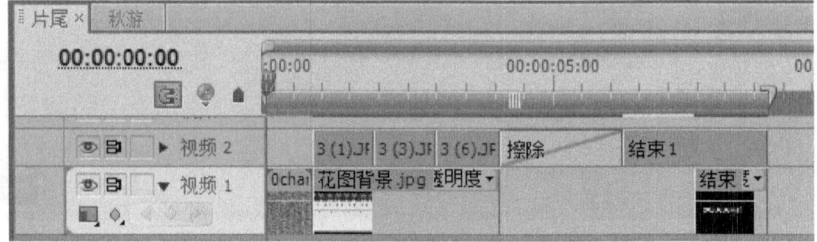

图 9-64

任务 4 合成序列

1) 新建序列"合成",将"片头""军训""秋游""片尾"添加到"视频 1"轨道,将音频"天空这么大.mp3"添加到音频轨道。将多余的音乐进行修剪,时间线如图 9-65 所示。

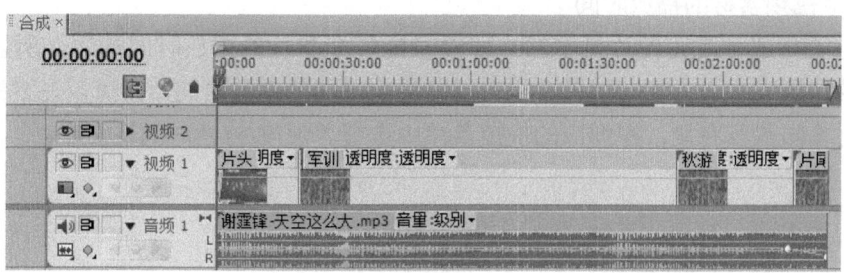

图 9-65

2) 选择"文件"→"存储"命令,保存文件。单击"文件"→"导出"→"媒体"命令,如图 9-66 所示。选择渲染的格式 F4V,如图 9-67 所示。导出效果如图 9-68 所示。

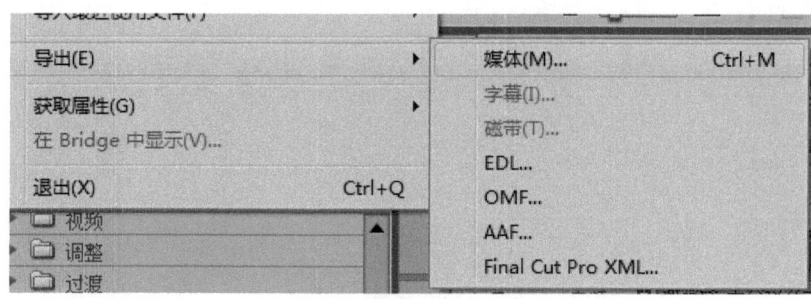

图 9-66

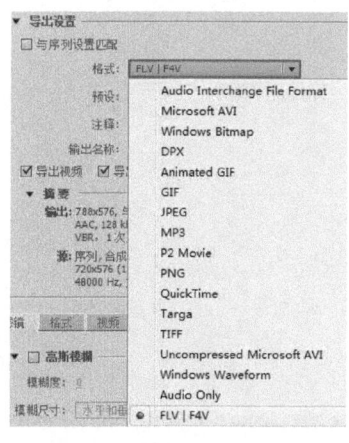

图 9-67

图 9-68

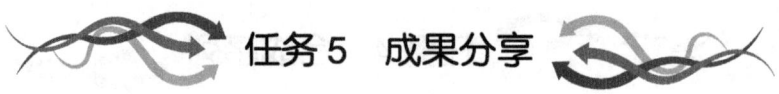

任务5 成果分享

1. 添加注释文字特效

通过本相册的学习，如果要想使注释文字更加有特色，则可以使用 Effect 特效菜单中的"Video Effect"视频特效，从中挑选一些视频画面的特殊效果，将它们应用到文字素材上。

2. 调节视频素材的播放时间

因为电子相册都是以图片显示的，可以设定每个图片的播放时间均等，所以直接套用 Premiere 的默认设置最方便。如果希望自己能设定画面的播放时间，则可以在视频轨道上选中那个素材单击鼠标右键，在弹出的快捷菜单中选择"速度/持续时间"命令。

学习单元 10　制作 MTV

单元情境

《父亲》这首歌是筷子兄弟在 2011 年年底创作的。该曲源自王太利在拍摄老男孩的过程中父亲患病去世,其深刻体会到"子欲孝而亲不待"的痛苦和遗憾,于是写出这首歌,在缅怀自己父亲的同时,也提醒大家多关爱一生操劳的父亲,不要留有遗憾。该歌曲获得 2012"华语咪咕榜中榜励志金曲·成都盛典"感恩励志金曲奖、2012 年百度沸点年度十大金曲奖。

MTV 结合了微电影《父亲》部分情节,描述了一幅父亲陪伴女儿成长,最后亲手把女儿嫁出去的感恩画面,旨在深度发掘当代年轻人心中的父爱话题,结尾是祝愿全天下父亲幸福、安康。《父亲》海报如图 10-1 所示。

图 10-1

单元分析

1．统一标准

分析源文件后决定统一视频标准为 HDTV 720p25 格式,统一字幕标准为上下黑色遮罩加白色黑体字,遮罩高度为 100。

2．小组分工

小猫负责荧幕黑色遮罩效果和整段音乐的导入与歌词字幕制作。

冰峰负责前半段(MTV00:00:00:00～00:02:40:00)时间的视频剪辑合成。

四季负责后半段(MTV00:02:40:01～00:05:46:24)时间的视频剪辑合成。

面面负责 MTV 中出现的场景字幕特效和相片墙效果。

秦方圆负责协调整个小组的工作,校对歌词并合成嵌套整个时间线。

3．讨论制作

4．合成输出

任务设计

本单元设计了以下任务：
1. 实例效果
2. 实例分析
3. 分工协作
4. 成果分享

 完成任务

 任务1 实例效果

本实例是一个综合实例，需要运用之前所学过的视频编辑技术与特效，利用字幕编辑器编辑字幕，用暴风影音打开成品文件"父亲 MTV.MP4"。本实例完成的效果，如图10-2所示。

图 10-2

 任务2 实例分析

1. 新建项目并实施分工任务

1) 新建文件夹，命名为"父亲 MTV"，如图10-3所示。

2) 打开"新建项目"对话框，选择保存文伯路径，在"名称"文本框中输入"父亲 MTV"，如图10-4所示。

2. 创建视频序列

选择"文件"→"新建"→"序列"命令，新建序列，在"序列名称"文本框中输入"开场文字"，如图10-5所示。

178

图 10-3

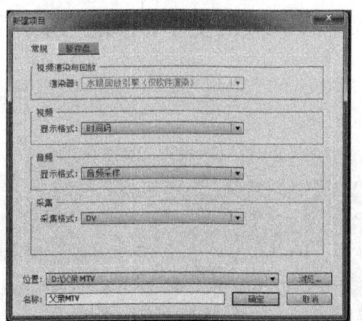

图 10-4

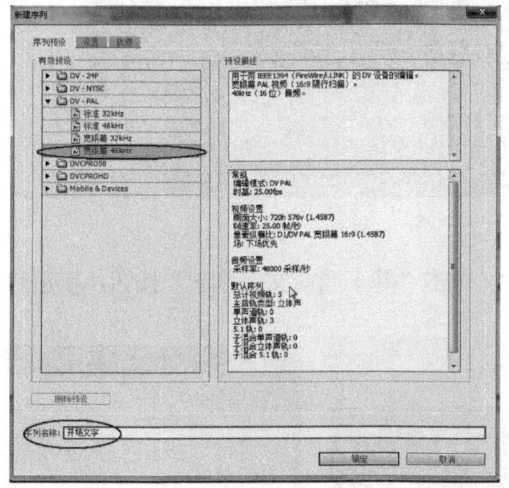

图 10-5

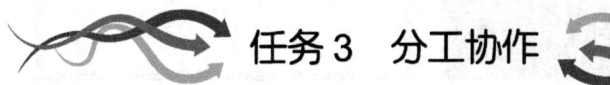

任务 3　分工协作

1. 片头文字制作

1）选择"文件"→"新建"→"字幕"命令，新建字幕，在"名称"文本框中输入"片头文字 1"，如图 10-6 所示。

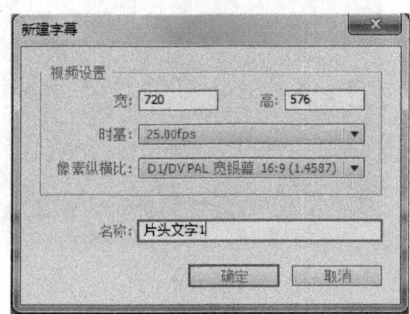

图 10-6

2）在字幕编辑窗口中输入文字，如图 10-7 所示。

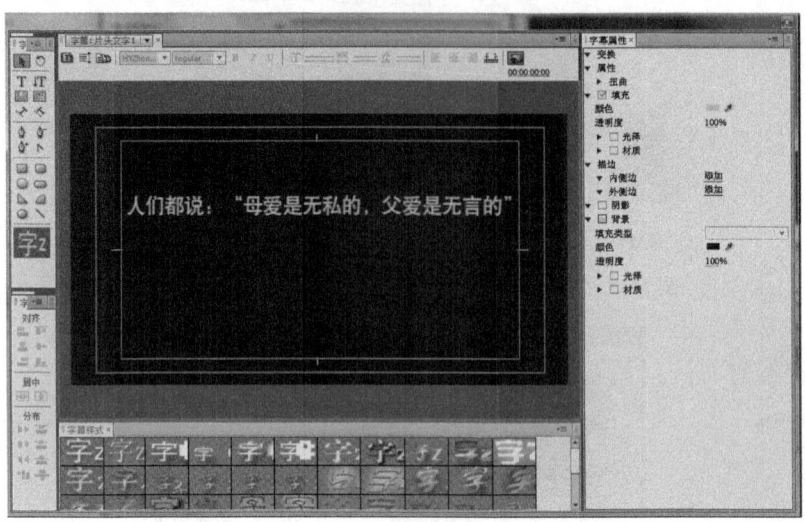

图 10-7

3）在字幕编辑窗口中，单击"基于当前文字创建"按钮，新建片头文字 2，如图 10-8 所示。

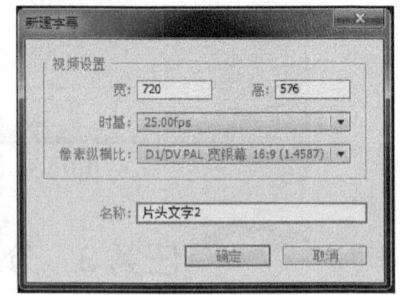

图 10-8

4）输入新的片头文字内容，如图 10-9 所示。

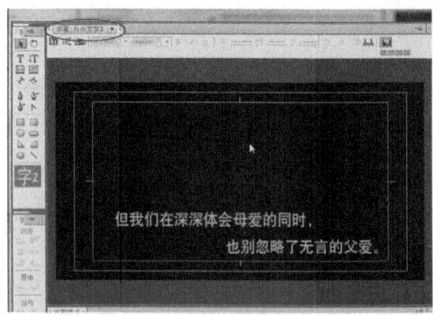

图 10-9

5）关闭字幕编辑窗口，将"片头文字 1"和"片头文字 2"分别拖到"视频 1"轨道和"视频 2"轨道上，形成重叠显示，可以通过放大时间线更好地对素材进行操作，如图 10-10 所示。

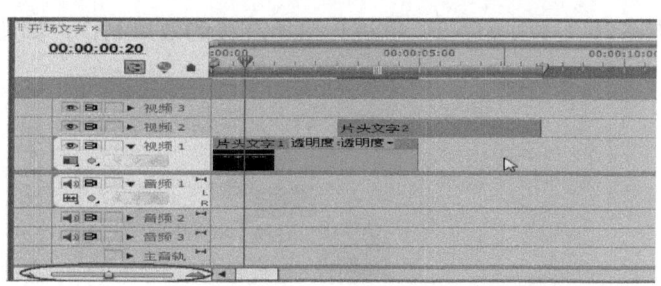

图 10-10

6）对片头文字在屏幕中的位置进行调整，如图 10-11 所示。

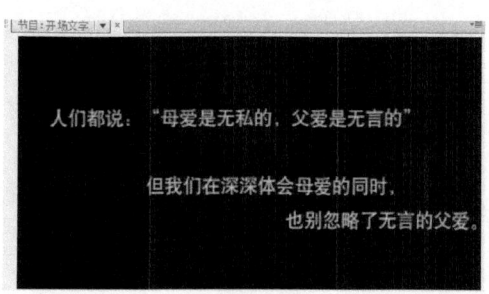

图 10-11

7）通过特效控制台中的透明度对"片头文字 1"进行黑场过渡的效果制作，如图 10-12 所示（透明度过渡效果尽量不要超过 2s）。

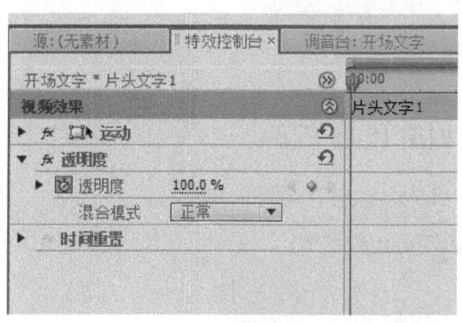

a)

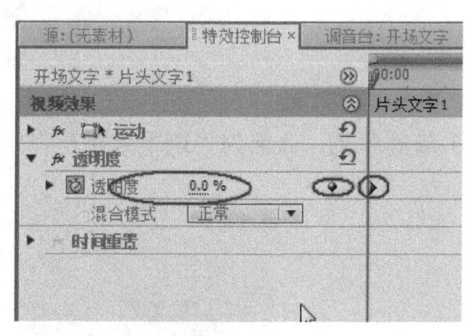

b)

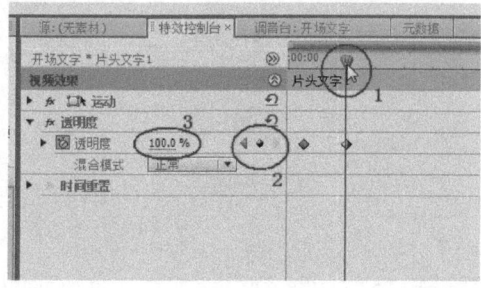

c)

图 10-12

8）用同样的方法对"片头文字 2"也进行黑场过渡的效果制作，如图 10-13 所示。

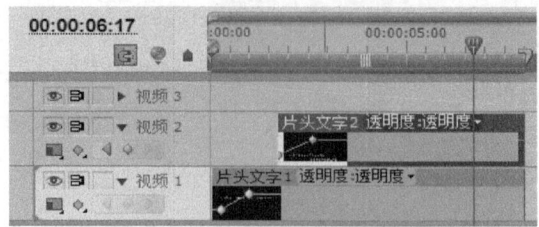

图 10-13

9）最后让两个片头文字的黑场过渡同时消失（透明度 100 到 0），如图 10-14 所示。

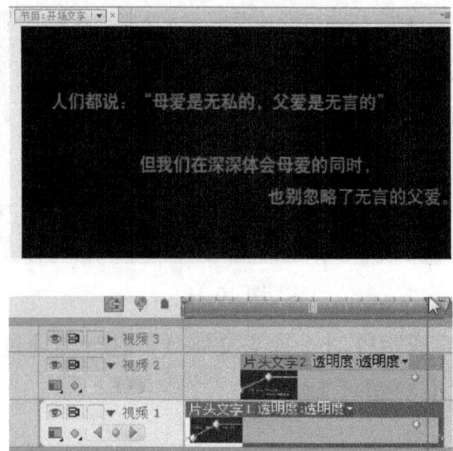

图 10-14

2. 黑色遮罩效果

1）新建序列，命名为"遮罩效果与音乐"，如图 10-15 所示。

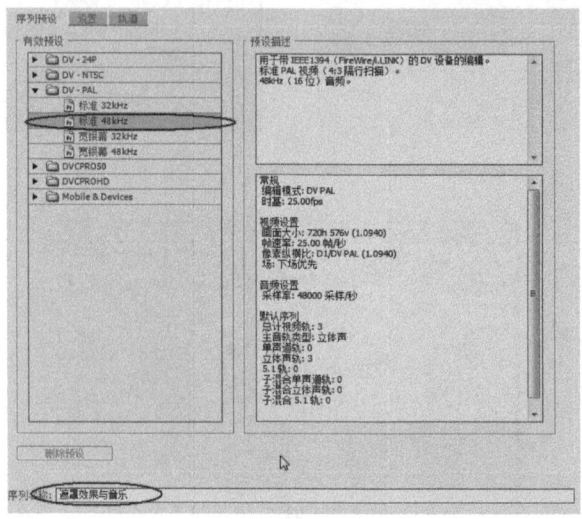

图 10-15

2）新建一个彩色蒙版，将颜色设置为灰色（#646464），命名为"背景颜色"，如图10-16所示。

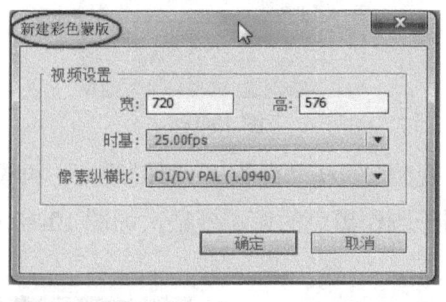

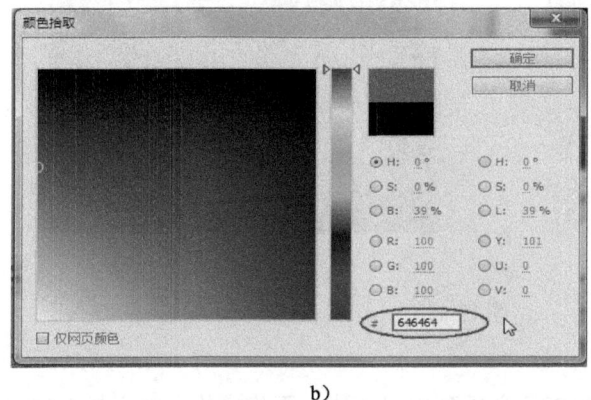

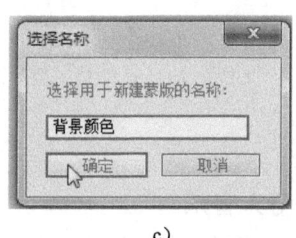

图 10-16

3）将素材库中的"背景颜色"拖到"视频1"时间线上，并延长它的持续时间至6分钟的位置，如图10-17所示。

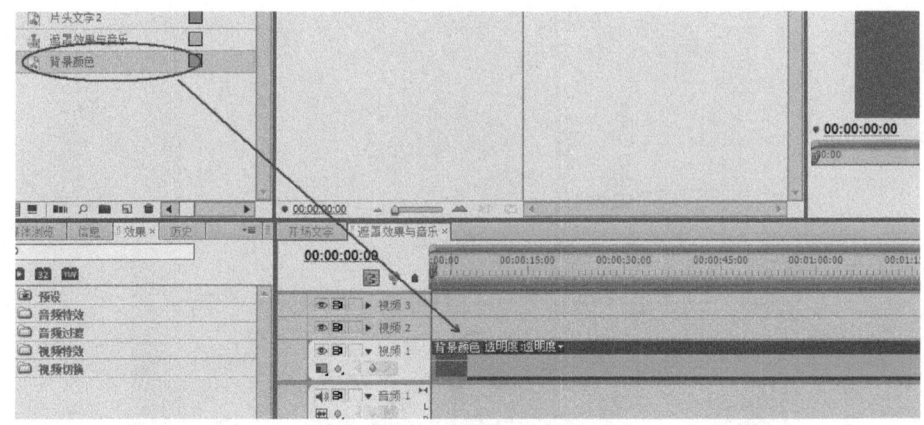

图 10-17

4）使用同样的方法，新建彩色蒙版，颜色为黑色，命名为"黑色遮罩"，如图10-18所示。

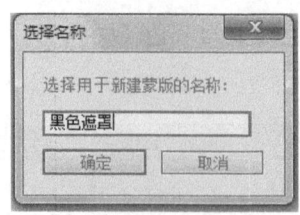

图 10-18

将黑色遮罩分别拖到"视频 2"和"视频 3"时间线上,再设置它们的缩放高度为 15%,分别放置屏幕的上下方,用于制作黑色的遮罩效果,如图 10-19 所示。

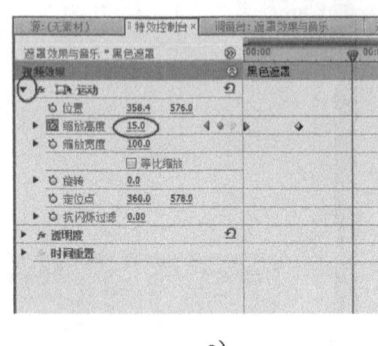 

a)　　　　　　　　　　　　　　　　b)

图 10-19

3. 导入音乐

1）从素材文件夹中导入"父亲.MP3"音乐到项目库中,再将它拖入"音频 1"时间线中,如图 10-20 所示。

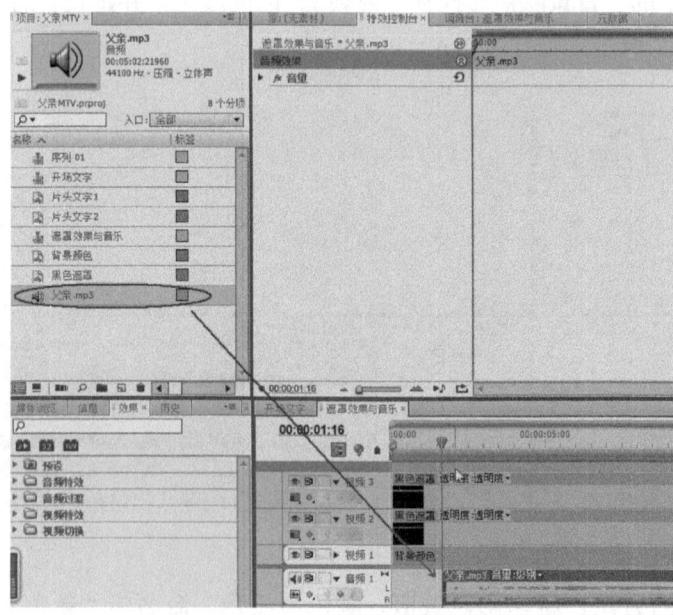

图 10-20

2）让背景颜色和黑色遮罩这三条视频线的持续时间延长至音乐结束，如图10-21所示。

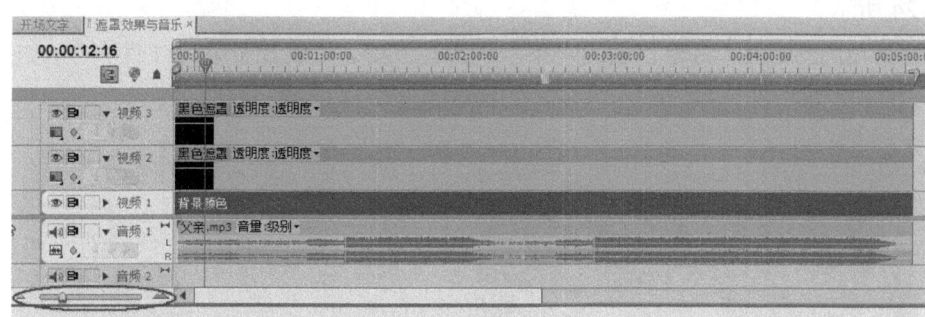

图 10-21

4. 制作歌词字幕

1）新建一个"歌词"文件夹，用于存放每句歌词对应的字幕，如图10-22所示。

图 10-22

2）新建字幕，命名为"歌词 1"，打开素材文件夹里面的"歌词"文本文件，在字幕编辑窗口中编辑歌词，设置字体为"黑体"，大小适中，如图10-23所示。

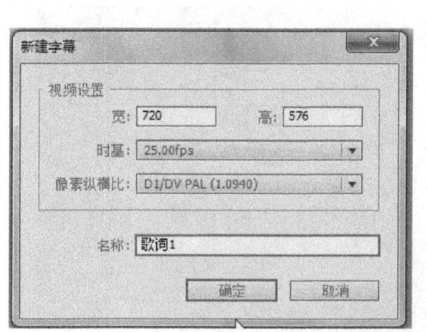
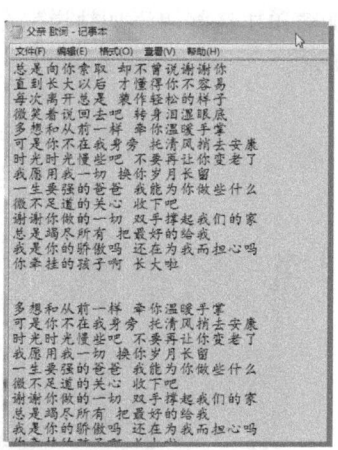

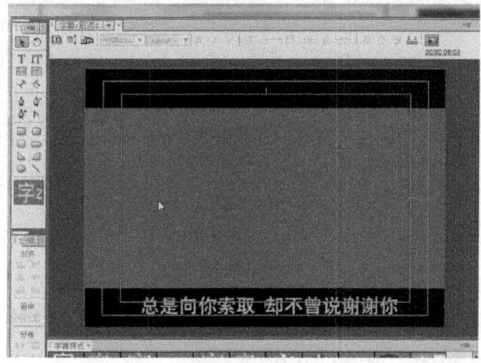

图 10-23

3）单击窗口左上角的"基于当前字幕新建"按钮，新建下一条歌词并命名为"歌词2"，如图10-24所示。

4）使用相同的方法，将整首歌的每条歌词都建立好，并放置于歌词文件夹中，如图10-25所示。

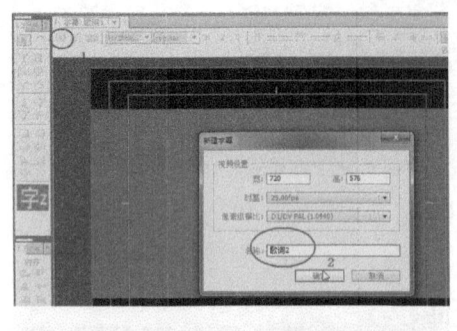
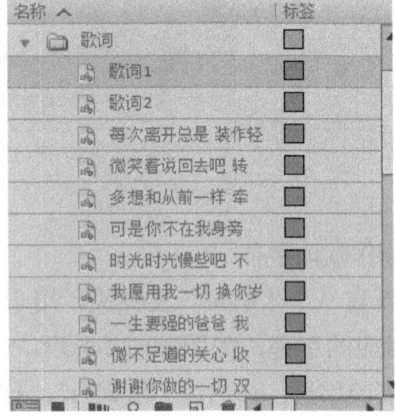

图10-24　　　　　　　　　　　　　图10-25

5）在视频轨道3的上方添加视频轨4。用鼠标右键单击"视频3"轨道左侧的空白处，在弹出的快捷菜单中选择"添加轨道"命令，在对话框中添加1条视频轨，用于存放歌词，如图10-26所示。

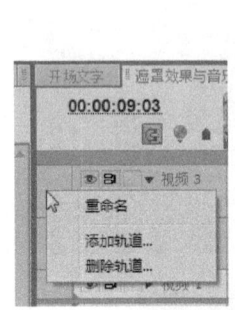
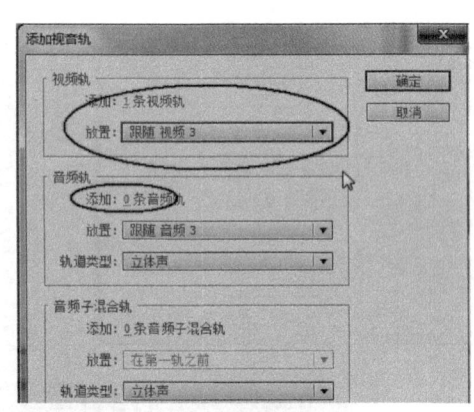

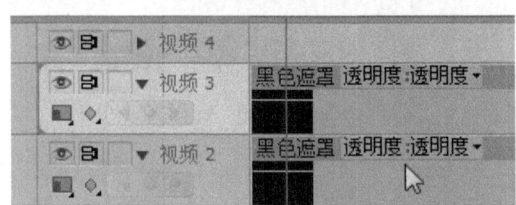

图10-26

6）添加对应的歌词到"视频4"时间线上，通过听音乐，调整对应的歌词所存在的时间，完成整个MTV歌词字幕的制作，如图10-27所示。

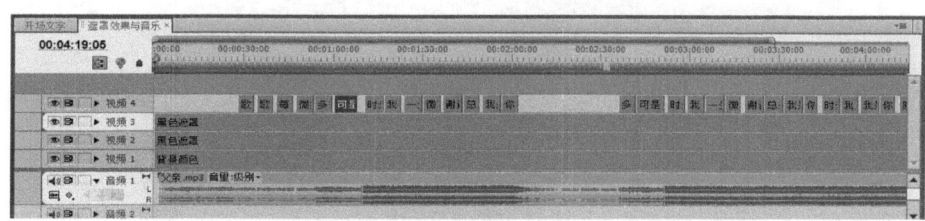

图 10-27

5. MTV 前半段歌曲视频合成

1）新建序列，使用"宽银幕 48kHz"，命名为"前半段视频剪辑合成"，如图 10-28 所示。

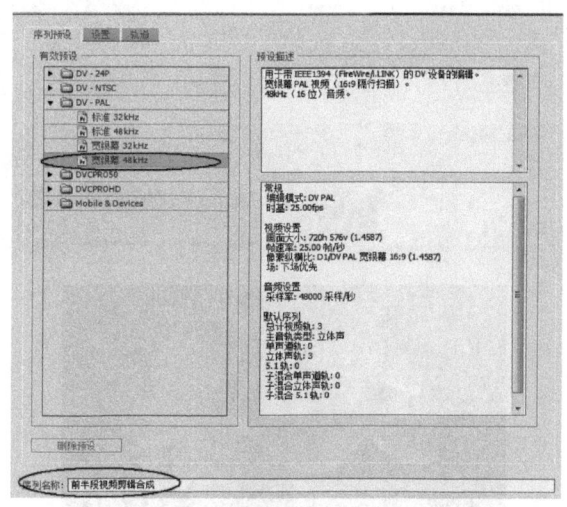

图 10-28

2）新建字幕，命名为"父亲"，并在字幕编辑窗口中输入"父亲"二字，作为 MTV 标题，字体和特效自行定义，完成后关闭编辑窗口，如图 10-29 所示。

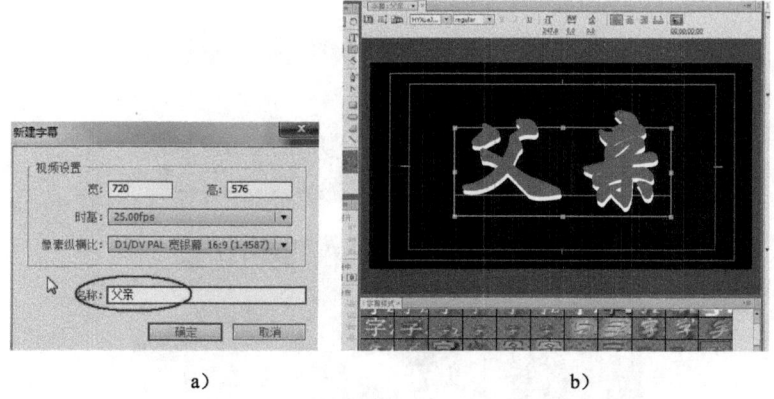

a)   b)

图 10-29

3）将文字"父亲"拖到"视频 1"时间线上，并调整时间长度为 3s，再通过调节字幕的透明度来制作黑场过渡效果，达到标题渐渐出现之后消失的效果，如图 10-30 所示。

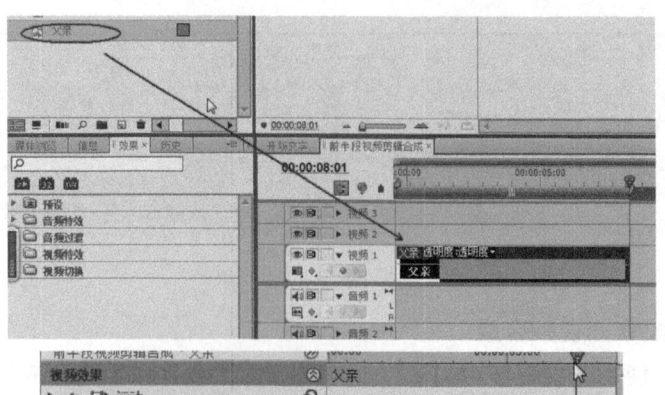
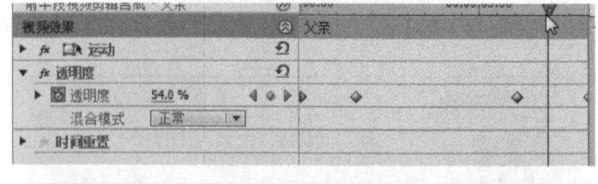

图 10-30

4）将素材文件夹 Video 里的"10-11.MP4"文件导入，并拖到"视频 1"时间线上，制作第一个视频的黑场过渡效果（调整透明度），如图 10-31 所示。

图 10-31

5）新建字幕，制作"词曲"和"演唱"文字，并将文字拖到"视频2"时间线上，设置持续时间为3s，再制作黑场过渡效果，如图10-32所示。

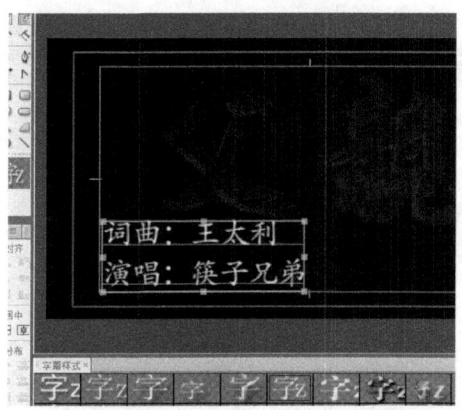

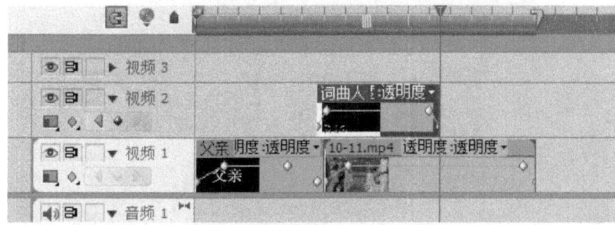

图 10-32

6）利用步骤4）的方法，将素材中的"10-12.MP4"～"10-18.MP4"文件导入，再将它们拉到"视频1"时间线上，分别制作黑场过渡效果（素材中如有跳帧镜头，可以通过剃刀工具进行剪切删除），同时调节持续时间（可以使用速率伸缩工具来调节视频播放时间），最后的效果如图10-33所示。

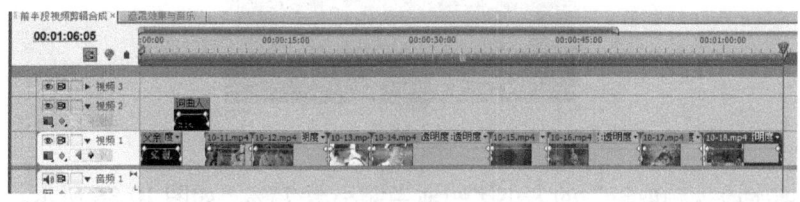

图 10-33

7）利用素材里面的视频或者自行下载，完成前半段音乐视频剪辑，时间到00:02:40:00，最后保存文件。打开"遮罩效果与音乐"序列，如图10-34所示。

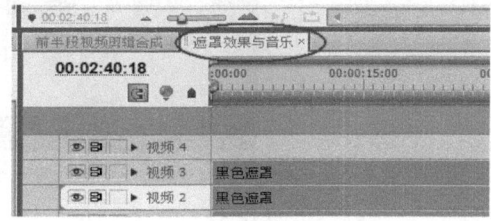

图 10-34

8）将"前半段视频剪辑"添加进去。首先在"视频1"时间线上添加一个视频轨，如图 10-35 所示。

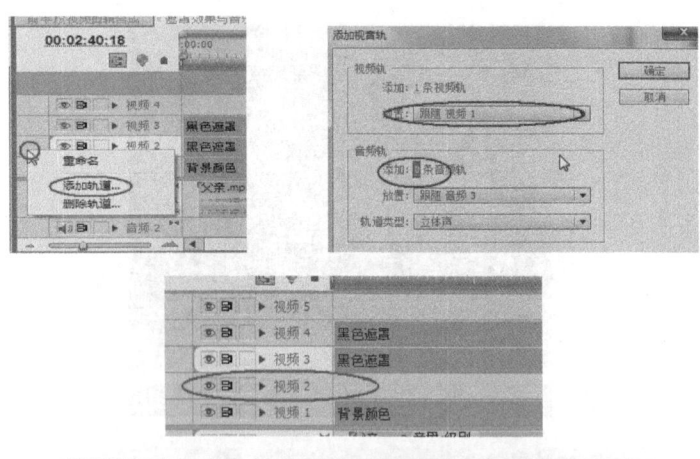

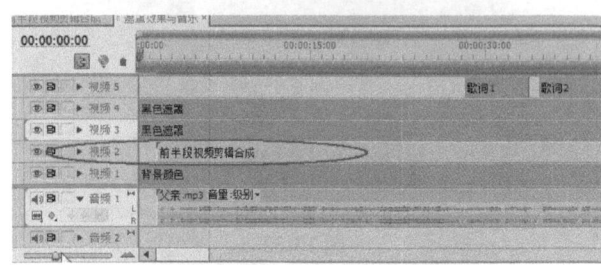

图 10-35

9）将"前半段视频剪辑"的大小比例适当缩小至 75%，如图 10-36 所示。

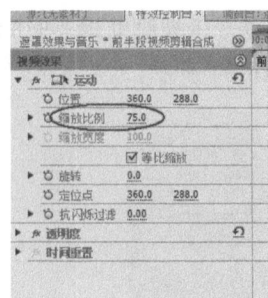 

图 10-36

配合音乐播放，查看视频是否与音乐相融合，可以适当调节视频出现的速率，以达到最好的效果。对于视频的剪辑，可以自己添加下载好的视频或者图片，添加适当的视频切换特效，完成前半段的 MTV 剪辑，如图 10-37 所示。

图 10-37

6. 制作 MTV 后半段歌曲视频合成

1）依据前半段视频合成的方法，制作后半段视频剪辑，最终将整段音乐合并起来，制作到时间段 00:04:16:00 的位置。

2）由于篇幅有限，后半段视频剪辑此处省略。

7. 制作 MTV 相片墙动画效果

1）制作相片切换效果。

①新建序列，选择"宽银幕 48kHz"，命名为"相片切换"，如图 10-38 所示。

图 10-38

②在序列中导入素材文件夹"PIC"里面的"03.jpg"～"08.jpg"的几张图片，并插入到"视频 1"时间线上，调整每张图片在屏幕中的适当大小，并使每张图片出现的时间在 4s 左右，如图 10-39 所示。

图 10-39

③在图片与图片之间制作大小渐变效果和黑场过渡效果，如图 10-40 所示。

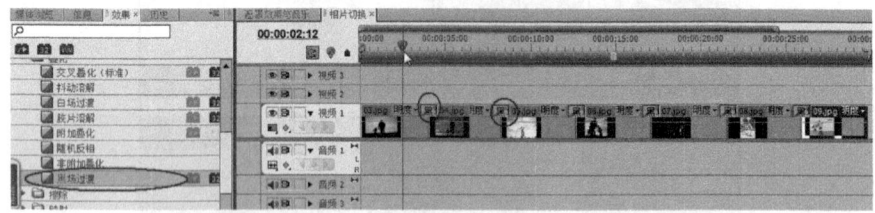

图 10-40

④将"相片切换"序列，拖到"遮罩效果与音乐"序列中，接着前一个时间点，如图 10-41 所示。

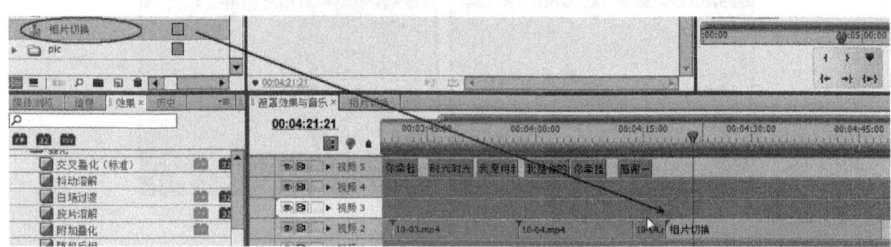

图 10-41

⑤利用"速率伸缩工具"将"相片切换"序列调整至 00:04:45:00 的位置，并解除视音频链接，删除所对应的音频，如图 10-42 所示。

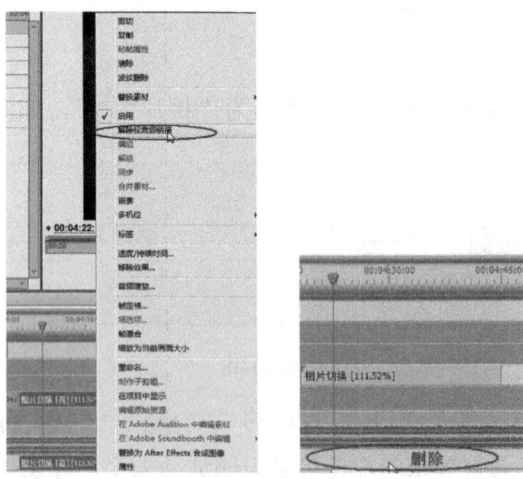

图 10-42

2）制作相片墙动画效果。

①新建序列，选择"宽银幕48kHz"，命名为"相片墙动画"，如图10-43所示。

图 10-43

②在序列下添加6条视频轨道，使视频轨道达到9条，如图10-44所示。

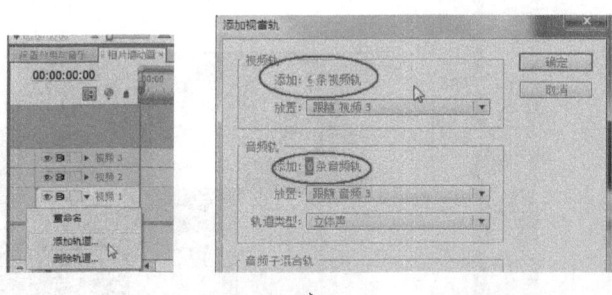

a)

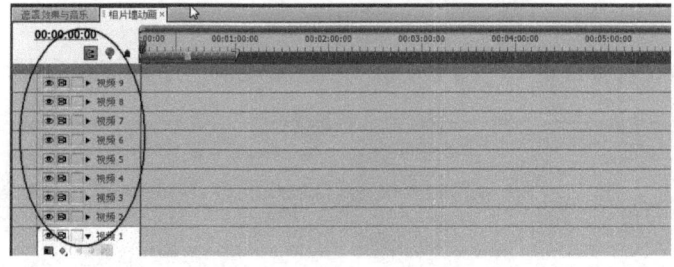

b)

图 10-44

③将"PIC"文件夹里的9张图片分别拖到这9条视频轨道上，时间长度统一为10s，然后将每一幅图片在屏幕中平铺摆放好，尽量不要有重叠，如图10-45所示。

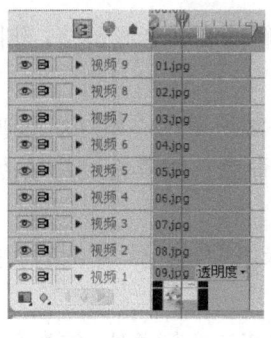 

a)　　　　　　　　　　　　　　　　b)

图 10-45

④在每一张图片的时间线上，利用修改该图片的"透明度"的方法，使得每一张图片都在不同的时间点由透明到出现，效果如图 10-46 所示。

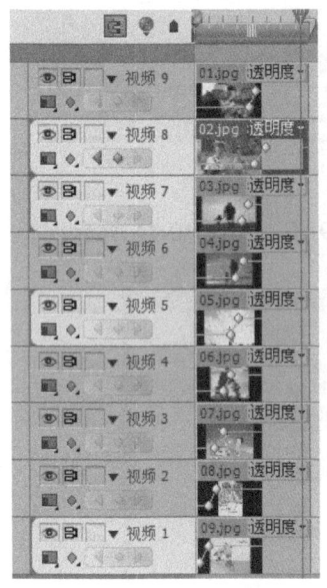

图 10-46

⑤回到"遮罩效果与音乐"序列里，将"相片墙动画"序列接在后面，如图 10-47 所示。

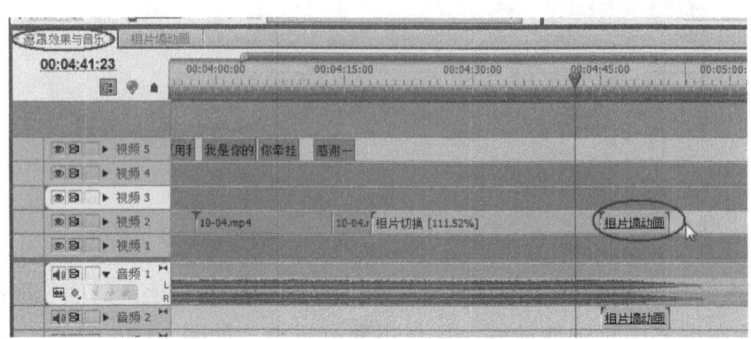

图 10-47

⑥调整"相片墙动画"序列的比例大小为"75"，然后解除它的音频链接，删除它的音频。

3）为相片墙动画制作相片变旧效果。

①将时间轴滑块拖到所有相片都显示出来的位置上，然后单击"相片墙动画"序列，选择"视频特效"→"图像控制"→"颜色平衡（RGB）"命令，将其拖到特效控制台上，如图 10-48 所示。

②在颜色平衡（RGB）的控制台中，单击"红色""绿色""蓝色"左侧的切换动画按钮，进入动画编辑状态，如图 10-49 所示。

③将上方的时间轴滑块向后移动 2s 左右，再调节红绿蓝三个颜色值，使整个相片墙变黄，达到变旧的动画效果，如图 10-50 所示。

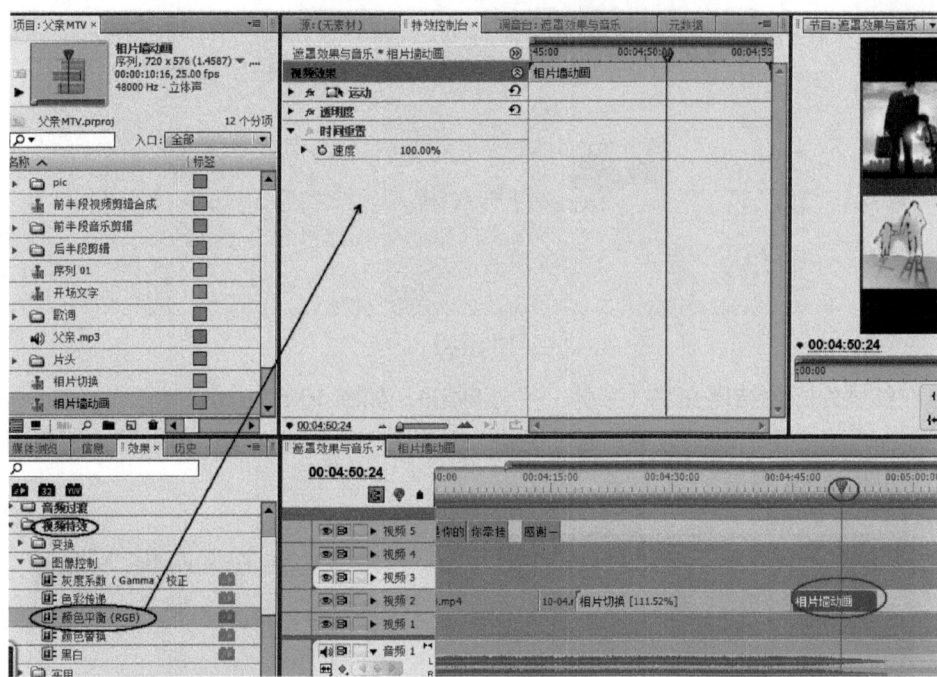

图 10-48

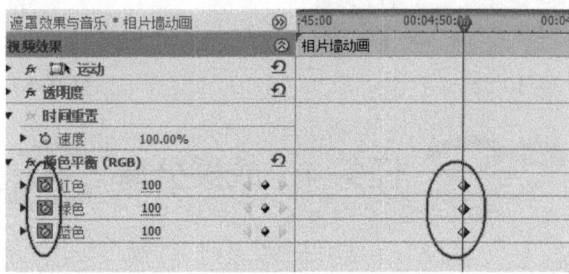

图 10-49

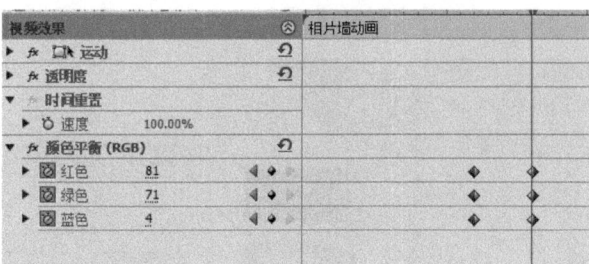

图 10-50

8. 合成整个时间线以形成完整的 MTV

1）新建序列，选择"标准 48kHz"，命名为"MTV 总合成"。

2）依次将"开场文字""遮罩效果与音乐"序列拖入"视频 1"时间线上（观察视频在屏幕的位置，适当调整比例大小以达到满屏显示），如图 10-51 所示。

195

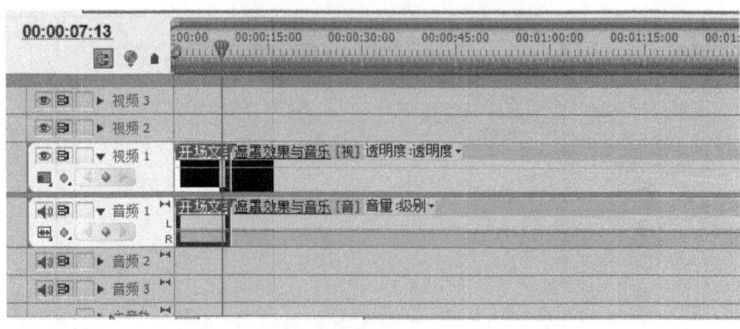

图 10-51

3)在结尾处添加结尾文字（字体、字号自定），如图 10-52 所示。

4)制作片尾文字的动画效果，通过调整"透明度"来实现文字渐渐出现又渐渐消失的过渡效果，如图 10-53 所示。

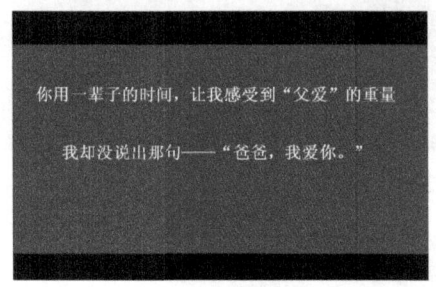 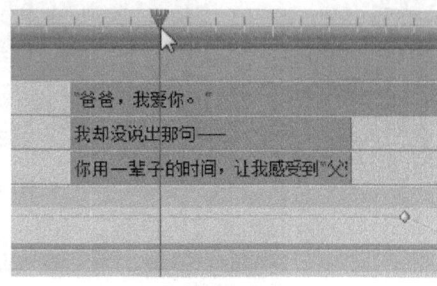

图 10-52　　　　　　　　　　　　　图 10-53

任务 4　成果分享

1. 对序列进行渲染

打开"MTV 总合成"序列，然后按<Enter>键，系统自动进行渲染操作。如图 10-54 所示。

 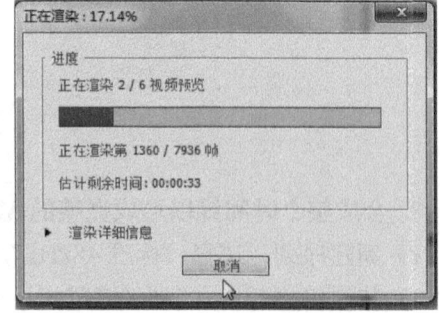

图 10-54

渲染完成后，会发现时间线上原来红色的横线会变成绿色，这表明渲染完成。这时候不要进行任何编辑。播放 MTV，观看其中哪些环节需要修改，如果有需要更改的，就打开相应的序列进行修改，改完后再进行最后一次渲染。

2. 输出 MTV 视频文件

当最终渲染完成后，如果没有需要修改的地方，那么就输出 720PMTV 视频文件选择"文件"→"导出"→"媒体"命令，可以在暴风影音、Windows Media Player 等视频播放器中观看。导出参数如图 10-55 所示。

图 10-55

等待视频的导出，期间最好不要进行其他操作，以免导出出错，如图 10-56 所示。

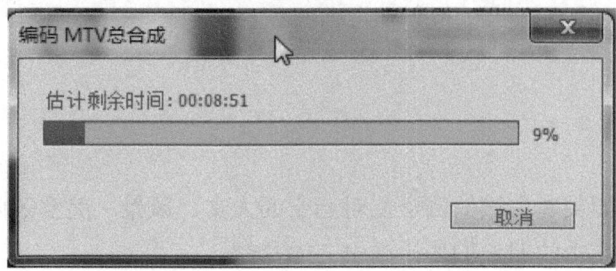

图 10-56

学习单元 11　制作宣传短片

单元情境

南宁简称邕（古称邕州），是广西壮族自治区首府、北部湾经济区核心城市、华南地区特大城市、中国东盟博览会永久举办地，是广西的政治、经济、文化、科教、金融和贸易中心，同时也是面向东盟的区域性航空枢纽、高铁枢纽。

南宁处于中国华南、西南和东南亚经济圈的结合部，位于广西中部偏南，是环北部湾沿岸重要经济中心、中国面向东盟国家的区域性国际城市。

南宁是一座历史悠久的古城，具有深厚的文化积淀，是一个以壮族为主的多民族和睦相处的现代化城市，得天独厚的自然条件，令南宁满城皆绿、四季常青，长久以来形成了"青山环城、碧水绕城、绿树融城"的城市风格。2014 年 10 月 3 日～12 日，南宁成功举办了第 45 届世界体操锦标赛，成为中国第二个举办世界体操锦标赛的城市。

秦方圆作为南宁人，也想要为宣传这个城市出一份力。于是，秦方圆参照芙蓉古城的例子也做了一个南宁的宣传片，如图 11-1 所示。

图 11-1　绿城南宁

单元分析

本次任务是要参照芙蓉古城的例子，对南宁的人文、风景、美食等内容进行整合，制作宣传片，向即将来到南宁的朋友们传达南宁人的热情。

通过本次实例制作，要学会以下内容：

1. 图片素材的处理与文字的搭配
2. 制作内容完整的宣传片

任务设计

本单元设计了以下任务：

1. 实例效果
2. 实例制作
3. 成果分享

 完成任务

 任务1 实例效果

本实例是通过图片素材来制作的宣传短片，首先用暴风影音软件打开成品文件"芙蓉古城.MP4"，欣赏参考案例的效果，如图11-2所示。

图 11-2

观看制作好的实例效果视频"绿城南宁——美丽家园.mp4"，如图11-3所示。

图 11-3

199

图 11-3（续）

任务 2　实例制作

本实例需搜集与南宁有关的素材，并根据素材内容搭配相应的文字，将南宁的人文、风景都通过视频表达出来。

1）新建文件夹，命名为"绿城南宁"，保存项目文件，如图 11-4 和图 11-5 所示。

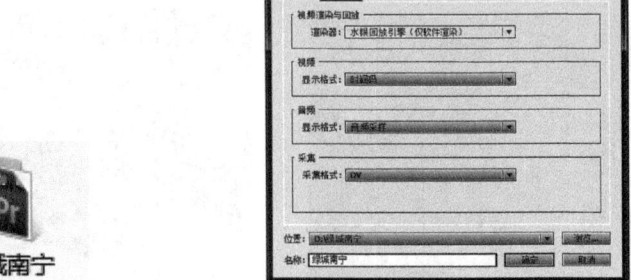

图 11-4　　　　　　　　　　　　　　图 11-5

2）新建序列，命名为"片头视频"，使用 DVCPROHD 中的 720p50，再修改"设置"中的帧率为"25 帧/秒"（该单元中新建的序列都统一使用这种格式的视频），如图 11-6 所示。

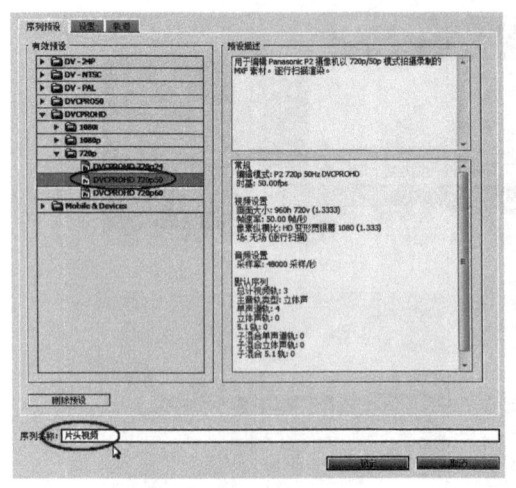
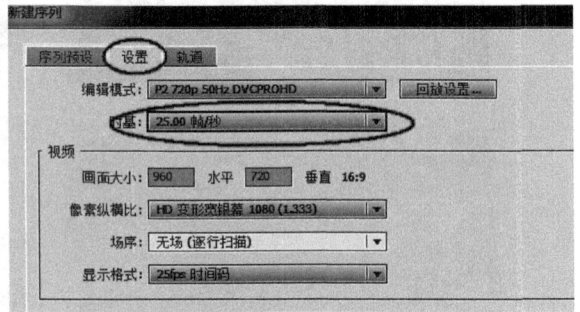

a)　　　　　　　　　　　　　　　　　　b)

图 11-6

1. 制作片头

1）制作视频片头。将素材文件夹里的"片头视频"和"片头背景"两个文件导入Premiere中，然后将"片头背景.jpg"拖到"视频1"时间线上、"片头视频.mp4"拖到"视频2"时间线上，如图11-7所示。

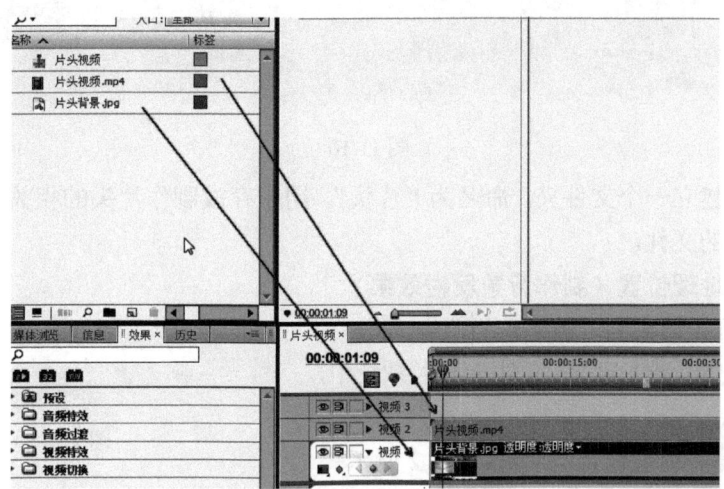

图11-7

2）修改"片头视频"的缩放比例和位置，使它能正好放入背景里面的电视框中，如图11-8所示。

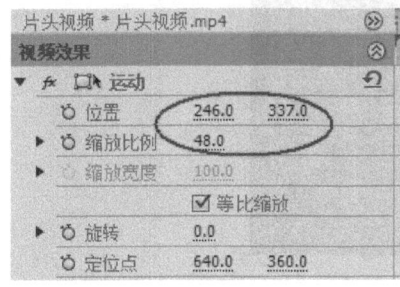

图11-8

3）将素材里面的前三段文字分别建立三个字幕，用于片头显示，如图11-9所示。

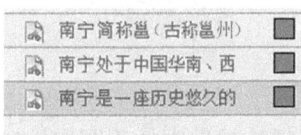

图11-9

4）将三段文字拖到"视频3"的时间线上，并且三段字幕的持续时间调整为视频的长度，然后制作三段文字的视频切换效果，如图 11-10 所示。

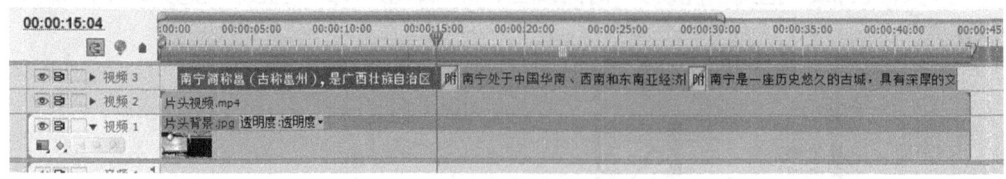

图 11-10

完成后可以建立一个文件夹，命名为"片头"，用于存放制作片头的相关视频和文件，然后保存三段字幕的文件。

2. 南宁的地理位置（制作背景反衬效果）

1）新建序列，命名为"地理位置"。

2）将素材里的"城市风貌"文件夹导入系统中，如图 11-11 所示。

图 11-11

3）新建字幕"地理位置"，如图 11-12 所示。

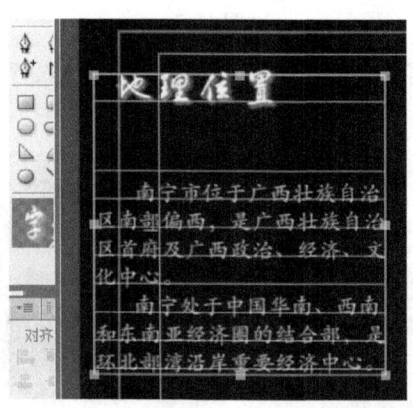

图 11-12

4）将"城市风貌1.jpg"图片分别拖到"视频1"和"视频2"时间线轨道上，如图 11-13 所示。

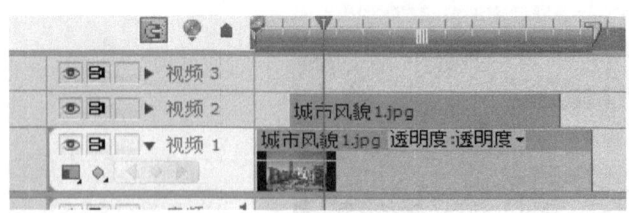

图 11-13

5）将"视频特效"中的"图像控制"→"黑白"效果拖至"视频1"的图片中，让其褪色作为背景使用，如图 11-14 所示。

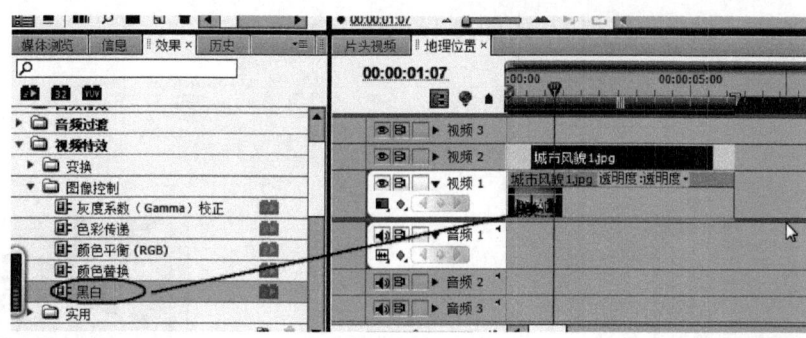

图 11-14

6）调整"缩放比例"大小，使"视频 1"图片布满整个屏幕，"视频 2"图片稍微缩小，放置于屏幕偏右的位置，如图 11-15 所示。

7）调整"视频 1"和"视频 2"的图片透明度，让它们出现黑场渐隐效果，如图 11-16 所示。

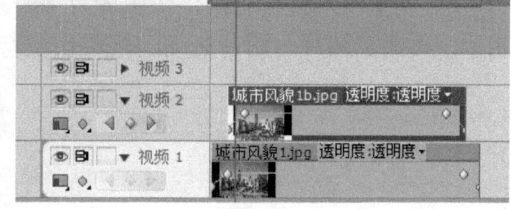

图 11-15　　　　　　　　　　　　　图 11-16

也可以在"视频 1"的图片上制作移动效果，使背景移动突出前景。

8）将文字拖至"视频 3"时间线轨道上，并制作文字的动画效果，如图 11-17 所示。

图 11-17

9）以此类推，将该序列的"城市风貌 2"和"城市风貌 3"分别拖至轨道上，并设置相关属性，制作动画效果，如图 11-18 所示。

3. 南宁的自然资源（制作电视墙效果）

1）将"自然资源"文件夹导入系统，新建序列，命名为"资源图片切换 1"，再将"植物资源"的所有图片拖到"视频1"时间线上，如图11-18所示。

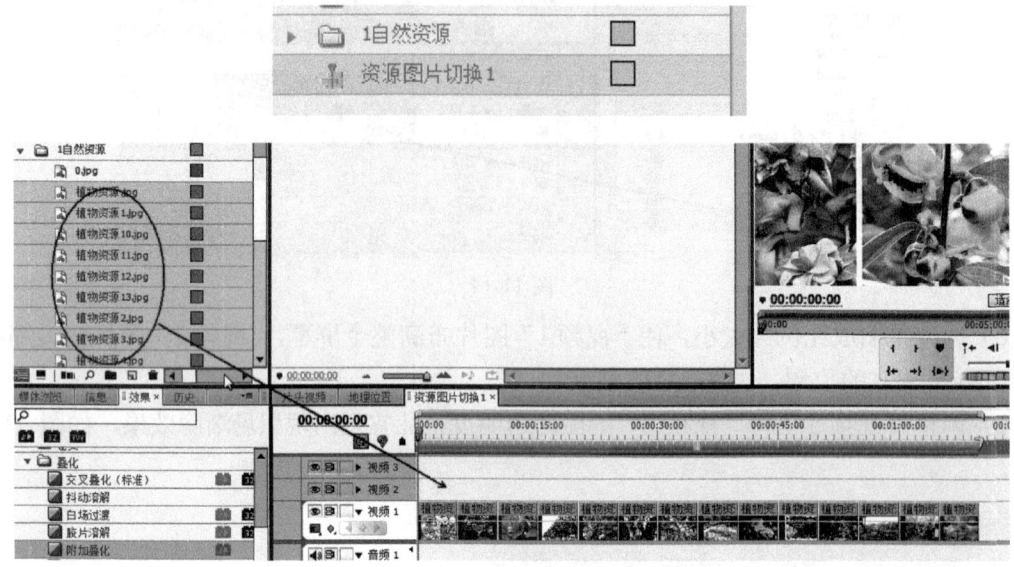

图 11-18

2）调整图片持续时间，每张图片 3s 左右，并调整图片在屏幕中的画面显示，尽量满屏显示，再添加图片与图片之间的视频切换特效，如图 11-19 所示。

图 11-19

3）创建序列"资源图片切换 2"，并将"水资源"的图片按上述方法制作成一个图片切换动画效果，如图 11-20 所示。

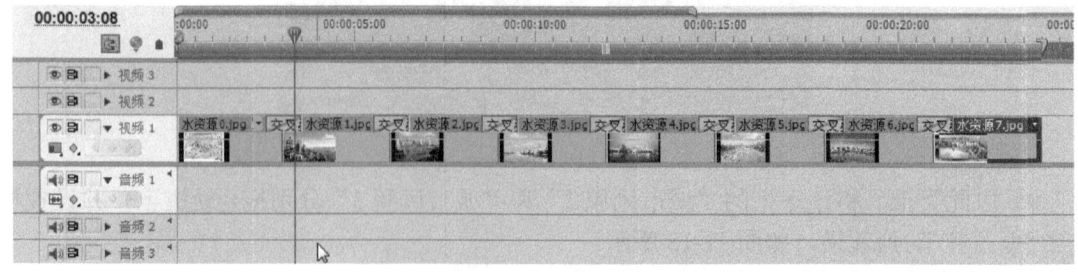

图 11-20

4）创建序列，命名为"电视墙效果"，然后在该序列的时间线上添加两个视频轨道，如图11-21所示。

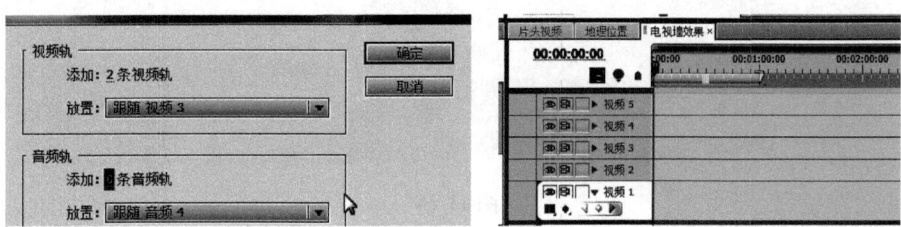

图 11-21

5）将图片"0.jpg"拖至"视频1"时间线轨道上，作为视频的背景，并调整持续时间大概为1min。在"视频2"～"视频5"时间线上拖入"资源图片切换1"序列，如图11-22所示。

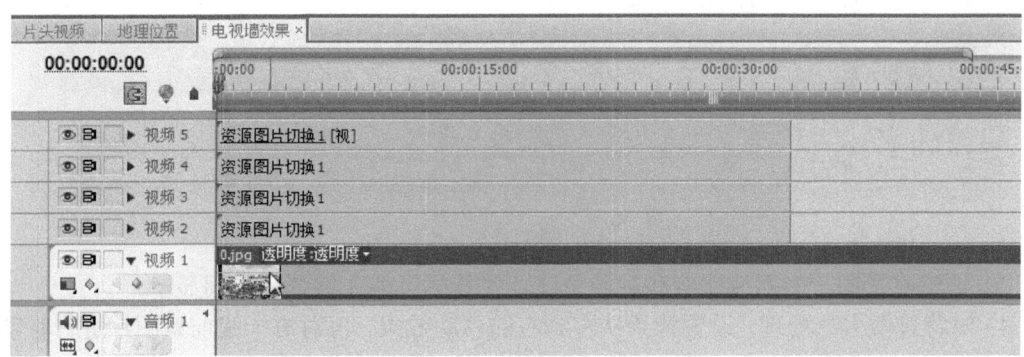

图 11-22

6）将背景调整好大小，进行去色操作，然后将图片切换序列调整成一大三小的规格，在屏幕中排列，如图11-23所示。

图 11-23

7）用同样的方法将"资源图片切换2"序列在屏幕上分别摆放好，制作成电视墙效果，如图11-24所示。

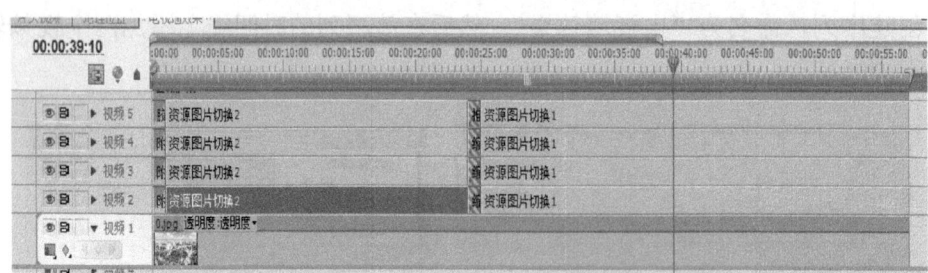

图 11-24

4. 南宁的交通与运输（制作幻灯片切换效果）

1）将素材中的"交通"文件夹导入系统，新建序列"交通与运输"。

2）将"高铁 0.jpg"图片拖至序列的"视频 1"时间线轨道上，作为背景，其他相关系列的图片拖至"视频 2"时间线轨道中，并调整它们的持续时间为 3s，如图 11-25 所示。

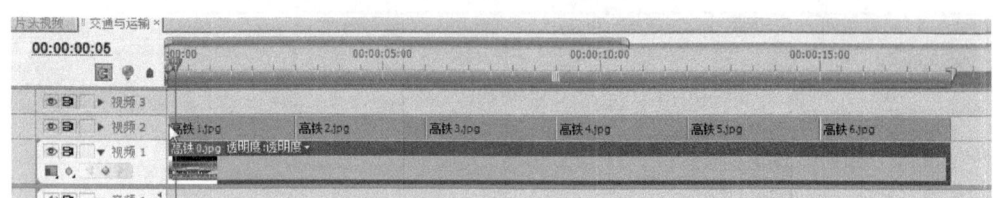

图 11-25

3）调整前景图片的缩放比例和旋转角度，使其尽可能在屏幕的中间显示。

4）对背景做去色处理，设置背景从左到右的移动效果。再对每一张前景图片进行移动的设置，形成动画效果。最后在图片与图片之间的时间线上添加"视频切换"的叠化效果，增加柔和感，如图 11-26 所示。

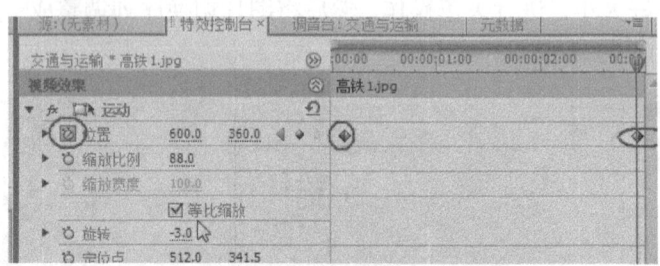

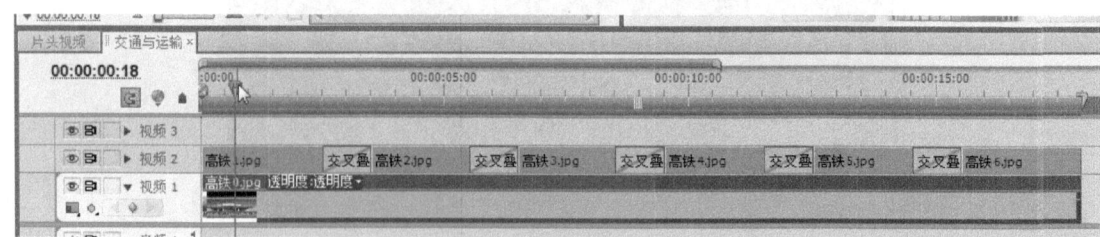

图 11-26

5）用同样的方法完成该系列后面几幅图片的切换操作，可以通过适当修改大小属性或移动图片、添加视频切换效果来使视频过渡柔和，如图 11-27 所示。

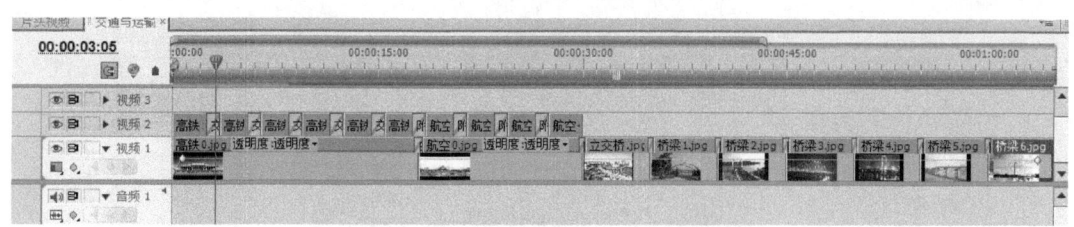

图 11-27

5. 南宁的体育(制作图片层叠效果)

1)将素材中的"体育"文件夹导入系统,新建序列"体育"。

2)新建字幕,制作关于体育中心的字幕,如图 11-28 所示。

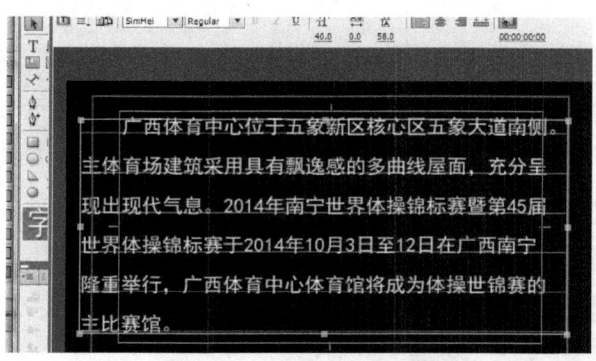

图 11-28

3)将图片"体育1.jpg"作为背景拖至"视频1"时间线上,添加"亮度"和"对比度"视频特效,制作背景变暗的文字介绍动画,如图 11-29 所示。

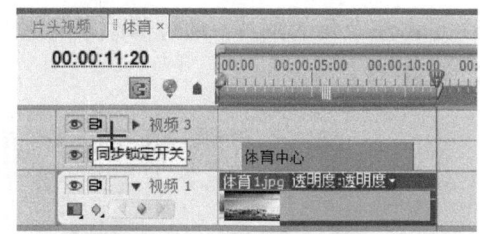

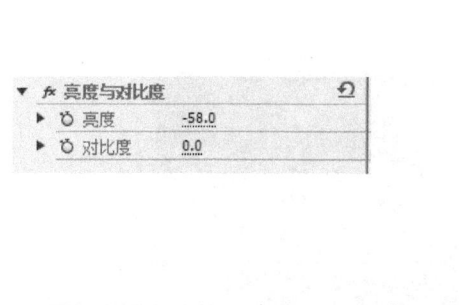

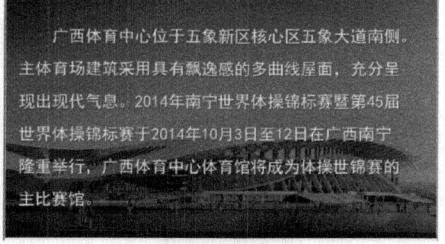

图 11-29

4)添加两条视频轨道,使该序列为 5 条视频轨,然后将图片"体育 2"~"体育 5"分别拖到"视频 2"~"视频 5"的轨道上,并将背景图片延长持续时间,如图 11-30 所示。

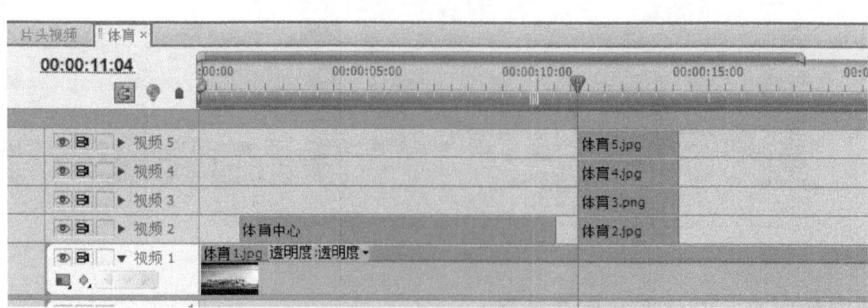

图 11-30

5）修改四幅图片的缩放比例，使它们分别放在屏幕的四个方位上，如图 11-31 所示。

图 11-31

6）单击左上角的图片，通过修改"定位点"的数值来使得它的定位点移至图片左上角位置，如图 11-32 所示。

图 11-32

7）通过修改旋转的角度，制作该图片顺时针旋转 90°的动画，如图 11-33 所示。

图 11-33

8）用同样的方法，制作这四张图片按先后顺序从四个角翻转到屏幕中的动画效果，如图 11-34 所示。

图 11-34

9）添加"视频 6"轨道，添加一张图片，制作一个由大变小的动画效果，如图 11-35 所示。

图 11-35

6. 南宁的景点（拼图效果制作）

1）首先利用 Photoshop 软件将要需要制作拼图动画效果的图片进行分割，如图 11-36 所示。

图 11-36 利用辅助线平均分成六个部分

2)在 Photoshop 中利用"裁剪工具"切出第一块图片,如图 11-37 所示。

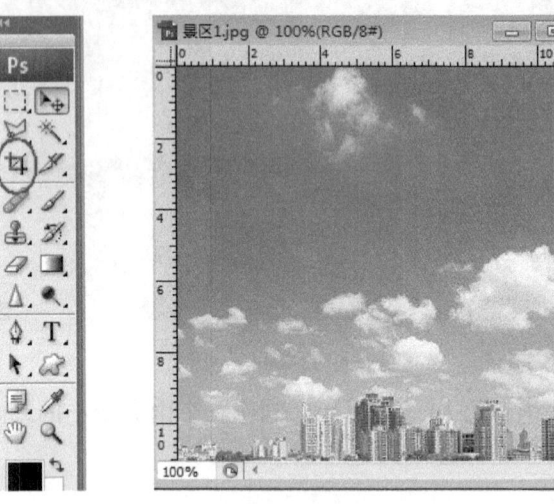

图片 11-37

3)双击该图片图层,解锁,然后再双击打开图层样式,选中"描边"复选框,如图 11-38 所示。

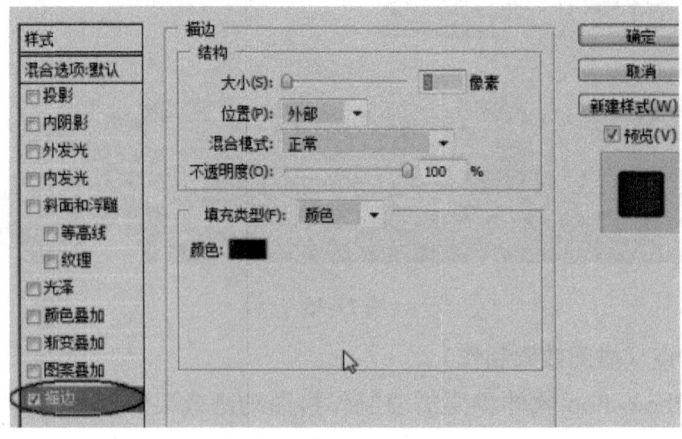

图 11-38

4）设置描边"颜色"为白色、"大小"为 3、"位置"为内部，单击"确定"按钮，如图 11-39 所示。

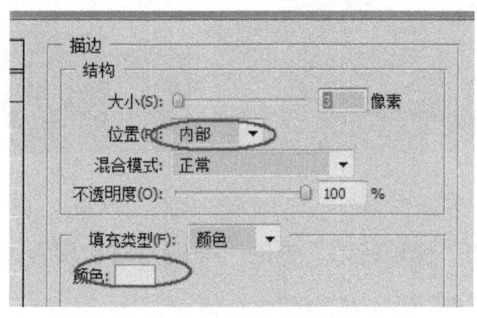

图 11-39

5）将该图片另存为"a1.jpg"，然后按三次＜Alt+Ctrl+Z＞组合键，返回全图的状态。

6）利用刚才的方法，将辅助线内的六块图片进行切割，再添加白色边框，然后保存图片，把它们编好序号，最后大图也加白色边框进行保存，如图 11-40 所示。

图 11-40

7）将分割好的图片全部导入系统中，再新建序列，命名为"景点"。

8）添加 5 条视频轨道，使该序列有 8 条轨道，如图 11-41 所示。

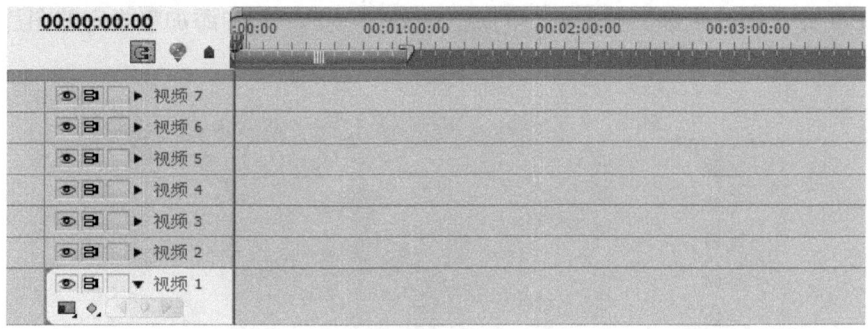

图 11-41

9）将"景区 1.jpg"和刚才已经切好的 6 张图片按顺序分别拖到这 7 条轨道中，其中"视频 1"为背景图，并添加视频特效"黑白"，将背景去色出来，铺满整个屏幕，如图 11-42 所示。

10）将零散的图片在屏幕中摆放整齐，如果图太大，则可以调整它们的缩放比例，如图 11-43 所示。

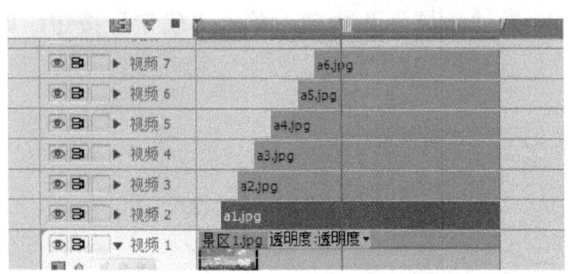

图 11-42　　　　　　　　　　　　图 11-43

11）为第一幅图片添加"视频特效"中的"亮度与对比度",如图 11-44 所示。

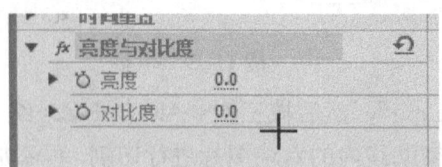

图 11-44

12）制作该图片由白色高亮快速跳转到正常颜色的动画效果,如图 11-45 所示。

图 11-45

13）其余分割图片可以复制该"亮度"命令的设置直接粘贴使用,完成拼图按顺序闪现的效果。

14）在 6 张小图片全部出现后的时间点上,在"视频 8"中添加整张完整图片,同时遮挡下方的切图,最后制作闪现的动画效果,如图 11-46 所示。

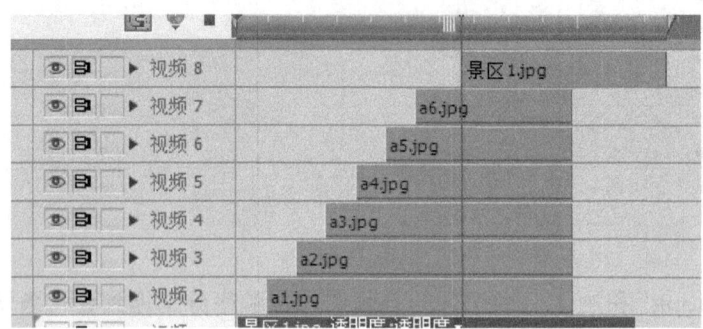

图 11-46

15）完成的拼图效果如图 11-47 所示。

16）用相同的方法,将该系列的几幅图片按拼图的方式制作完成,如图 11-48 所示。

图 11-47

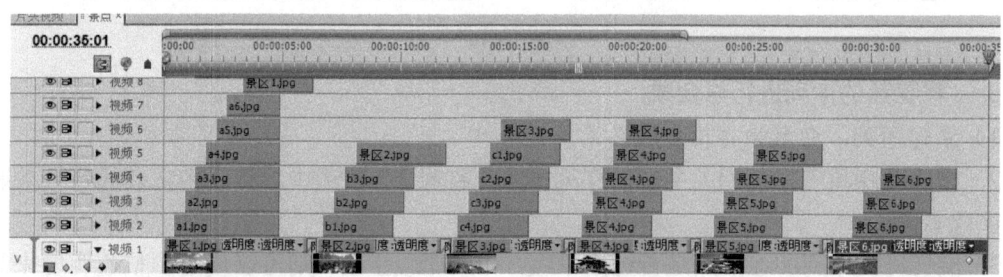

图 11-48

7. 南宁的美食

1）将素材中的"美食"文件夹导入系统中，新建序列"美食"。

2）按顺序导入图片，先制作一个快速切图动画效果（即每张图片所持续的时间很短），连续重复几次。

3）制作图片从屏幕外飞入的动画效果，如图 11-49 所示。

图 11-49

8. 将零散的序列进行总合成

1）新建序列，命名为"总合成"。

2）按照顺序将所做的相关主题的序列拖入"视频 1"轨道中，然后将它们的音频关联解除，删除音频。

3）检查每段序列的连接点是否过渡平缓，如果比较生硬，则可以使用调整透明度来制作黑场过渡的效果。

4）完成视频的连接后，导入音频，调整音频的播放尽可能与视频映衬，并完成视频中需要的字幕，最终合成一个整体的宣传短片，如图 11-50 所示。

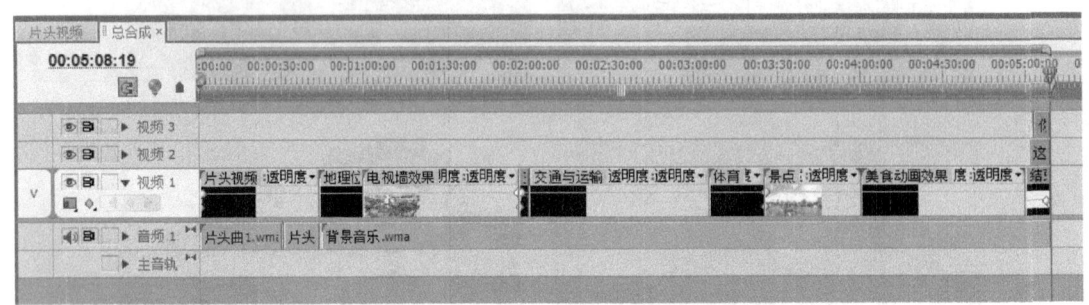

图 11-50

 任务 3 成果分享

输出 720pMTV 视频文件，可以在暴风影音、Windows Media Player 等视频播放器中观看影片完成效果。导出参数，如图 11-51 所示。

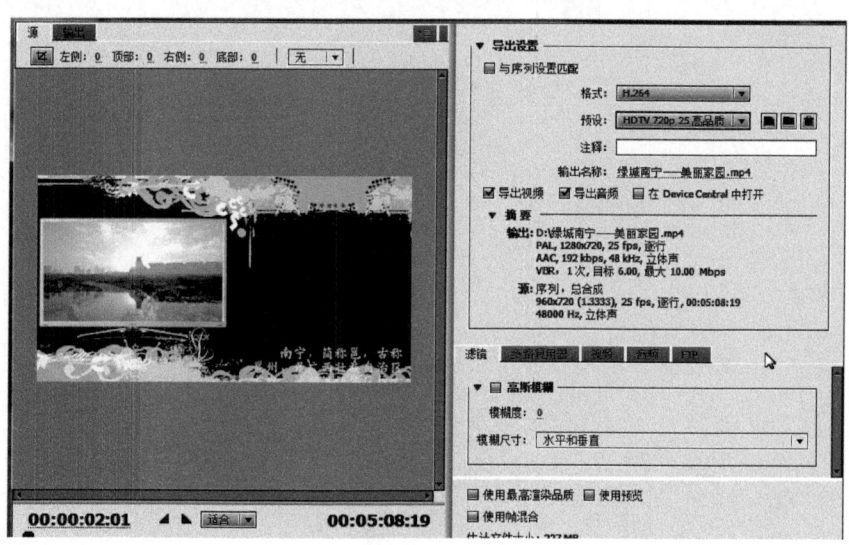

图 11-51　导出视频